FRITZ PERLS

프리츠 펄스

게슈탈트 치료의 창시자

프리츠 펄스

Petrūska Clarkson · Jennifer Mackewn 지음

김한규 · 김금운 옮김

학지사

프리츠 펄스는 1950년대에 로라 펄스와 폴 굿맨과 함께 게슈탈트 심리치료를 창안한 인물이다. 정신분석이 위세를 떨치고 있던 그 시기에, 그들은 게슈탈트 심리학, 실존철학, 장이론을 융합하여 기존의 정신분석을 넘어서는 새로운 심리치료 접근법을 찾아내고자 애썼다. 그들의 이론은 매력적이었다. 지금 여기를 강조하고, 신체와 정신의 일체와 환경을 강조하면서 정신 내 구조만 다루었던 심리치료에서 현대적인 심리치료 개념들을 도입하고 정제해 나아갔다. 약 70년이 흐른 지금에서는 당연시하는 개념들이지만 그 당시로서는 혁신적인 개념이었고, 그들은 논문과 토론, 워크숍 등으로 기존의 학계뿐만 아니라 사회적 통념과 싸워 나가야 했다. 이런 분위기에서 게슈탈트 심리치료의 이론과 효과성을 가장 널리 퍼뜨린 인물이 프리츠 펄스였다. 게슈탈트 심리치료 학파의 연구가 진행되면서 그들의 역할에 대한 비중은 시기에 따라 논란이 있어 왔다. 그러나 게슈탈트 심리치료의 개념과 유용성을 보편화시킨 공은 펄스에게 돌아갈 수밖에 없다. 그

결과, 지금은 말 그대로 세계 각국에서 유력한 심리치료 접근법 중 하나로 인정받고 있다.

이 책은 게슈탈트 치료의 상징적 인물인 펄스에 대한 책이다. 그는 온갖 찬사와 비난을 동시에 받은 사람이었기에 자신을 게슈탈트 치료자라고 부르는 사람에게 펄스는 한 번은 꼭 넘어야 할 산과 같다. 자신을 게슈탈트 치료자라고 부르는 순간 그와 동일시하는 사람들의 시선을 느끼게 된다. 빈의자 앞에서 상담 시연을 하면 사람들은 극적인 반전을 기대한다. 그러나 지금 여기에 머무르면서 내담자의 알아차림을 자극하는 펄스의 천재성을 넘어선다는 것은 쉽지 않다. '감각으로 돌아오라'와 같은 수많은 간결한 슬로건으로 사람들의 마음을 파고드는 그의 재능도 쫓아가기 힘들다. 그와는 다른 방법을 쓰면서도, 나는 괜찮은 치료자이며 동시에 가치 있는 게슈탈트 치료자임을 확신하기까지는 많은 경험과 공부가 필요하다. 한편, 사람들은 게슈탈트 치료자에게 펄스의 부정적 이미지를 동일시하기도 한다. 그는 로라와의 결혼 생활에 충실하지 못했으며, 마약을 포함하여 히피적인 생활을 했고, 내담자와 동거도 했다. 그는 비난받을 수 있는 이모든 사실을 숨기지 않았다. 덕분에 이데올로기와 인간을 동일시하는 경향이 있는 사람은 게슈탈트 치료 자체 혹은 게슈탈트 치료자를 의심의 눈으로 바라보기도 한다. 상담 장면의 문턱에 있는 내담자나 다른 이론을 가진 사람이라면 그럴 만도 하다. 게슈탈트 치료자는 이러한 펄스의 부정적인 이미지도 넘어서야 한다. 게슈탈트 치료자로서 활동하고 있는 역자들 또한 이러한 과제에서 자유롭지 못하다. 사실, 펄스의 부정적 이미지는 큰 문제가 되지 못한다. 좋은 치료자라면 그의 솔직성과 자유, 실험 정신을 배우면서도 자신만의 정체성이 자연스럽게 드러나기 때문이다. 이것은 꾸준한 알아차림과 공부로 자신과 인간에 대한 통찰을 늘려 나가면 해결되는 개인적인 영역이다. 정작 게슈탈트 치료 학파에 문제가 되는 것은 그의 업적이다. 그의 개념과 이론은 어떤 이론보다 포용적이고, 인간에게 영향을 미치는 요인을 포괄적으로 본다.

그러나 그가 실제로 한 말과 행동들은 상황에 따라 그의 개념과 이론에 맞지 않는 경우도 상당히 많이 나타난다. 여기에서 온갖 오해와 논란이 일어났다. 그의 이미지가 워낙 강렬해서 그가 한 말과 행동을 충분한 숙성 과정 없이 받아들이는 사람들이 생겨났고, 후대의 남은 사람들에게는 어떤 말과 행동이 정말로 게슈탈트 정신에 해당하는 것인지 분별해야 하는 과제가 주어졌다.

저자인 페트루스카 클락슨과 제니퍼 맥퀸은 꼼꼼한 자료 수집과 연구로 펄스에 대한 이야기를 모아, 현대의 게슈탈트 치료가 지향해 나아가야 하는 관점에서 이 책을 엮어 나갔다. 1장에서는 펄스의 생애를 통해 그의 학문적 배경과 개인사에 대해 알려 준다. 독자들은 거만함을 포함한 그의 성격 특성과 그가 정말로 지향했던 이상향에 대해 엿볼 수 있을 것이다. 2장에서는 게슈탈트 이론에 기여한 주요 업적을 기술함으로써 게슈탈트 개념들의 정수를 소개하고 있다. 전체론적 개념, 전체적인 유기체/환경 장의 상호 연결성, 장 안에서의 인간 경험의 주기적 성질, 접촉 이론과 자기에 대한 개념, 미해결과제, 고정된 게슈탈트, 접촉 방해 등등의 게슈탈트 개념에 대해 맥락과 함께 펄스가 진정으로 말하고자 한 바를 밝혔기 때문에 게슈탈트 치료 입문자에게 더욱 도움이 되리라 믿는다. 3장에서는 상담 실제에 적용되는 그의 방법들에 관해 이야기한다. 치료자의 역할, 치료적 관계, 현상학적인 탐색과 적극적인 실험을 통한 현재의 알아차림을 강조하는 펄스의 치료 방법을 기술하고 그 예들을 제시했다. 온갖 논란에도 불구하고 그의 탁월한 재능이 빛나는 영역이다.

전체적으로 1, 2, 3장이 기존의 이론과 개념들을 명확히 하는 과정이라면 4장과 5장에서는 현재의 논점들을 정리하고 전체 심리치료 영역에서 게슈탈트 치료가 미친 영향과 미래에 관해 이야기하고 있다. 4장에서는 저명한 저자들이 제기한 비평들을 분석하고, 각각 얼마나 합리성을 지니고 있는지 객관적으로 평가하였다. 특히 더블린(Dublin, J. E.)이 '펄스-이즘'이란 용어를 사용하면서 펄스의 이론과 상담을 비판한 것은 본연의 게슈탈트 심리치료가 무엇인지 더욱 부각되게 해 주었다. 이러한 비판들을 통해 독자들은 현상학과 실존주의를 강조하는 게슈탈트 정신이 무엇인지 구체적으로 알 수 있을 것이다. 5장에서는 게슈탈트 심리치료의 지속적인 개발과 혁신에 펄스가 끼친 영향을 평가하고 펄스의 작업이 상담과 심리치료 전 분야에 준 영향을 살펴보았다. 그가 대중화한 아이디어들이 심리치료의 주류 속에 슬며시 스며드는 장면을 논할 때면 그에 대해 정당한 평가를 해 주고 싶다는 마음이 들지도 모른다.

이 책은 상담과 심리치료 주요 인물 시리즈로서 SAGE 출판사에서 간행한 것을 한국에서는 학지사에서 간행한다. 시리즈 중에 제일 늦게 번역되어 출간되는 것으로 알고 있다. 출판사로서는 이빨 빠진 시리즈가 마음에 걸린 부분이 있을 터이고, 게슈탈트 치료자라고 자칭하는 역자들로서는 해야 할 과제라는 부채감이 자리 잡고 있었다. 그렇게 시작한 번역이었다. 처음엔 과거의 유산을 정리하는 것이 그리 재미있을까라고 생각했다. 그러나 몇 페이지 가지 않아서 행간에

서 느껴지는 저자들의 열정이 흥분감을 불러일으켰다. 그들
에게 펄스는 단순히 과거의 유물이 아닌 것이다. 페트루스카
클락슨은 펄스와 로라에게 영향을 받은 것으로 알려져 있다.
아마 펄스와 로라를 마음속에 두면서 많은 질문과 대답을 이
어 나갔을 것이다. 책과 비디오로만 대하는 우리 세대와는
다른 감정으로 이들을 대했을 것이다. 그녀가 없었다면 이렇
게 비교적 온전하게 펄스를 대할 수 없었을 것이다. 펄스를
과거의 유물로 치부하면 그의 결함은 간단하게 처리된다. 우
리들 마음속에는 그리하고 싶은 마음이 일부 존재한다. 그러
나 그의 공과를 구분하고, 그가 처한 상황과 그의 맥락을 고
려할수록 그의 결함에서 그의 실험 정신과 자유에 대한 믿음
이 새어 나오는 것을 깨닫게 된다. 거친 태도에 반하여 따뜻
하게 느낀 내담자들의 진술에서 다소의 안도감을 느끼기도
한다. 그의 전체를 온전하게 볼수록 펄스는 현재의 인물이
되고, 그의 결함에서도 많은 것을 배울 수 있다. 아마 그 자신
도 자신의 행동과 그 결과로부터 많은 것들을 배워 나갔을 것

이다. 그가 끝까지 솔직했던 이유는 그것이지 않을까? 이 책을 통해 펄스를 현재화시킨 클락슨의 의도는 성공적이었다. 게슈탈트 치료자로서 훌륭하게 1세대의 매듭을 지어 준 것에 대해 감사함을 느낀다. 지금은 이 세상에 안 계시지만 번역하는 내내 한없는 친근감을 느꼈다.

번역 과정에서의 어려운 점 중 하나는 사람 이름이었다. 국적을 알 수 없는 상황이거나 검색해서도 알기 어려운 상황에서는 영어 발음을 기준으로 하여 한글 표기를 하고 괄호 안에 영문 표기를 하였다. 한국에 번역되지 않은 책명도 독자들의 이해를 돕기 위해 번역하였다. 이 과정에서 확신하기 어려운 상황이 종종 있었기에, 혹시 오류가 있더라도 너른 양해를 부탁드린다. 개념들의 번역도 최대한 기존 번역서를 참고했으며 새롭게 나온 용어의 번역은 역주로 독자들의 이해를 돕기로 하였다. 그럼에도 미처 인지하지 못한 실수와 부족함이 있으리라 생각되어 이 점에 대해서도 미리 양해를 부탁드린다. 피드백을 주시면 감사하게 받아들일 것이다. 이 책은 게슈탈트 학파에 관심 있는 심리치료사뿐만 아니라 심리치료에 관심이 있는 분이라면 누구에게나 흥미를 끌 만하다. 심리치료에서 치료자가 왜 그러한 행동을 하는가에 대해 심도 있는 논박이 오고 간 것이므로 어떠한 양식의 치료에서도 필요한 논쟁일 수 있기 때문이다.

마지막으로, 이 책이 나오기까지 번역을 제안해 주시고 결과가 나올 때까지 묵묵히 기다려 주신 학지사 김진환 사장님께 감사드린다. 특히 저작권을 담당하신 소민지 대리님은 늦어지는 원고에 애를 태우셨을 것 같다. 꼼꼼하게 원고를 점검해 주신 편집부 직원들께도 감사드리고 독자의 입장에서 문장 하나하나를 보아 준 이지아, 이이슬, 구도연, 이정현에게도 감사드린다. 이 외에도 관련된 많은 분의 도움으로 이 책이 나오게 되었다. 혹시라도 이 소중한 책에 미흡한 점이 있다면 그것은 오로지 역자들의 몫이다.

2019년 역자 일동

프리츠 펄스(Fritz Perls)는 잘 알려져 있다시피 게슈탈트 치료의 창안자 또는 공동 창안자이다. 그는 대중의 인지도가 높긴 했지만 많은 논란을 일으킨 심리치료사이자 교사 겸 작가였다. 연극을 유달리 좋아한 펄스는 유대계 독일인으로 의사이자 신경정신의학자로서 전문의의 길에 들어서자마자 정신분석학과 게슈탈트 심리학, 실존주의적 현상학, 전체론(全體論)에 심취했다. 카렌 호나이(Karen Horney)와 빌헬름 라이히(Wilhelm Reich), 스택 설리번(Stack Sullivan)과 같은 혁신적인 정신분석학자들의 저서에도 깊이 빠졌다. 이것들은 물론 그 밖의 많은 자료에서 얻은 아이디어를 종합해, 펄스는 아내인 로라 펄스(Laura Perls)와 함께 그와 그의 동료들이 나중에 게슈탈트 치료라고 이름 붙인 새로운 심리치료를 창안했다. 1960년대 펄스는 자신의 최신 아이디어들을 실제 적용한 사례를 설명하기 위해 수시로 워크숍과 세미나 등을 개최하면서, 미국의 성장 및 인본주의적 심리치료 운동을 이끄는 거물로 세계에 이름을 떨치게 되었다.

프리츠 펄스가 게슈탈트 치료의 발전에 긍정적인 영향을 끼친 것은 두말할 나위가 없지만 그가 끼친 부정적인 영향도 있다. 또한 긍정적인 면에서 그는 게슈탈트 심리치료에 대한 첫 이론서인 『자아, 허기 그리고 공격성(Ego, Hunger and Aggression)』(Perls, 1947/1969a)을 저술해 게슈탈트 심리치료의 바탕을 마련했다. 그는 게슈탈트 심리치료의 주요 이론서인 『게슈탈트 치료: 인간의 성격에서 흥분과 성장(Gestalt Theraphy: Excitement and Growth in the Human Personality)』(Perls, Hefferline, & Goodman, 1951/1973)도 공동 저술했다. 펄스는 의심할 나위 없이 게슈탈트 심리치료를 널리 알리는 한편, 게슈탈트 심리치료가 기존의 정신분석학 대신 주된 심리치료로 자리 잡았음을 확인하는 데 크게 기여했다. 펄스의 작업을 기록한 축어록과 필름으로도 남겨진 그의 시연은 심리치료를 쉽게 이해하고 심리치료자들이 책임감 있게 치료하도록 하는 데, 그리고 그때까지 사실상 비공개된 심리치료사의 작업을 공개적으로 검토하고 연구하는 데 크게 기여하였으며, 이는 후대에 내담자들에게 큰 도움이 되었다.

  반면, 프리츠 펄스는 쇼맨십이 강하고 사람들을 휘어잡는 카리스마가 있었으며 사람들의 관심을 끌고자 했다. 그는 종종 매우 적극적이고 극적인 유형의 심리치료를 보여 주었다. 많은 사람들이 이런 유형의 치료를 게슈탈트 치료로 오해하였으며, 펄스가 가진 임상적 전문성이나 창의적 재능은 상관없이 눈에 잘 띄는 그의 치료 수단과 방법만을 모방했다. 그러다 보니 그러한 모방자들 일부 때문에 펄스가 각 내담자마다 그에 맞게 치료적으로 고안해서 적용한 실험들이 얄팍한 속임수나 단순히 반복 사용될 수 있는 기법 정도로 가치 절하되기도 하였으며, 펄스와 그의 동료들이 독창적으로 창안하고 발전시켜 온 게슈탈트 치료의 진수를 간과하게 되었다. 왜냐하면 게슈탈트 치료의 핵심은 모방, 기계적인 추정 또는 쓸데없는 반복들에서 벗어나 지금 이 순간, 이 장(field)의, 이 관계에서, 이 유일한 사람을 위해 바로 이 상황에 대한 유일한 창의적 해결책을 찾는 것이기 때문이다. 이렇게 프리츠 펄스는 게슈탈트 심리치료를 공동 창안하고 대중화했을뿐 아니라, 게슈탈트 심리치료를 단지 흥미 유발에 그치는 기법으로만 보는 그릇된 인식을 퍼뜨리는 데도 한몫했다.

이 책에서 우리는 프리츠 펄스가 게슈탈트 심리치료의 이론적 기반을 구축하는 데 기여한 독창적이고 긍정적인 측면과 이론을 실제에 적용하는 한 가지 양식으로서 펄스의 아주 생생한 시연들을 기술할 것이다. 동시에 그와는 반대로, 펄스 개인의 방식을 마치 게슈탈트 치료 자체인 것처럼 제시하거나 일부 그의 사적인 행동으로 게슈탈트 치료의 명성을 깎아내림으로써 그가 자신의 공적을 스스로 깎아내린 측면을 언급할 것이다. 우리는 프리츠 펄스가 게슈탈트 치료의 차후 발전에 끼친 영향과 그의 작업이 상담의 전 영역에 미친 영향(흔히 과소평가된)을 살펴볼 것이다.

프리츠 펄스가 죽은 지 20년이 넘었다. 그의 사후 게슈탈트 심리치료사들은 펄스와 그의 동료들이 이룬 기존의 업적을 확장하기도 하고 또 상호작용하며, 새로운 주안점을 도입하고 발전시켜 왔다. 동시에 다른 학파들의 이론으로부터 아이디어와 접근법을 받아들여 통합하는 방식으로 발전과 변화를 지속시켜 왔다. 현 세대의 게슈탈트 치료자들은 비윤리적인 행위들을 배격하고 내담자를 보호하기 위한 윤리적 규율과 책임감 있는 절차들을 정립했다. 이 책에서는 펄스가 남긴 업적의 본질을 규명하고 그의 지지자들에게 드리워졌던 '애매모호한 그림자'(Miller, 1989)를 탐색하고 그의 저서에 담긴 풍부한 다양성과 결점을 모두 보여 줄 것이다. 그럼으로써 게슈탈트 치료가 더 발전하게 되고 현재 사용되고 있는 게슈탈트 심리치료 개념들을 게슈탈트 치료자와 실습생 그리고 여타 훈련 분야의 상담자들과 심리치료사들이 좀 더 쉽게 접근할 수 있게 되기를 기대한다.

책의 구성

　이 책의 장 구성은 『상담과 심리치료 주요 인물(Key Figures in Counselling and Psychotherapy)』 시리즈의 다른 책들과 똑같다. 1장은 프리츠 펄스의 생애와 경력을 간략하게 소개한다. 그의 경험과 생각, 그리고 펄스와 그가 개발한 치료에 가장 큰 영향을 끼쳤던 사람들에게, 특히 중점을 둔다. 2장은 펄스가 이론적인 면에 기여한 주요 업적을 다루고, 어떤 시대적 상황과 작가가 그의 이론에 어떤 영향을 끼쳤는지 알아본다. 3장에서는 펄스가 심리치료와 상담에 기여한 업적을 요약하고, 펄스가 내담자들과 작업한 자세한 사례를 한두 개 들어 각각의 업적을 설명한다. 이 장은 그러므로 펄스가 풍부하게 축적한 필름 및 필사 기록을 공개한 시연들을 활용한다. 이들 시연들은 펄스의 주요 유산 중의 하나이며, 이로 인해 그의 작업과 아이디어에 매우 구체적으로 접근할 수 있다. 앞서 지적했듯이, 펄스와 그의 작업은 찬사도 받았지만 숱한 비평과 오해도 낳았다. 4장에서는 저명한 저자들이 제기한 이러한 비평들을 분석하고, 각각 얼마나 합리성을 지니고 있는지 객관적으로 평가해 본다. 마지막으로, 5장에서는 게슈탈트 심리치료의 지속적인 개발과 혁신에 펄스가 끼친 영향을 평가하고 펄스의 작업이 상담과 심리치료 전 분야에 준 영향을 고찰한다. 그가 대중화한 아이디어들이 솜에 잉크가 스며들듯 심리치료의 주류 속에 얼마나 많이 스며들었는지도 논한다.

펄스는 거의 35년간 심리치료사로서 활동했다. 그는 6권의 저서를 단독 혹은 공동으로 집필하고 많은 공개 강연을 했다. 그는 다수의 논문을 출판했으나 출판되지 않은 논문들은 더 많이 있다. 이렇듯 많은 결과물을 내놓는 과정에서 그는 자신의 생각을 조금씩 다른 방법으로, 다른 관점에서 기술하곤 하였다. 우리는 현재의 게슈탈트 치료에서 중요하게 여겨지고 있고 독자들이 게슈탈트 치료를 이해하는 데 기여할 것으로 여겨지는 펄스의 이론과 실제들을 이 책에 포함하기로 했다. 하나의 이론이나 접근에 대해 여러 다른 버전이 있는 경우, 우리는 한 개념의 발달에 대한 간단한 역사적 개요를 제시하기도 하고, 게슈탈트 치료의 실제에서 가장 명료하고 가장 유용할 것으로 보이는 버전을 우리의 판단으로 선택하기도 하고, 펄스의 작업을 통틀어 우리가 이해한 것들을 요약해서 한 개념에 대한 종합적인 기술을 제시하기도 했다. 처음부터 끝까지 펄스의 특정 저서와 논문들을 참고문헌으로 제시하여 독자들이 펄스의 원저를 쉽게 참고할 수 있게 했다.

책의 서술 방식

우리는 각 장에서 3인칭 대명사의 성을 다양하게 바꾸었다. 그러므로 1장에서의 '그녀'와 '그녀의'는 '그'를 의미할 수도 있고 '그녀'와 '그'를 뜻하는 것이 '그녀'로 표현될 수도 있다. 2장에서는 '그'가 남녀 모두를 가리킨다. 펄스의 글을 인용할 때 문맥상 혼란을 주지 않으면 펄스가 '그'나 '그녀'의 뜻으로 사용한 '그'를 그대로 유지했다. 원문 인용에서 사용한 대명사를 바꾼 경우에는 대괄호([ ])로 표시했다.

상담과 심리치료의 차이에 대한 논의(Clarkson & Carroll, 1993 참조)는 이 책의 주제에서 벗어난다. 그러므로 이 책은 출판 목적상 상담과 심리치료를 구별하려는 시도는 예외 없이 완전히 만족할 수 없다는 넬슨-존스(Nelson-Jones, 1982)의 주장을 받아들이고, 상담과 심리치료라는 두 단어를 혼용한 트루액스와 카커프(Truax & Carkhuff, 1967)의 사례를 따랐다.

펄스의 업적에 관해 논하면서 심리치료를 위해서 내방한 사람들을 지칭할 경우, 현재 폭넓게 쓰이고 있는 '내담자'라는 용어를 사용했다. 펄스가 사용한 '환자'라는 용어는 직접 인용되었을 경우, 그대로 두었다.

게슈탈트 심리치료, 게슈탈트 접근 방식, 게슈탈트 심리학 등과 같이 특정 활동이나 전문 분야를 가리킬 때는 'Gestalt'

의 첫 자 'G'를 대문자로 적었다.[1] 반면, '게슈탈트의 형성과 파괴에서(in the formation and destruction of gestalts)'처럼 보통명사나 동사로 사용할 때는 'gestalt'라고 적었다. 'fixed gestalt(고정된 게슈탈트)' 'fixing gestalt(게슈탈트 고정시키기)'에서의 'gestalt'는 이제 영어 단어가 된 터인지라 이 두 구문은 평범한 영어 관용구로 사용할 수 있으며, 모든 명사는 첫자를 대문자로 적는 독일어 사용법을 따를 필요가 없기 때문이다.

감사의 말

이 책이 나오기까지 많은 분들이 아낌없는 도움을 주셨다.

---

1) 역주: gestalt는 형태, 형상으로 번역되기도 하나, 심리치료 영역에서는 지각 심리학에서 의미하는 범위를 넘어서는 맥락에서 많이 사용되므로 그대로 게슈탈트라고 번역하기로 하였다.

돌아가신 로라 펄스, 어빙 폴스터(Erving Polster), 미리엄 폴스터(Miriam Polster), 이사도어 프롬(Isadore From), 게리 욘테프(Gary Yontef), 에드 네비스(Ed Nevis), 조 위송(Joe Wysong), 로버트 포스너(Robert Posner), 레이 펄스(Rae Perls), 레나테 골드(Renate Gold), 질 드라일(Gilles Delisle)에게 특별히 감사를 표한다. 이들은 기꺼이 인터뷰에 응해 주고 질문에 흔쾌히 답변해 주었다. 숨겨진 일화들과 회고담, 출판되지 않은 논문들을 제공한 분들도 있다. 출판하도록 정보를 수집하고 대조해 주신 분들도 있다. 게슈탈트와 여타의 접근 방식에 대하여 조언해 준 여러 이론가들에게도 커다란 감사를 표한다. 어빙 폴스터, 게리 욘테프, 에드 네비스, 밥 레스닉(Bob Resnick), 헌터 보먼트(Hunter Beaumont)는 초고를 철저히 훑어보고 많은 부분을 바로잡고 중요한 제안을 해 주었다. 리 맥로드(Lee McLeod), 맬컴 팔릿(Malcolm Parlett), 피터 필립슨(Peter Philippson) 등은 원고를 꼼꼼히 읽고 한 줄 한 줄 다듬어 주었다. 수 피시(Sue Fish), 필립 래비(Philip Raby), 패트

리샤 쇼(Patricia Shaw), 데리 왓킨스(Derry Watkins), 주디 라이드(Judy Ryde), 제니퍼 엘턴 윌슨(Jenifer Elton Wilson), 앤 컨스(Anne Kearns), 샬럿 실스(Charlotte Sills), 필 조이스(Phil Joyce), 카로 켈리(Caro Kelly), 오드리 볼런스(Audrey Vollans) 등등 많은 사람들이 원고에서 수정할 부분과 장면을 많이 지적해 주었다. 모든 분들에게 심심한 사의를 표한다. 메타노이어(metanoia) 심리치료 훈련 연구소에 근무하는 지인들과 동료들에게도 감사를 드린다. 편집을 도와준 캐서린 피어포인트(Katherine Pierpoint)와 카밀라 심(Camilla Sim)에게 특별히 감사를 전한다. 본 시리즈의 편집자인 윈디 드라이던(Windy Dryden)은 원고에 대한 평은 물론 날카로운 비판과 제안을 해 주고, 이 책을 집필하는 동안 내내 값으로 따질 수 없는 용기를 주었다. Sage의 편집자인 수잔 워시(Susan Worsey)는 효율적이면서 따뜻한 지원을 아끼지 않았다. 이 외에도 감사를 드려야 할 분들이 많이 있다.

마지막으로, 이 책이 나오기까지 생활이 불편했을 텐데도 불평 없이 참으며 진심으로 도와준 페트루스카(Petrūska)의 남편 빈센트 키터(Vincent Keyter)와 제니(Jenny)의 남편 필립 래비(Philip Raby)에게 무한한 감사의 말을 전한다.

| 목 차 |

1 프리츠 펄스의 생애

들어가기

　이 장에서는 펄스의 생애를 간략하게 소개한다. 펄스의 일대기를 이야기하고, 펄스가 로라 펄스, 폴 굿맨(Paul Goodman)과 함께 공동 창시했던 치료적 접근—게슈탈트 치료—에 영향을 미친 동향과 인물, 경험들에 초점을 맞춘다. 따라서 이 일대기는 펄스의 삶에 영향을 준 몇 가지들을 함께 살펴보는 방식을 취한다. 그러한 영향에는 프로이트(Freud)와 정통 정신분석학을 포함한 여러 혁신적인 정신분석학자들, 라이히(Reich)와 신체치료, 게슈탈트 심리학, 골드슈타인(Goldstein)의 유기체 이론, 베르트하이머(Wertheimer)의 장 지향, 그리고 쿠르트 레빈(Kurt Lewin)의 장이론, 실존주의, 현상학 그리고 부버(Buber), 전체론(holism), 특히 스무츠

(Smuts), 대인관계 정신분석[예컨대, 호나이(Horney), 설리번(Sullivan)], 동양 종교 등이 포함된다. 그뿐만 아니라 수많은 정치적 격변이 펄스의 생애에 주목할 만한 영향을 주었다. 제1차 세계대전, 1930년대 독일에서의 파시즘과 반유대주의의 부상, 네덜란드에 이어 남아프리카공화국으로의 망명, 독일군으로 복무했다가 제2차 세계대전 중 남아프리카공화국에서 영국군으로의 전향, 1946년 대륙과 문화라는 측면에서 큰 변화인 남아프리카공화국에서 미국으로의 이주 등을 들 수 있다. 마지막으로, 펄스와 긴밀하게 관계를 가지면서 게슈탈트 심리치료를 창시하는 데 기여한 여러 주요 인사(특히, 로라 펄스와 폴 굿맨)도 있다.

1장은 2장과 3장에서 각각 다루게 될 이론과 실제에 기여한 펄스의 공헌을 논의하기 위한 맥락을 제공하고, 4장의 펄스에 대한 비평을 평가하기 위한 근거와, 5장의 심리치료와 상담에 미친 펄스의 전반적인 영향을 탐색하기 위한 맥락을 제공한다.[1]

---

1) 이 장에 나오는 펄스에 대한 자세한 이야기는 셰퍼드(Shepard, 1975)의 전기와 가이네스(Gaines, 1979)의 일화 모음집, 프리츠 펄스 자신이 쓴 자서전(1969c)은 물론 프리츠 펄스를 알고 있던 사람들의 개인 서신에서 두루두루 인용하였다[프리츠 펄스가 쓴 자서전(1969c)은 『In and Out the garbage pail(쓰레기통의 안과 밖)』이라는 제목으로 출간되었다].

베를린에서의 어린 시절

  프리츠 펄스는 1893년 7월 8일 베를린 변두리의 유대인 마을에서 아멜리아 룬트(Amelia Rund)와 나단 펄스(Nathan Perls) 사이의 3남매 중 막내로 태어났다. 원래의 이름은 프리드리히 살로만 펄스(Friedrich Saloman Perls)이다. 펄스는 태어날 때 난산인 데다 출생 직후 중병을 앓았는데, 그의 어머니 또한 수유의 문제가 있었다. 그의 아버지 나단은 와인 상인으로 자주 집을 떠나 돌아다녔으며 아이들에게 거의 관심을 보이지 않았다. 비록 나단이 재치가 있고 잘생기고 재미있는 사람이었지만, 프리츠가 태어날 때 아멜리아는 남편의 권위주의적인 태도와 거듭되는 외도에 진저리를 치고 있었다. 펄스의 바로 위 누나인 그레테(Grete)는 아버지가 자신이 단장을 맡고 있는 프리메이슨 지부(Freemason's Lodge)를 휘어잡듯 집안에서 모든 사람을 다스리려 했다고 증언했다(Perls, 1969c: 250). 나단은 갈수록, 특히 프리츠에게 쌀쌀맞고 무섭게 대하면서 종종 무시하고 괴롭히고 멸시하곤 하였다.

  프리츠가 3세가 되었을 때, 그의 가족은 유대인 마을에서 베를린의 번화가로 이사하였다. 나단은 좁은 유대인 세계의 울타리를 박차고 나가 더 큰 독일 사회에 들어가기를 바라는 신식 유대인이었다. 그는 무신론자였으며 가족들에게도 그의 신조를 강요하였다. 독일 아리아인들은 그 당시 비유대인 사회의 일원이 되기를 원하는 나단과 같은 유대인들을 완전히 받아들이지 않았다. 그렇기 때문에 그들은 어느 한 공동체에도 결코 온전히 소속되지 못하고 고향 찾기를 끊임없이 지속했으며, 펄스가 성인이 되어 그런 것처럼 많은 사람이 새로운 사상과 새로운 사람에게 개방적이었다. 프리츠가 종교적 믿음이 전혀 없이 성장한 것은 아니었다. 그는 히브리어 수업을 받고 13세에 유대 성인의식을 치렀으며, 가족들도 유대인들의 주요 축제 행사에 빠지지 않고 참석했다. 십대에 프리츠는 스스로 무신론자라고 선언하였으며 평생 그 선언을 지켰다.

어린 시절의 프리츠와 어머니와의 관계는 괜찮았던 것 같다. 어머니 아멜리아는 아이들에게서 눈길을 떼지 않았는데 프리츠를 쫓아다니다시피 하며 그가 어지른 것을 치웠다. 프리츠는 일생 동안 그 버릇을 버리지 못하고 자기가 어지른 것은 남이 치울 것이라고 여겼다. 말년의 그를 아는 많은 사람들은 그의 버릇이 비난받을 만하다는 것을 알았다. 몇몇 사람은 대우받는 것을 당연시하는 프리츠의 태도 때문에 아주 심한 말다툼을 벌이기도 하였다(Posner, 1991). 아멜리아는 예술에 관심이 많았다. 연극에 대한 그녀의 열정은 프리츠에게 전해졌다. 프리츠는 이 유산에 대해 호의적인 글을 남겼다. "엄마는 나에게 아주 큰 기대를 걸었다. '유대인 어머니'와 같은 타입이 전혀 아니었다. ⋯⋯ 외할아버지는 재단사였다. 어머니의 배경을 생각하면 어머니가 예술, 특히 연극에 관심을 기울인 것은 감탄할 만한 일이었다"(Perls, 1969c: 182).

프리츠가 태어날 당시 큰누나인 엘제(Else)는 3세였다. 엘제는 시력 장애가 있어서 어머니한테 달라붙어 있었다. 프리츠는 그녀를 무척 원망했을지도 모른다. 왜냐하면 (세월이 흐른 뒤에) 엘제가 강제수용소에서 죽었다는 소식을 듣고도 별로 슬프지 않았다고 쓴 것을 보면 프리츠는 엘제를 싫어했던 것이 틀림없으니까. 반대로 그는 한 살 반 터울인 둘째 누나 그레테와는 잘 지냈다. "나는 그레테 누나와 가까웠다. 둘째 누나는 강한 곱슬머리의 말괄량이였다"(Perls, 1969c: 181). 그레테는 어른이 되어서도 프리츠와 계속 만나다 결국 뉴욕까지 프리츠를 따라가 그곳에서 10년 동안 그와 그의 가족을 뒷바라지하였다. 그녀는 프리츠가 유명해졌을 때 대견스러워하고 기뻐하였다.

어렸을 때 프리츠는 상당히 행복했었던 듯하다. 초등학교에서도 전교 1등을 했다. 그러나 10세 이후부터 줄곧 부모와의 관계나 학교생활, 모두가 나빴다. 10세 때 펄스는 아버지의 방에 몰래 들어가 엘제를 위해 모아 두었던 금화 한 닢을 훔쳐서 우표를 사 모으는 데 다 써 버렸다. 자신이 사귀려고 애쓰고 있던 개신교 남자 아이에게 주려고 한 짓이었다. 그때부터 부모는 그를 못된 아이로 여기기 시작했다고 프리츠는 나중에 술회했다(1969c: 249-251). 한 번은 어머니가 노발대발하여 카펫을 말아 쥐고 그를 때리려고 쫓아갔다. 프리츠는 도망가느라 어머니한테 유리잔을 던지고 문을 밀어젖혔는데 그만 어머니 얼굴에 부딪히고 말았다. "그 애는 선머슴 …… 아니, 망나니, 망나니였어요"(Grete Gutfreund in Gaines, 1979: 1). 어머니는 속을 끓였어도 아버지한테는 프리츠의 못된 짓을 숨겼다. 게다가 아버지는 계속 외도를 하며 생활비를 인색하게 주는 바람에 부모님 사이는 점점 더 벌어지고, 프리츠와 아버지의 관계도 더욱더 나빠졌다.

프리츠가 다니던 중등학교인 몸젠 김나지움(Mommsen Gymnasium)의 교사들은 반유대적이었으며 매우 엄격하였는데, 프리츠에게 제일 매정하였다. 프리츠는 모든 것을 거부하면서 무단결석하였다. 그리고 나서 그는 이를 숨기기 위하여 부모에게 보내는 생활통지표를 중간에 가로챘다. 결국 프리츠는 학업 태만으로 낙제를 한 뒤 퇴학을 당하기에 이르렀다. 잠시 힘들었던 시간이 지난 뒤 프리츠는 역시 몸젠 김나지움에서 중퇴한 친구 페르디난트 크노프(Ferdinand Knopf)와 함께 스스로 자유교양 학교인 아스카나지셰 김나지움(Askanasische Gymnasium)에 입학하였다. 그곳의 교사들은 아이들을 관심을 갖고 보살폈으며 프리츠의 독자적인 일 처리 방식과 지능, 연극에 대한 관심 등을 긍정적으로 평가하였다. 청소년기 중반에 프리츠는 베를린의 왕립극장(Royal Theatre)에서 배역을 얻을 수 있었다. 비록 대사가 없는 엑스트라였지만 그는 전문적인 연극 무대에서 연극을 한다는 데 자부심을 느꼈고 연극의 매력에 흠뻑 취해 있었다.

프리츠는 독일 극장(Deutsche Theater)의 막스 라인하르트(Max Reinhardt) 감독을 만나 사사하였다. 라인하르트는 매우 도전적인 선생이었다. 그는 제자들에게 사람들이 음색과 몸짓으로 어떻게 자신의 감정을 표현하는지를 주의 깊게 관찰하라고 강조했다. 이러한 그의 가르침 때문에 프리츠는 처음으로 과정에 대해 관심을 갖게 되었고, 표현 수단들이 말의 단어들만큼이나 메시지 전달에 있어 중요하다는 것을 깨달았다. 이렇게 비언어적인 의사소통을 중요시한 것은 펄스에게 큰 영향을 미쳤다. 이때 펄스는 신체 언어를 읽어 내는 비범한 능력을 키웠다. 훗날 사람들이 어떻게 말하고, 어떻게 앉고, 어떻게 걷는지를 보고 그 사람에 대한 정보를 찾아내었는데 펄스의 강연에 모인 청중들은 놀라워하였다. 라인하르트와 함께 펄스는 연기에 대한 열정을 불태우고 재능을 키웠다. 독자적으로 극적 기교를 이끌어 내기도 하였으며 창의적인 긴장감을 구성하고 절묘한 타이밍에 이를 표현하는 재주도 터득했다. 이러한 열정과 재능은 나중에 그의 치료 방식의 한 특징이 되었다. 펄스는 라인하르트의 도움에 감사하며 그를 "내가 여태껏 만난 가장 창의적인 천재"라고 회상하였다(1969c: 282).

프리츠는 어머니와 화해하고 공부에서도 자신감을 회복하면서 전교 수석으로 아스카나지셰 김나지움을 졸업하였다. 그러나 그를 야단치고 모욕하던 아버지와는 끝내 소원하였다. 펄스는 아버지를 '쓰레기(ein Stuck Scheisse)' '똥덩어리(a piece of shit)'라고 부르곤 했다. 프리츠는 아버지를 매우 싫어했다. 그러나 스스로 강하게 부정하였지만, 그에게 가장 큰 영향을 미친 사람이 아버지였음은 명백한 것 같다. 프리츠 펄스가 훗날 아버지로서 하는 행동 방식은 놀라울 정도로 나단과 닮았다. 아이들의 어린 시절에 그는 너무나 자주 집을 비웠고 그들을 거의 돌보지 않았던 것이다(Shepard, 1975). 대국적 견지에서 그의 치료 방식을 보면 내담자에게 거칠게 직면시키고 고의적으로 충격적인 언어를 사용하는 경우가 가끔 있었는데, 이는 성장기에 그의 아버지로부터 물려받은 것인지도 모른다.

베를린에서의 의학 공부와 제1차 세계대전

고등학교를 졸업하고 펄스는 베를린 대학에서 의학 공부를 시작하였다. 제1차 세계대전은 상대적으로 그의 공부와 생활에 큰 충격을 주지는 않았다. 구부정하고 늘어진 가슴과

천식 때문에 신체검사에서 부적격자로 판정받았기 때문이었다. 그러나 1916년 들어 전황은 급박하게 돌아갔고 전사자의 수가 전례 없이 늘어나면서 독일군은 전쟁 수행에 필요한 인적·물적 자원이 크게 부족하게 되었다. 이에 펄스와 그의 가장 친한 친구인 페르디난트 크노프는 입대를 해야 했고 프리츠는 화학전을 위해 편제된 36개척대대(Pioneer Battalion)의 군의관으로 배속되었다.

1916년부터 1917년까지, 펄스는 오물로 가득 찬 불결한 참호 속에서 수개월을 지냈다. 부상을 당하기도 했고 독가스를 마시기도 했으며 무공 훈장을 받기도 하였다. 이러한 와중에 부상자들이 너무 많아서 어쩔 수 없이 선택적으로 치료를 해야 할 경우가 있었는데, 군의관으로서 그는 무척 괴로워하였다. 적을 향해 가스 공격을 한 직후에 바람의 방향이 반대로 바뀌어 수많은 독일군 병사들이 독가스를 마시게 되었던 것이다. 방독면이 불량품인 경우가 많아서 응급 환자가 급격히 늘어났는데도 펄스는 겨우 4개의 산소통만 가지고 있었다. 이에 그는 임의적으로 다른 사람을 돕기 위해 산소가 필요한 누군가로부터 산소마스크를 떼어 내어야만 했다. "다른 병사를 치료하기 위해 난 그 산소마스크를 억지로 떼어 냈어. 몇 번이고 차라리 땀범벅인 내 얼굴에서 마스크를 떼어 내고 싶은 마음이 간절했어"(Perls, 1969c: 154). 1917년에 그가 중위로 승진했을 때, 그의 부대는 상황이 다소 호전되었다. 그러나 전쟁이 끝날 무렵 그의 대대는 하루에 20시간 이상의 무리한 행군을 감행해서라도 본대로 귀대하라는 명령을 받게 되었다. 이러한 스트레스로 인하여 펄스는 담배를 피우게 되었고 평생 담배를 끊지 못하였다.

전쟁은 펄스에게 심각한 타격을 주었다. 그의 절친한 친구인 페르디난트 크노프가 전사하였고, 대량 학살 장면을 목격했으며, 무공 훈장도 받았고, 상관들의 모욕적이고 편파적인 태도에 굴욕감을 느끼기도 했다. 그가 전쟁에서 목격했었던 파괴는 소수의 부자들을 제외하고는 아무에게도 어떠한 가치도 없었다는 확신을 갖게 했으며, 이는 이후의 그의 정치적 신념에 영향을 미쳤다. 전쟁이 끝난 후에 그는 좌익 정치 활동에 적극적으로 참여하였으며, 반정부 운동에도 가담하였다.

1918년, 펄스는 베를린과 프라이부르크에서 중단되었던 의학 공부를 다시 시작하였고, 1920년 4월 3일에 의학박사(MD · Doctor of Medicine) 학위를 받았다.

베를린에서의 신경정신과 개업
(1921~1926년)

의학박사 학위를 받은 후, 펄스는 신경정신과 의사로서 베를린에서 개업해 다양한 정신건강의학과 환자와 신경과 환자들을 치료하기 시작하였다.

사회적으로는 베를린의 보헤미안 커뮤니티에 참여하여 예술가, 시인, 건축가, 작가, 배우들과 교제하였고, 바우하우스 회원들을 비롯한 좌파 지식인들과도 어울렸다. 이때 펄스는 철학자 지그문트 프리들란더(Sigmund Friedlander, 1918)를 만났는데, 그는 상반되는 것들은 서로를 규정한다는 것 그리고 그 중간에는 양극단을 포용하는 지점—창조적 무관심의 지점—이 있다는 생각을 펄스에게 소개했다. 펄스는 이러한 프리들란더의 개념이 자신에게 지대한 영향을 미쳤다고 첫 번째 저서(1947/1969a)에서 기술하였다. 그 당시 같은 그룹을 통해 독일의 혁신적인 표현 무용가이자 대규모 합창 공연의 안무가였던 마리 비그만(Mary Wigman)의 제자이자 혁신적인 댄서인 팔루카(Palucca)와 지식과 의견을 공유했다. 팔루카는 펄스가 즉흥적인 자기표현(self-expression)과 창의성의 수단으로서 춤과 동작에 관심을 갖도록 영감을 주었다.

　1923년, 펄스는 뉴욕으로 건너갔다. 뉴욕에서 관절 전문병원의 신경과에 근무하면서 미국 의사 자격증을 얻기 위한 준비도 병행하였다. 미국에서의 생활은 그리 행복하지 않았다. 고국에 대한 향수병도 그를 힘들게 하였고 빈약한 영어 실력 때문에 여러 번 난처한 상황에 처하기도 하였다. 그러면서 새로운 아이디어에 관하여 자유롭고 격의 없이 토론을 벌였던 독일 바우하우스의 친구들을 무척 그리워하였다.

　미국으로 건너간 지 6개월만인 1924년 4월에 그는 다시 베를린으로 돌아왔다. 거기서 신경정신과 의사로서 진료를 다시 시작하였고 31세가 될 때까지 어머니 집에서 생활하였다. 셰퍼드(1975)에 따르면 그는 신체적으로도, 성적으로도, 그리고 전문인으로서도 자신에 대한 확신이 없었다. 스스로 자신을 도울 방법을 찾다가 펄스는 정신분석을 해 보기로 결심하고서 자신만의 정신분석법(1937/1939)을 확립한 혁신적인 정신분석학자인 카렌 호나이(Karen Horney)를 선택하였다. 곧 베를린을 떠나야 했기 때문에 호나이와 함께하는 자신의 분석은 실질적으로 시작하기도 전에 중단되었지만 펄스는 10년 넘게 종종 그녀의 조언과 슈퍼비전(supervision)을 받았다. 나중에 미국으로 이사한 후에도 그녀와 전문적인 관계를 친밀히 유지했다. 호나이는 펄스가 처음 만난 정신분석학자였던 만큼 심리학자로서의 진로 선택에 큰 영향을 미쳤을 뿐만 아니라, 정통 정신분석학에 대한 그녀의 혁신성과 회의도 그에게 상당한 영향을 주었다(Cavaleri, 1992). 그 시기 펄스는 정신분석학자와의 이 첫 만남에 아주 열정적이어서 스스로 정신분석학자로서의 훈련을 시작하였다.

프랑크푸르트(1926~1927년)

1926년에 펄스는 프랑크푸르트로 이사해 호나이의 제자인 클라라 하펠(Clara Happel)과 함께 자신의 정신분석을 계속

이어 갔다. 당시 프랑크푸르트는 지식을 공유하기에 매우 훌륭한 환경을 갖추고 있었다. 게슈탈트 심리학자 겔프(Gelb)와 골드슈타인이 거기에 살면서 일하고 있었고, 실존주의자인 마틴 부버(Martin Buber)와 폴 틸리히(Paul Tillich)도 있었다. 펄스는 게슈탈트 심리학 강의는 수강하였지만 따로 실존주의 철학을 공부할 시간은 없었다. 후일 그의 부인이 되어로라 펄스로 알려진 젊은 심리학 대학원생 로레 포스너(Lore Posner)를 만나면서 펄스는 게슈탈트 심리학과 실존주의적 개념에 대해 깊이 이해하게 되었다(1장 빈과 베를린-'로라와의 결혼' 참조).

게슈탈트 심리학의 영향

프랑크푸르트에서 펄스는 베르트하이머(1938/1944), 코프카(Koffka, 1935), 쾰러(Köhler, 1970) 등 게슈탈트 심리학자들이 발견한 것에 대해 공부하고, 주요 게슈탈트 지각 원리와자이가르니크(Zeigarnik, 1927) 및 오브시안키나(Ovsiankina, 1928)의 저서에 친숙해졌다.

독일어인 게슈탈트(gestalt)는 전체 혹은 완전한 패턴(pattern)이나 형식(form), 형상(configuration)을 의미한다. 게슈탈트 또는 전체성이란 관련된 모든 것, 즉 관련된 사람과그 맥락, 그리고 양자 간의 관계를 의미한다. 예를 들면, 시커

먼 땅 위에 떨어져 있는 눈송이 하나는 쏟아지는 눈보라 속의 눈송이와는 전혀 다르게 지각된다. 그 눈송이의 의미와 중요성은 보여지는 맥락에 달려 있으며, 또한 그 맥락과 분리될 수 없다. 게슈탈트 또는 그 눈송이 전체는 그 자체와 주변 환경과의 관계로 구성되어 있다. 의미는 배경과의 관계로부터 도출된다. 게슈탈트 지각 원리에 대한 더 깊은 논의는 2장 개념군집 1 '완결에 대한 욕구'와 개념군집 2를 참조하라.

펄스가 훗날 게슈탈트 치료에 도입한 게슈탈트 심리학의 기본 원리에는 인간은 자신이 지각한 전체를 조직화할 때, 그 중 현재 관심이 있는 것과 그렇지 않은 것으로 지각 경험을 조직화한다는 개념이 담겨 있다. 인간은 현재 관심 있는 사물을 지각적으로 전체(게슈탈트 또는 전경)로 보고, 거기에 의미를 부여한다. 인간은 미해결된 경험을 해결된 경험보다 더 잘 기억하는 경향이 있다(Zeigarnik, 1927). 인간은 미해결과제를 다시 붙잡아 해결하려 하며(Ovsiankina, 1928), 불완전한 정보와 상황으로부터 의미를 만들어 내려는 성향을 본연적으로 가지고 있다.

게슈탈트 심리학과 게슈탈트 심리치료가 명칭은 공유하고 있지만, 그 둘은 뚜렷이 구분된다. 게슈탈트 심리학은 학문이고 실험이다. 그것은 지각을 설명한다. 게슈탈트 심리학자들은 그들의 연구를 치료적인 방법으로 사용할 의도가 없었다. 게슈탈트 치료 체계가 게슈탈트 심리학과 많은 연관을 가지고 있는가에 대한 의문을 지금까지 품고 있는 사람들도 있다. 그러나 욘테프(Yontef, 1982)는 게슈탈트 치료의 기본적인 방법론은 게슈탈트 심리학에서 철학적으로 이어져 왔음을 입증했고, 휠러(Wheeler, 1991)는 게슈탈트 심리학을 게슈탈트 치료의 배경으로서 깊이 있게 탐구했다.

펄스는 베르트하이머의 장 지향주의(field orientation)와 1920년대 초 게슈탈트 심리학자인 코프카 및 쾰러와 관련이 있었던 사회 심리학자 쿠르트 레빈(1935/1952)의 장이론(field theory)에 영향을 받았다. 비록 펄스가 레빈의 저서를 얼마나 읽었는지는 불분명하지만, 그는 레빈을 확실하게 언급했고 (1952), 그의 생각 중 일부를 자신의 생각으로 받아들였다(2장 개념군집 2-'펄스의 게슈탈트 장이론에 끼친 영향' 참조).

프랑크푸르트에 머무는 동안 펄스는 뇌 손상 군인들을 위한 연구소에서 쿠르트 골드슈타인(Kurt Goldstein)의 조수로 근무하였다. 당시 골드슈타인은 게슈탈트 심리학에 관한 학문적 연구와 발견을 확장시키려 하였으며, 그들이 연구하고 발견한 지각 원리를 살아 있는 인간 존재에게 적용할 방법을 찾고 있었다. 뇌 손상으로 고통받는 군인들을 치료하는 과정에서, 골드슈타인은 사람의 손상된 일부가 몸 전체에 영향을 준다는 사실을 발견하였다. 골드슈타인(1939)은 후에 인간을 하나의 전체적인 유기체라고 말하면서, 다른 무엇보다 더 중요한 인간의 욕구는 전인(Complete Person)을 실현하는 것이라고 주장하였다. 펄스는 골드슈타인이 그의 저서에서 다룬 유기체 이론에 정통하게 되고 그와 전문적인 관계를 맺으면서, 인간이란 서로 다른 모든 측면들이 상호 연결되고 상호 관련된 전체적인 체계라는 개념을 발달시키고 자기실현에 관한 관점을 형성하는 데 상당한 영향을 받았다(Perls, 1979).[2]

실존주의와 현상학의 영향

로라 펄스는 실존적 사고와 현상학적 방법들에 대한 자신의 지식과 열정을 프리츠와 공유하였음을 암시하였다. 이전에 그녀는 현상학자 후설(Husserl, 1931: 68)을 연구한 적이 있었다. 프랑크푸르트에 머무는 동안, 프리츠와는 달리, 그녀는 실제로 실존주의 신학자 부버를 개인적으로 만났으며, 몇 년간은 틸리히와 같이 연구하기도 하였다(Laura Perls in Rosenblatt, 1991). 이는 게슈탈트 심리치료의 발전에 상당한 영향을 주었다. 후에 게슈탈트 치료에 통합되는 실존주의적 개념을, 최소한 초기에는 펄스가 로라와의 소통을 통하여 배웠기 때문이다. 펄스는 직간접적으로 실존주의의 기본 주제에 의해 영향을 받았는데 그 주제들은 실존적 고독, 타자와의 공존(being-with-others), 엄격한 인간적 한계 내에서의 자유,

---

2) 매슬로(Maslow, 1954/1968)도 골드슈타인으로부터 영향을 받았다.

진실성, 그리고 보편적인 의미가 없는 세계에서 자신만의 의미를 만들어 갈 수밖에 없는 개인적 책임이다. 각 개인은 궁극적으로 혼자이다. 아무리 많은 친구들이 있다 하더라도 홀로 이 삶에 들어와 홀로 떠나야 하는 것이다. 우리는 지금 존재하지만 언젠가는 죽는다. 그래서 인간 실존에 대한 근본적인 논쟁의 뿌리에는 우리는 죽음을 피할 수 없다는 자각과 영원히 살고자 하는 갈망 간의 갈등이 있다.

펄스(1969b/1976)는 특히 자유, 책임, 진실성, 불안과 같은 실존적 개념을 강조하였다. 실존적 의미에서 본다면, 자유란 자신의 선택과 행동에 대해서 책임져야 할 외적인 구조나 의무가 없다는 것을 의미한다. 매 순간 우리가 스스로 선택할 수 있다는 자유와 책임감이라는 개념은 무서운 의미를 내포하고 있다. 우리 대부분은 타인이나 제도에 대한 의무를 핑계로 삼거나 우리의 운명에 대해 남 탓을 하면서, 진실된 자유와 개인적인 책임을 회피하려 한다. 개인적 자유라는 개념과 가장 밀접하게 관련된 것은 진실성이라는 실존적 개념이다. 진실한 삶은 통합적으로 살기를 선택하는 것, 즉 자기기만을 하거나 놓치지 않으면서 우리는 자유롭고 책임감 있는 존재이며, 동시에 죽을 수밖에 없는 운명이라는 사실을 직면하는 것이다. 진실성은 끊임없이 불안전감이나 실존적 불안 내지는 두려움을 불러일으킨다. 그렇다면 불안은 제거하거나 억압해야 할 증상이 아니라, 진실되게 살아가고 있는 존재가 지니는 본질적인 요소이다(이 맥락에서의 불안에 대한 펄스의 관점은 2장 개념군집 6-'건강한 기능과 장애가 있는 기능에서의 불안과 흥분' 참조).

인간은 의미를 추구하는 존재이다. 그러나 궁극적인 의미가 없는 세계에서 자신의 실존을 살아 내야 하는 운명이다. 펄스가 게슈탈트 치료의 철학적 기반으로 삼았던 현상학적 실존주의는 인간은 의미를 만들고자 하는 충동을 갖고 있으며, 따라서 자신의 삶에서 의미를 구성하려 한다는 점을 강조한다. 우리가 겪는 세상에서의 경험은 다양한 해석들에 열려 있으므로―단 하나의 진실은 존재하지 않는다―각각의 개인이 구성하는 의미는 그 사람에게만 유일한 것이다. 그러니만큼 현상학은 경험의 객관적인 자료뿐만 아니라 주관적인 자료의 중요성도 강조하고, 기술된 것의 의미에 관한 이전의 가정들은 괄호 안에 둔 채 지각된 것만을 기술한다. 이는 사물이나 경험 그 자체의 본질을 직접적으로 파악하기 위해서이다(2장 개념군집 2-'조사의 철학적 방법으로서의 현상학', 3장 방법-'현상학적인 조사 방법', 3장 적극적 실험을 위한 창의적인 정론-'신체 언어의 창의적 강화' 참조).

빈과 베를린(1927~1933년)

프로이트와 정신분석의 영향

1927년에 펄스의 은행 잔고가 바닥이 났는데, 클라라 하펠이 뜻밖에 그의 분석이 이제는 완료되었다고 말했다. 하펠은 슈퍼비전을 받으면서 내담자를 상담해 가며 정신분석가로서의 훈련을 계속하라고 조언하였다. 펄스는 분석을 종료하기에는 아직 멀었다고 느꼈으며 자기이해를 보다 충족시킬 수 있는 수단을 계속해서 찾고 있었다. 그러나 어떤 측면에서 그는 하펠의 조언을 따랐다. 당시 정신분석 수련의 중심지였던 빈으로 이사해 1년 정도 지낸 것이다. 그는 내담자를 받기 시작하였고 정신분석가인 헬렌 도이치(Helene Deutsch), 에트바르트 히치만(Edward Hitschmann)의 슈퍼비전을 받았을 뿐 아니라, 파울 페데른(Paul Federn)과 함께 연구도 하였다.

　1928년, 그는 정신분석가로서 빈에서 최종 수련을 마치고 베를린으로 돌아왔다. 여기서 그는 자신만의 정신분석 훈련 방식을 정립한다. 그리고 베를린을 주 무대로 하여 1928년부터 1933년까지 공인된 프로이트파 정신분석가로 일하였다.

　프로이트가 펄스에게 끼친 영향은 상당하다. 프로이트 이론과 정통 정신분석학은 펄스가 정립한 새로운 심리치료 시스템의 근본 배경이 된다. 프로이트의 아이디어는 매우 가치 있기는 하지만, 그 철학과 정신분석 방법들은 대체로 진부하다는 것이 펄스의 신념이었다(1948/1976). 비록 프로이트의 아이디어를 많이 거부하고 비평, 변경, 첨삭도 하였지만, 펄스는 프로이트의 업적 가운데 많은 부분을 게슈탈트 치료의 기초를 정립하는 데 통합하였다. 이를테면, 신경증적이며 정신병적인 행동의 기저에는 모종의 중요한 원인이 존재하고 있으며, 어린 시절 겪었던 경험이 성인이 된 후의 행동에 영향을 미친다는 프로이트의 진보적인 생각을 수용하고 발전시킨 것이다. 항상성(homeostatic) 균형에 관한 펄스의 관점은 프로이트의 불변성(constancy) 원리에 힘입은 바가 크다고 할 수 있다. 꿈에 있어서 펄스는 프로이트와 다른 방향으로 연구를 한다고 하였지만, 프로이트의 생각이 매우 중요하다고 믿는 세간의 평가는 인정하고 있었다.

펄스가 혁신적 사고를 가진 다수의 정신분석가들에게서 영향을 받았지만, 정신분석가로 활동하기 시작한 후에는 정통 정신분석학에서 벗어난 사람들로부터도 영향을 받았다. 이를테면 펄스는 페렌치(Ferenczi)의 능동적 기교와 상호성(mutuality)에 대한 강조, 융(Jung)의 창조적 심상, 사회 체제의 통합체로서 개인을 조망하는 아들러(Adler)의 전체론적 관점에 대해 상당한 식견을 가지고 있었던 것 같다(Perls, 1948). 이사도어 프롬(Isadore From, 1991)은 펄스가 오토 랑크(Otto Rank)로부터 꿈을 투사로 보는 생각과 지금-여기(here-and-now)의 개념을 가져왔다고 보았다. 유럽에 거주하던 시절이나 후일 미국으로 건너가서 연구하던 시절에도 펄스는 혁신적 사고에 기반을 둔 호나이의 정신분석에 의해 직접적인 영향을 받았다(Perls, 1948/1978a; Cavaleri, 1992). 그녀의 전체론적 관념(philosophy) 및 유기체와 환경 간의 상호 영향에 관한 탐색들 뿐 아니라 개인의 문화적·사회적 배경의 중요성, 아동발달 그리고 치료 관계에서 대인관계 요인의 중요성에 관한 그녀의 핵심 주장은 펄스에게 매우 커다란 깨우침을 주었으며, 후에 펄스는 이러한 개념을 게슈탈트 치료 과정에 통합하기에 이른다(라이히의 영향은 1장 빈과 베를린-'빌헬름 라이히의 영향'을, 설리번의 영향은 1장 뉴욕을 참조).

  펄스는 총 서너 명의 분석가에게서 분석을 받았는데, 호나이와의 분석은 매우 짧아서 종종 배제되기도 하며, 주로 하펠, 하르니크(Eugen J. Harnik), 라이히로부터의 분석을 받았으며, 호나이, 도이치, 히치만, 페니헬(Fenichel), 란다우어(Landauer) 등을 포함한 여러 정신분석가들로부터 슈퍼비전을 받았다. 펄스의 초기 저서(1947/1969a; Perls, Hefferline, & Goodman, 1951/1973)는 정신분석에 대한 배경 지식이 있는 독자들을 대상으로 한 것이었으므로 정신분석에 관한 지식이 없는 일반 사람들로서는 이해하기 어려웠다.[3]

  1928년, 베를린에서 펄스는 그의 두 번째 정신분석을 하르

---

3) Perls, F. S., Hefferline, R. F., & Goodman, P. *Gestalt Therapy*: Excitement and Growth in the Human Personality(1951/1973)는 원래 1951년 뉴욕의 줄리언(Julian) 출판사에서 출간하였으며, 1973년에 펭귄(Penguin) 출판사에서 재출간하였다. 이 책은 펭귄판본을 참조하였다.

니크에게서 받고자 했는데 이 작업은 펄스에게 끔찍한 경험이 되었다. 하르니크는 환자와 거리를 유지하며 수동적 입장을 취하는 분석(detached passive analysis)의 극단적인 형태를 신봉하고 있었다. 하르니크로부터 분석을 받았던 1년 반 동안 하르니크는 거의 말이 없었다.

언젠가 나는 몇 주 동안이나 입을 열지 않던 정신분석가를 만난 적이 있는데. 그는 세션이 종료되었다는 것도 단지 발로 마룻바닥을 긁는 것으로 알려 줬다. 수년이 지나서야 그가 편집증(paranoia)으로 고통을 받고 있었다는 사실을 듣고는, 뒤통수를 세게 얻어맞은 느낌을 받았다. 나는 그의 코멘트들을 이해하고 받아들일 수 없는 내 무능함 때문에 나를 비난하던 것을 멈추고 자신을 이해시키지 못하고 나의 상황을 이해하지도 못한 그의 무능력에 책임을 돌릴 수 있었다(Perls, 1947/1969a: 231).

이렇듯 정신분석 과정에서 겪은 부정적 경험은 펄스의 전문적·철학적 성장에 크게 영향을 주었다. 하르니크에게 받은 정신분석은 도움이 되지도 않았고 그를 힘들게만 하였는데, 예를 들면 후에 펄스는 자신이 분석을 받으며 본 것은 정신분석이 일상의 인간관계를 배제한 채 분석가의 해석을 주장하는 것뿐이었다고 반박했다. 대신에 그는 그 반대편의 중요성을 강조했는데, 이는 지금-여기에서의 치료자와 내담자의 실제적인 접촉과 관계, 그리고 기술을 할 때 현상학적인 방법을 쓰는 것을 말한다.

로라와의 결혼

앞에서 언급한 바와 같이, 프리츠 펄스는 1926년 프랑크푸르트 대학에서 열린 골드슈타인의 게슈탈트 심리학에 대한 세미나에서 로라를 만났는데, 이들은 금방 친해져서 연인 사이가 되었다.[4] 로라는 교양 있는 가정 출신으로 뛰어난 피아니스트였으며 똑똑하고 다재다능한 여자였다. 게슈탈트 심리학을 연구하던 대학원생인 로라는 학문적으로도 타고난 재능이 있는 데다 공부도 열심히 하였는데, 키에르케고르(Kierkegaard), 하이데거(Heidegger), 부버, 틸리히 등의 저서에 나타난 실존주의사상의 발달을 연구하였고, 후설, 셸러(Scheler)와 같은 현상학자들의 연구에도 조예가 깊었다. 1926년부터 프리츠가 사망할 때까지 로라는 그의 사상의 발달에 지대한 영향을 주었으며, 게슈탈트 심리치료의 공동 창시자 세 명 중 한 명이 된다(Humphrey, 1986).

---

4) 로라 펄스의 결혼 전 이름은 로레 포스너였다. 결혼 후에 영국식 이름인 로라(Laura)로 바꾸었다.

1927년에 프랑크푸르트를 떠나 빈으로 갔다가 다시 베를린으로 가는 와중에도 펄스는 틈틈이 그녀를 만났고 휴가도 같이 보내며 둘의 관계를 더욱 깊게 발전시켰다. 1928년에 프리츠는 잠시 프랑크푸르트로 돌아오는데, 로라가 그곳에서 살고 있었던 것도 이유 중 하나였다. 그러나 이들 관계의 본질은 현재까지도 논쟁의 여지가 있다. 후에 프리츠는 로라가 결혼을 강요했다고 하였고(1969c), 셰퍼드는 이것이 사실인 것처럼 "그때 로라는 결혼을 강요하고 있었다"(p. 39)고 기술하였다(1975). 그러나 로라는 당시를 다르게 회상하고 있다.

『쓰레기통(Garbage Pail)』[5]에서 프리츠는 결혼에 대해 압박을 받고 있다고 하였는데, 그것은 전혀 사실과 달라요. 그가 나와 결혼할 것이라고 기대하지도 않았고 사실은 반대였어요. 프리츠는 아이를 갖기를 원했어요. 그러나 그는 한동안 자신이 불임일지도 모른다는 두려움을 가지고 있었거든요. 이 사람이 결혼을 한 가장 큰 이유는 …… 글쎄요. 상당 부분, 자신이 아기를 가질 수 있는지 알아보기 위해서가 아닐까 싶네요 (Laura Perls in Gaines, 1979).

---

5) 펄스의 저서 쓰레기통의 안과 밖(In and Out the Garbage Pail)

1929년 8월 23일, 프리츠와 로라는 결혼했다. 결혼 후 몇 년간은 베를린에서 평온한 생활을 이어 갔다. 펄스의 개업은 성공적이었고, 로라의 아버지는 이들의 생활비를 계속 보조해 주었다. 그들은 쾌적한 아파트와 바우하우스 그룹이 특별히 디자인한 현대식 가구를 갖고 있었다. 한창 유행하던 가구들로 꾸민 이 아파트는 독일의 유명 건축 잡지에 소개되기도 하였다. 그리고 마침내 1931년 7월 23일, 첫째 아이 레나테가 태어나면서 이들은 부모가 된다.

빌헬름 라이히의 영향

불만족스러웠던 하르니크와의 작업을 끝내고, 프리츠는 자기이해(self-knowledge)에 관한 과제가 여전히 미진함을 느꼈다. 그래서 다시 한번 카렌 호나이에게 돌아갔다. 그녀는 그에게 "내 생각에 당신과 통할 수 있는 분석가는 빌헬름 라이히(Wilhelm Reich)밖에 없는 것 같다."라고 말하며 그를 만나 볼 것을 권유했다(Perls, 1969c: 49). 펄스에게는 이것이 행운이 되었다. 후에 펄스는 진보적 성향의 예술 선생이었던 프리츠 파이스(Fritz Faiss)에게 라이히는 그가 믿을 수 있었던 첫 번째 사람이었다고 하였다. 펄스는 1931년부터 라이히가 정치적인 이유로 독일을 떠난 1933년까지 그에게서 분석을 받았다. 라이히와의 분석은 하르니크와의 작업이 부정적이었던 만큼 긍정적인 경험이었다. 이 분석은 다시 펄스의 삶에 중요한 영향을 미쳤고 그에게 정통 정신분석에 대해 의문을 갖게 했다.

사적으로도 라이히는 펄스와 돈독한 관계를 유지하였으며 광범위한 분야에 걸쳐 다양한 주제를 두고 펄스와 적극적으로 토론을 하였다. 마침내 펄스는 그의 마음을 끄는 사람을, 기꺼이 같이 연구하겠다고 나서는 사람을 만난 것이다. 라이히 역시 당시의 정신분석 방법론과 전통에 의문을 제기하고 있었다. 치료에 대한 그의 이론적 개념(1945/1952/1968), 방법론, 기법 등은 적극성을 띠었고 근본적으로 달랐다. 이런 점은 그가 관계 맺는 개인적인 스타일만큼이나 펄스에게 호소력 있게 다가왔다. 라이히는 언어적인 기억을 가지고 작업을 하는 데 회의를 가지고 있었으며, 삶의 에너지가 삶의 경험에 의해 차단되거나, 왜곡될 수도 있다고 주장했다. 삶의 에너지와 이를 억압하는 것은 심리적일 뿐 아니라 신체적이기도 하다[5]. 인간의 신체는 정서적인 기억을 저장하고, 그 기억을 방어하는 수단들을 근육 수축과 신체 갑옷과 같은 형태로 저

---

5) 알렉산더 로웬(Alexander Lowen, 1975)은 후에 라이히의 혁신적 방법들로부터 생체에너지론을 개발하였다. 라이히의 '생명 에너지(life energy)'와 유사한 의미로, 베르그송(Bergson, 1965)은 이를 '생명의 활기(élan vital)'라고 했으며, 클락슨(Clarkson, 1991c/1992)은 신체의 원리로서 이를 깊이 연구하였다.

장하기도 한다. 펄스는 라이히의 신체 언어와 '신체 갑옷 이론(body armour theory)'을 긍정적인 용어로 인정했다.

파시즘의 부상

1920년 후반부터 1930년대 초반에 걸친 경제 위기 동안 히틀러와 나치당은 점차 독일 국민의 지지층을 넓혀 갔다. 1933년 히틀러는 독일의 총통이 되었다. 이 당시 프리츠와 로라는 정치적으로 좌익 반파시스트 운동에 적극 가담하고 있었다. 노동대학에서 강의를 하면서 프리츠는 히틀러의 독재를 저지하기 위하여 공산주의자들과 사회주의자들이 단합해야 한다고 주장하였고 실제로 이들의 단합을 위하여 노력하였다.

나치는 점점 더 가혹해졌으며 반유대적인 정책들을 계속 쏟아 내었다. 펄스 가족이 여권을 신청했을 때 이들은 유대인을 모욕하는 익명의 편지를 받기도 하였다. 반유대주의가 악의적이기도 하였지만, 그녀와 프리츠가 1933년 봄에 베를린을 떠나야만 했던 결정적인 이유는 그들에게 가해지는 정치적 압력 때문이었다. 로라 펄스는 다음과 같이 회고하였다(Gaines, 1979). "베를린에서의 마지막 며칠간은 매번 장소를 바꿔 가며 잠을 잤다. 새벽 2시에서 4시 사이에 사람들은 침대에서 바로 끌려 나갔다. 유대인뿐만 아니라 좌익이나 공산주의 운동에 조금이라도 관계하였던 사람들은 예외가 없었다"(p. 14). 3월 25일, 로라의 아버지가 사망하였고 펄스의 가족은 모든 재산을 버리고 베를린을 탈출하기에 이른다. 로라와 레나테는 로라의 어머니와 함께 고향인 포르츠하임(Pforzheim)으로 갔고 프리츠는 달랑 100마르크를 라이터에 숨긴 채 국경을 넘어 네덜란드로 갔다.

네덜란드(1933년)

펄스는 네덜란드에서의 생활이 안전하기를 바랐지만 덧없는 희망이었다. 불법체류자 신분으로 일자리를 얻을 수 없었고 거주할 장소를 찾기도 어려웠다. 자선단체의 도움으로 겨우 연명하였는데, 유대인 난민들로 가득 찬 가정집에서 지내게 되었다. 1933년 9월, 로라와 레나테는 암스테르담에서 프리츠와 상봉하여 추운 다락방 아파트를 얻어서 비참하게 지냈다.

암스테르담의 은신처에서 지내거나 이마저도 구하지 못한 유대인들이 그러하였듯이, 이 기간은 로라와 프리츠에게 매우 고통스러운 시기였다. 그들은 아무것도 가지고 있지 않았으며, 하루하루를 겨우 연명하는 처지였다. 그 와중에 로라는 임신을 하였다. 그녀는 결국 낙태를 할 수밖에 없었고 임신중절수술 후 우울증을 앓았다. 프리츠와 로라는 노동 허가

증을 받으려고 백방으로 뛰었으나 거절당하였다. 당시 네덜란드에는 난민이 너무 많았기 때문이다. 그러나 그들이 허가증을 받는 데 실패한 일은 오히려 엄청난 전화위복이었다. "그러니까 그때 거기에 남아 있던 사람들은 모두 죽었지요. 네덜란드에서 살던 동생과 동생의 가족 모두 죽었어요"(Laura Perls in Gaines, 1979: 17). 재정적·직업적·정치적 이유와 생존을 위하여 프리츠, 로라, 레나테는 또다시 급히 나라를 옮겨야 했다. 펄스는 여기저기 수소문한 끝에, 런던에 있는 어니스트 존스(Ernest Jones, 프로이트의 전기 작가)에게서 남아프리카공화국에서 정신분석가를 훈련시킬 사람을 구한다는 소식을 들었다. 프리츠와 로라는 배편으로 1934년 초 남아프리카공화국에 도착하였다.

남아프리카공화국 요하네스버그

프리츠와 로라는 요하네스버그에서 정신분석 진료를 시작하였고, 이내 성공하였다. 일 년이 채 안 돼 그들은 수영장, 테니스장, 넓은 마당이 딸린 바우하우스 스타일의 집을 지을 수 있었다. 프리츠는 아이스 스케이팅도 배우고 비행 교육도 받아 능숙한 비행사가 되었다. 그는 자가용 비행기를 사서 직접 유럽으로 몰고 가려고 했으나 그러기에는 돈이 너무 많이 들었다. 프리츠와 로라는 잠시 모두 행복했던 듯하였다.

"아이와 함께 우리는 서로 무척 사랑했지요. 그 몇 년은 너무 좋았어요. 그때 그는 내가 자신의 아내인 것에, 연인인 것에 그리고 자기 아이의 엄마인 사실에 감사했습니다"(Laura Perls in Gaines, 1979: 19). 프리츠는 딸 레나테가 태어나고 처음 3~4년 동안 딸에게 헌신적이었다.

그러나 로라는 곧 또 임신을 하였다. 당시 프리츠는 이미 41세였고 아이들을 무척 성가시게 여기고 있었다. 로라에게 낙태를 하도록 설득하였고 로라는 완강하게 거부하였다. "당신이 아이를 원치 않는다 해도, 나는 낳을 것이고, 그 아이는 나의 아이예요"(Laura Perls in Gaines, 1979: 23). 1935년 8월 23일, 둘째 아이 스티브(Steve)가 태어났다. 4세가 된 레나테가 갓난아기를 질투하면 프리츠가 레나테를 그냥 밀쳐 넘어뜨렸다고 로라는 회고했다(p. 23). 반면에 프리츠는 로라와 레나테의 사이에서 자신이 소외감을 느꼈다고 했다. 사실이 어떻든 간에 프리츠와 로라는 둘 다 스스로 진료소 일에 매진하였고, 레나테는 이를 무척 힘들어했던 것으로 보인다. 어른이 된 뒤 레나테는 아버지와 가끔 다정했던 때도 있었지만 어린 시절 많이 힘들었던 아버지를 오해했던 일들을 상세히 털어놓았다(Shepard, 1975; Gaines, 1979; R. Perls, 1992).

프리츠와 로라는 남아프리카 정신분석 연구원(South African Institute for Psychoanalysis)을 설립하고, 몇몇 사람을 정신분석가로 훈련시키기 시작하였다. 1936년, 펄스는 체코에서 열리는 국제 정신분석 학술대회(International Psychoanalytic Conference)에 참석하기로 결정했다. 이 행사에 참석하기 위해 프리츠는 '구순기 반항(Oral Resistances)'이라는 제목의 논문을 준비하였는데, 이 논문(로라가 첫아이에게 젖을 먹이며 관찰한 것을 광범위하게 기술한)은 아기는 음식 섭취를 통해 세상과 관계를 맺는다는 점을 강조하였고, 사람들의 섭식습관과 그들의 나머지 환경과의 상호작용이 아주 유사하다는 점을 끌어냈다. 펄스는 화난 아이가 엄마한테서 나오는 영양분을 먹지 않으려고 하는 시기와 저항이 관련 있을 수 있다고 제안함으로써, 저항에 관한 기존의 정신분석학 이론에 가치 있는 공헌이 되기를 기대하였다. 그는 유럽에 체류하는 동안 프로이트를 만나 남아프리카공화국에서 성공적으로 이뤄지고 있는 자신의 정신분석 진료에 대해서도 이야기할 수 있기를 열망하였다.

그러나 펄스가 학술대회를 통하여 이루려던 꿈은 모두 물거품이 되었다. 프로이트는 그에게 거의 말도 붙이지 않았으며 펄스의 논문도 학술대회에 참석한 다른 분석가들로부터 냉대를 받았다. 그들 대부분은 그의 논문을 이해하지 못하거나 기대에 미치지 못한다고 여겼다. 그 논문은 두말할 나위 없이 라이히의 영향을 받았기 때문이었다. 라이히조차도 펄스를 실망시켰다. 예전에 펄스의 분석가였던 라이히조차도 뒷짐을 지고 나 몰라라 하였던 것이다. 그로부터 1~2년 후,

국제 정신분석 협회(International Psychoanalytic Association)는 이전에 유럽에서 훈련 지도자로 활동하지 않은 정신분석가들이 세계 어디에서도 훈련 지도자로서 활동할 수 없도록 규정을 만들었다. 그로 인하여 펄스는 남아프리카공화국에서 훈련 지도자 자격을 잃고 말았다. 이러한 거부의 경험으로 펄스는 상당한 충격을 받았다. 그는 정신분석학계의 혁신적인 일원이 되고 싶어 했었다. 1936년 이후 펄스는 점점 프로이트와 정신분석에 대해 더 공격적으로 변하였다.

얀 스무츠의 영향

펄스는 당시 남아프리카공화국의 총리였던 얀 스무츠(Jan Smuts)의 저서에 정통해졌다. 스무츠는 뛰어난 전략가이자 철학자였으며, 국제연맹과 범아프리카연합의 형성에 촉매 역할을 한 인물이었다. 펄스는 그를 한 번밖에 만나지 못했지만 남아프리카공화국의 지적인 분위기에 폭넓은 영향을 준 스무츠의 저서『전체론과 진화(Holism and Evolution)』(1987, 초판은 1926)에 깊은 감명을 받았다(Clarkson, 1991b; Laura Perls in Gaines, 1979: 31). 스무츠의 저서에서는 펄스의 후기 아이디어의 씨앗이 되는 것들을 상당히 많이 볼 수 있는데, 그중에는 게슈탈트 심리학과 장이론에서만 가져왔을 수 있을 것이라 여겨지는 것들이 포함되어 있다. 이를테면, 모든 사물이 장을 가지고 있으며 사물과 유기체들은 이러한 장 개념 없이는 이해하기 어렵다는 생각이다. 스무츠는 이것을 물리학 이론을 빌려 소개하였다. 스무츠는 개개의 독립체들을 서로 분리시켜 연구하려는 19세기 과학을 너무 편협하고 융통성이 없다고 비판했다. 그는 모든 사물은 창조적 변화라는 끊임없는 과정 중에 있다며 과정을 강조하였으며, 그것은 조직화된 전체를 형성하고자 하는 유기체의 특성이라고 했다. 스무츠는 사람과 우주의 전체성과 생물이든 무생물이든 만물의 상호 연계성을 강조하며 개체와 우주가 능동적으로 전체를 형성하고 있는 방식을 설명하였다. 유기체와 환경 간의 상호 의존성의 순환이라는 아이디어도 스무츠에게서 힌트를 얻었을지도 모른다.

자아, 허기 그리고 공격성

이 무렵 펄스는 구순기 반항에 관한 그의 논문을 수정하고 분량을 늘려 『자아, 허기 그리고 공격성(Ego, Hunger and Aggression)』(1947/1969a)이라는 그의 첫 번째 저서를 냈다. 이 책의 원문은 1941년부터 1942년에 쓴 것으로 '프로이트의 이론과 방법에 관한 재고(A Revision of Freud's Theory and Method)'라는 부제를 붙여 1940년대 초에 남아프리카에서, 1947년에 영국에서 출판하였다. 펄스는 개정판에서 정신분석학의 일부 주장들을 매섭게 공격하고 있지만 초판의 부제를 보면 정신분석학과의 관계를 완전히 단절하는 것은 주저했던 듯하다.

이 책을 집필할 당시 펄스가 아내 로라와 어느 정도 협업을 했는지에 대해서는 논란이 있다. 셰퍼드(1975)는 협업에 대한 이야기는 거의 하지 않지만, 로라 본인(Gaines, 1979: 28-29)은 수유하고 이유하는 아이에 대해 그녀가 처음 관심을 가진 것이 펄스의 논문과 책에 영감을 주었다고 주장한다. 그리고 프리츠가 제2차 세계대전 당시 육군 정신과 군의관으로 근무할 때 주말마다 프리츠와 함께 그 책 작업을 하였다고도 말한다(다음을 참조). 프리츠는 영국판에서 로라가 책의 완성에 크게 기여하였다고 감사의 말을 썼는데, 나중에 출판한 미국판(1969a)에서는 최초의 서문과 로라에 대하여 언급한 부분을 모두 삭제하였다.

『자아, 허기 그리고 공격성』은 프로이트 학파의 정신분석학과 프리들란더의 차별적 사고, 스무츠의 전체론, 라이히의 아이디어, 유기체 이론, 게슈탈트 심리학, 베르트하이머와 레빈의 장이론, 현상학, 실존주의적 사고 그리고 초기 기여자들의 생각을 획기적으로 결합한 것이었다. 펄스는 자신의 새로운 치료를 '집중 치료(concentration therapy)'라고 명명하였다. 이 책에서 펄스는 기초적이기는 하지만 후에 게슈탈트 심리치료의 핵심 내용이 되는 개념들을 많이 소개하고 있다. 이 책은 세 부분으로 구성되어 있다. 처음의 두 부분은 주로 이론적인 논의를 하고 있으며, 나머지 부분은 독자들이 앞에서 논의한 개념들의 활용 가능성을 탐색하고 평가해 보는 것을 돕기 위한 일련의 연습 문제들이다.

제2차 세계대전

1942년 1월, 프리츠는 독일군과 싸우는 연합군인 남아프리카공화국 군대에 자원입대하였다. 1942년부터 1945년까지 프리토리아 인근에서 의무 장교이자 군 정신과의로서 복무하였는데 이 기간 동안에는 집에 거의 들어갈 수 없었다. 프리츠와 로라는 어쩔 수 없이 독자적인 생활을 하게 되었고, 레나테와 스티브도 이 기간 동안에 아버지가 집에 없었던 것으로 기억하고 있다. 프리츠는 아들 스티브에게 무심하고 냉담하게 대하였고, 딸 레나테와는 언쟁을 벌였다.

전쟁이 끝난 후, 프리츠와 로라는 남아프리카를 떠나기로 결정했다. 국내의 정치적 상황이 악화되면서 해외로 이주하는 지식인들이 늘었고, 그에 따라 사회 분위기가 문화의 불모지로 변해 가고 있다고 판단했기 때문이었다. 스무츠는 1948년에 총리직에서 물러났고, 이후 인종분리정책을 편 민족주의당이 정권을 잡았다. 그즈음 카렌 호나이는 미국에 있었는데, 펄스가 미국으로 이주하는 데 필요한 스폰서 역할을 기꺼이 해 주었다.

뉴욕

1946년에 펄스는 뉴욕으로 돌아왔다. 처음에는 가족을 두고 온 것이 심히 불안하여 로라와 아이들이 있는 요하네스버그로 돌아갈 것을 심각하게 고민하였다. 그러나 이때『자아, 허기 그리고 공격성』을 인상 깊게 읽었던 에리히 프롬(Erich Fromm)을 만났고, 그는 펄스에게 뉴욕에 머무르며 진료소를 차리도록 격려했다.

뉴욕에서는 클라라 톰슨(Clara Thompson)과 친하게 지냈다. 클라라 톰슨은 당시 뉴욕 최고의 정신분석 수련원인 윌리엄 앨런슨 화이트 연구소(William Alanson White Institute)를 이끄는 선도적 의사 중 한 명이었다. 화이트 연구소에 있던 1946년 말에서 1947년 초에, 펄스는 한 편(Perls, 1979) 이상의 논문을 출간했는데, 거기에서 그는 같은 언어를 쓰고 비슷한 방식으로 세상을 보는 연구소 멤버들에게서만 발견될 수 있는 것들을 애정 있게 묘사했다. 그는 클라라 톰슨, 에리히 프롬, 카렌 호나이 그리고 '대인관계 정신분석(interpersonal psychoanalysis)'의 핵심 인물인 해리 스택 설리번(Harry Stack Sullivan)을 따르던 사람들과 친분을 맺었다(Greenberg & Mitchell, 1983). 특히 호나이와 설리번으로부터 여러모로 중 대한 영향을 받았다(1장 빈과 베를린-'프로이트와 정신분석의 영향' 참조). 과정(process)으로서의 존재를 주장한 설리번은 경험, 행동, 징후(symptom), 사고 그리고 자기(self) 자체를 과정으로 보는 펄스의 견해에 상당한 기여를 했다. 펄스는 언어가 과정을 구조적인 것으로 변화시키거나 구체적인 것으로 변화시킨다고 보고 거부감을 가졌는데, 이에 대해서도 설리번이 상당한 영향을 미쳤다. 정신 질환을 개인과 환경 사이에서 발생하는 사건에 대한 반작용(reaction)으로 보는 설리번의 주장은 현재 다루고 있는 내담자의 배경을 강조한 펄스, 헤퍼라인 그리고 굿맨(1951/1973)에게 영향을 준 것으로 보인다. 반면에 치료자와 내담자 간의 대인관계가 치료의 결과에 가장 중요한 영향을 미치는 요소라는 설리번의 신념은 지금-여기의 인간관계를 중요시한 펄스의 관점에 기여했을 가능성이 있다. 자신만의 개인적인 경험을 매우 중시하는 설리번의 견해는 펄스, 헤퍼라인 그리고 굿맨(1951/1973)의 책에 그대로 반영되었다.

펄스의 뉴욕 생활 이야기로 다시 돌아가자. 로라와 아이들은 1947년 가을 뉴욕에 도착하였다. 1948년 1월, 프리츠 펄스는 '성격 통합에 관한 이론과 기술(Theory and Technique of Personality Integration)'이라는 논문을 심리치료 발전협의회(Association for the Advancement of Psychotherapy)에서 발표하였다. 이 논문은 그해 『미국심리요법 저널(American Journal of Psychotherapy)』에 게재되어 "단언컨대 초기 펄스의 최고 역작"이라는 평가를 받았다(Yontef, 1992b: 101).

로라가 뉴욕에 오고 나서 2년이 안 되어 프리츠와 로라는 매주 경험에 바탕을 둔 훈련/치료 모임을 시작하였다. 그 모임에는 혁신적인 교육이론가 엘리엇 샤피로(Elliot Shapiro), 의사 폴 바이스(Paul Weisz), 이사도어 프롬, 컬럼비아 대학의 심리학 교수인 랠프 헤퍼라인(Ralph Hefferline), 철학자이면서 창의적 작가인 폴 굿맨이 참여하고 있었다. 로라 펄스와 폴 굿맨은 프리츠와 함께 게슈탈트 치료의 공동 창시자가 되었고, 이 모임의 다른 구성원들도 초창기 게슈탈트 치료의 발전에 실질적으로 기여하였다(Laura Perls in Rosenblatt, 1991).[6]

동양 종교의 영향

이 무렵 펄스는 폴 바이스와 가까워지면서 동양 종교, 특히 선불교(Zen Buddhhism)에 대해 더 잘 알게 되었다(Laura Perls in Rosenblatt, 1991). 바이스는 의사이자 선을 열심히 공부하는 학생이었으며, 프리츠, 로라와 함께 훈련을 받아 유능

---

6) 이 외에 많은 사람들이 게슈탈트 치료의 기초를 세우는 데 씨앗 구실을 하였다. 이를테면, 어빙 폴스터와 미리엄 폴스터(Erving Polster & Miriam Polster, 1974), 조세프 징커(Joseph Zinker, 1978), 제임스 심킨(James Simkin, 1974) 등이 있다(Yontef, 1982 참조).

한 게슈탈트 치료자가 되었다. 바이스는 펄스에게 선의 개념을 설명해 주었고, 펄스는 선의 개념을 자신의 철학과 방법에 통합하려 애썼다. 펄스는 '당위적 행동'에 대한 거부감을 지지해 주는 선의 지혜와 도덕에 집착하지 않는 태도를 반가워했다. 특히 선에서 얘기하는 마음챙김(mindfulness)의 개념은 현재의 알아차림에 대한 펄스의 견해와 유사한 면이 있었다. 또한 역설에 대한 선의 개념은 변화란 우리가 자신을 변화시키려는 노력을 멈출 때 일어난다는 변화에 대한 펄스의 역설적인 생각과 비슷하다(3장 치료와 변화과정-'변화과정' 참조). 펄스는 선(Zen)에 매료되었으며 자신이 고안한 알아차림 훈련이 선처럼 서양인들의 자기변화를 가능하게 해 줄 것이라고 믿었다. 훗날 펄스는 일본 교토에서 선을 연구하였으며, 그가 웨스트 코스트에 살던 1960년대에는 그곳에서 살면서, 강의를 하고 있던 앨런 와츠(Alan Watts, 1951/1957)에게서 영향을 받았다. 펄스는 비록 영적 훈련에 대해서는 자주 회의론을 폈지만, 가르칠 때는 줄곧 선의 개념과 역설 이론을 연결하였다.

폴 굿맨(1911~1972)

굿맨은 훌륭하고 다재다능한 사람이었다. 뉴욕의 훈련 모임에 참여하였던 많은 사람들이 게슈탈트 치료의 창시와 발전에 중요한 기여를 하였는데 폴 굿맨은 일반적으로 펄스 부부와 더불어 게슈탈트 치료를 창시한 주요 인물 세 명 가운데 한 명으로 인정받고 있다. 그는 사회 철학자이면서 연극 대본과 소설을 쓰는 작가였고, 60년대 저항 문화의 주역이기도 하였다(Laura Perls in Rosenblatt, 1991: 21). 그는 정치적으로나 철학적으로 무정부주의 운동에 관심이 있었고, 자신의 삶과 글쓰기를 통해 무정부주의를 공동체의 근간으로 보고 탐구하는 데 온 힘을 기울였는데, 이는 개인이 자기 삶의 구조와 규정을 만드는 것이 정부가 규정을 만드는 것보다 개인이나 사회에 더 유익하다는 믿음을 가지고 있었기 때문이다(Goodman, 1947/1960/1962).

굿맨의 저서들이 최근 다시 출판되고 있고(Goodman, 1991), 그의 새로운 전기(Stoehr, 인쇄 중)가 곧 나올 참이며, 그의 연극들이 다시 공연되고 있는 사실을 보면 굿맨의 문화적 영향력은 여전히 계속되고 있다. 예를 들어, 그는 1941년에 일본의 전통가면극인 노(Noh)를 다섯 편이나 썼다. 뉴욕에서 로라 펄스의 추도식이 열리던 날, 우리들 중 한 명이 이 연극을 관람한 것은 신기한 동시성이었다(Clarkson, 1991a). 이 연극들에 대한 굿맨의 진행 메모를 보면 그가 다양한 재능을 가지고 있으며 전체론에 몰두하고 있음을 증명해 준다. "소설가, 시인, 심리학자, 도시계획 전문가 및 문학 비평가인 굿맨은 자신을 '실제는 극작가이자 소설가'라고 표현하였다.

그는 '모든 부분들을 함께' 즉, 자유와 권력, 성욕과 어른스러움, 독창성과 평범함을 같이 가지고 있어야 한다고 주장하였다"(Goodman, 1990: 3).

펄스와 굿맨은 서로 커다란 영향을 주었다. 굿맨이 여러 분야에서 기존의 관습에 지적으로, 급진적으로 도전하고 또 거침없이 하는 행동들은 펄스의 타고난 선동적인 태도들을 부추겼다. 그들이 기존의 사회 규범에 대해 도전한 속내를 들여다보면 공공연하게 이루어진 성관습 파괴가 자리 잡고 있었다. 굿맨은 자신이 양성애자임을 자인하였고, 이사도어 프롬은 자신이 동성애자임을 공개하였으며, 펄스는 로라가 있건 없건 어디서든 광범위하게 성적 탐험을 하는 것으로 잘 알려졌다(Shepard, 1975). 도덕, 심리학적 가정, 관계의 상투적 형식을 타파하는 것은 그 당시 시대정신(Zeitgeist)의 고유하고 중요한 부분이었으며, 펄스와 굿맨은 그 시대정신의 형성에 중요한 역할을 했다. 이의를 제기하며 탐구하려는 정신과 기꺼이 위험을 감수하고자 하는 의지는 프로이트 학파의 정신분석으로부터 멀리 벗어나기 위한 필수요소였다. 펄스는 프로이트의 정신분석학이 돌처럼 경직되어 버렸다고 믿었던 것이다. 그러나 폴 굿맨, 프리츠, 로라의 반란은 반란을 위한 반란이 아니었다. 그것은 인간의 잠재적인 가능성을 높이기 위한 반란이었다. 후일 펄스는 다음과 같이 회고하였다.

게슈탈트 치료는 심리학계의 반란적 · 인간적 · 실존적 세력의 하나로 사회 구성원들 사이에서 패배주의와 자기 파괴적인 세력이 만연하는 것을 막고자 한다. …… 치료자로서 우리의 목표는, 통합 과정을 통해서 인간의 잠재적 능력을 높이는 데 있다. 사람들의 진정한 관심이 무엇인지, 진정으로 무엇을 바라는지, 진정으로 무엇을 필요로 하는지를 찾아내고 그것을 지원함으로써, 우리는 이 목표를 달성하고자 한다 (Perls in Stevens, 1975: 1).

펄스는 굿맨의 소개로 무정부주의적이면서 혁명적인 지식인들과 예술가들의 모임에 참여하게 되었는데, 리빙 시어터 (Living Theater)의 감독들인 줄리언 벡(Julian Beck)과 그의 아내 주디스 말리나(Judith Malina)도 이 모임에 참석하고 있었다. 이들 부부는 배우와 관객들도 '나와 너(I and Thou)' 관계에 포함시키고자 하였다(Julian Beck in Shepard, 1975). 부버의 대화의 실존적 개념을 이들 부부가 현실적으로 해석한 것은 펄스에게 영향을 주었다. 펄스는 라이브 공연과 치료세션의 중간쯤에 해당되는 뭔가를 하고 싶었다. 1960년대, 연극과 치료를 융합하여 게슈탈트 치료 공개시연을 하고자 했던 그의 야망은 이루어졌다.

모레노의 영향

1950년대에 들어 펄스는 사이코드라마를 자주 보았다. 이는 당시 그가 뉴욕에 있을 때 자주 참여하였던 급진 지식인 집단에 지대한 영향을 미쳤다. 펄스는 1958년에 사이코드라마의 창시자인 모레노(Moreno)를 적어도 한 번은 조우하였다. 모레노(1934/1964)는 매우 혁신적인 사람이었다. 그는 일찍이 1920년대 '집단 치료(group therapy)'라는 용어를 만들어 냈으며 즉시성과 '지금-여기'의 경험에 주목한 것으로 알려져 있다. 1925년, 그는 미국에 사이코드라마를 소개하였다. 사이코드라마는 우리들 각자가 살아오면서 해 오던 역할 ─아이, 부모, 친구, 선생, 연인, 상사 등─의 중요성을 강조한다. 개개인은 그들의 삶에 있는 타인에 대한 고정되고 잘 바뀌지 않는 역할을 할 수도 있고 또는 서로 갈등관계에서 할 수 있는 또 다른 역할을 찾을 수도 있다. 모레노는 개인들이 통제된 치료장소인 지금-여기에서 이러한 역할들의 갈등을 재창조하도록 허용하는 치료기법을 고안했다. 내담자는 극의 '주인공(protagonist)'이 되어 이야기 속의 역할 중 하나를 담당하는 한편, 해당 집단의 다른 사람들은 각자 다른 역할을 맡는다. 주인공이 다른 집단의 참가자들과 역할을 바꾸기도 함으로써 문제 상황을 충분히 탐색하는 것이다.

펄스는 1960년대 시연하고자 하였던 적극적 치료 접근에 사이코드라마적 요소를 일부 도입하였다. 펄스는 후일 자신의 연구에 끼친 모레노의 영향에 감사를 표했다(1967). 교류분석(Transactional Analysis)의 창안자인 에릭 번(Eric Berne)은 펄스가 모레노에게 진 빚을 강조했다. "펄스 박사는 박식한 사람이다. …… 그는 특정 기법을 선택하면서, 다른 '적극적인' 심리치료사들과 '모레노' 문제를 공유했는데, 그 문제란 '적극적' 기법이라고 알려진 것들이 모두 J. R. 모레노 박사가 사이코드라마에서 최초로 시도한 것이어서 원래의 생각을 따라잡기는 어렵다는 점이다"(Berne, 1979: 163-164). 사실, 펄스는 사이코드라마를 상당히 그리고 독창적으로 수정하였다(3장 적극적 실험을 위한 창의적인 접근-'사이코드라마 그리고 미해결과제의 실연과 해결' 참조).

게슈탈트 치료:
인간의 성격에 있어서 흥분과 성장

펄스는 랠프 헤퍼라인과 폴 굿맨에게 계획하고 있었던 저서의 공동 집필자로 참여할 것을 제안하였다. 펄스는 그 책을 위해 쓴 일종의 초기 원고를 제공하였다(Isadore From in Wysong & Rosenfeld, 1982). 펄스는 이들과 함께 그것을 더욱 발전시키고자 한 것이다. 헤퍼라인은 자신이 가르치던 컬럼비아 대학의 학생들과 함께 실제 적용해 봄으로써 그 책의 전반부에 많은 사항들을 추가할 수 있었다. 반면, 폴 굿맨은 펄스와 함께 후반부를 집필하였으며 여러 부분에서 주저자의 역할을 한 것으로 보인다. "게슈탈트 치료에 관한 폴 굿맨의 글에서, 펄스의 영감이 재구성되어 광범위한 영향을 미치는 개념이 되었음을 알 수 있다"(Miller, 1989: 21).[7] 펄스가 그 책에 실제로 기여한 성질과 정도가 어느 정도인지는 지금도 논쟁의 여지가 많이 있고 아마 앞으로도 그럴 것이다. 『게슈탈트 치료(Gestalt Therapy)』에서 발달된 여러 아이디어의 근원은 『자아, 허기 그리고 공격성』(Perls, 1947/1969a)뿐만 아니라 굿맨과의 공동 작업을 하기 전인 1946~1947년 및 1948년에 발표했던 논문들(Perls, 1948/1979)에서도 찾을 수 있다. 일반적으로 『게슈탈트 치료』는 펄스, 헤퍼라인 그리고 굿맨의 공동 업적으로 여기고 있다. 최근 책의 이론적인 부분은 굿맨과 펄스의 업적으로 인정하는 경향이 있는데(Wheeler, 1991), 본 저자들은 그것에 대해 언급한 기존의 출판물을 따랐다. 즉, 우리는 이 책에 흔히들 쓰는 '펄스 외'라는 축약형을 사용하지 않고 세 사람의 이름을 모두 기술함으로써 굿맨

---

7) "예를 들어, 접촉 경계(contact boundary)는 자아와 모든 정신적 성장이 일어나는 세계가 만나는 곳이라고 복잡하게 정의하기도 하고, 접촉에 대한 저항은 신경과민한 사람이 담을 쌓는 것이라고 조심스럽게 해석하기도 하고, 게슈탈트(전경/배경) 형성은 인간의 경험을 파악하는 데 있어 강력한 설명력을 갖는 원칙이라고 현상학적으로 설명하기도 한다"(Miller, 1989: 21).

과 헤퍼라인을 주요 기여자로 기리고자 하였다.

이 책은 게슈탈트 치료의 기본교재이며 치료의 새로운 학파를 출범시켰다. 새로운 치료의 명칭을 두고 약간의 의견차가 있었지만, 펄스는 게슈탈트 치료(Gestalt therapy)라고 명칭을 정하였다. 로라는 이 명칭에 반대하였으며, 나중에는 게슈탈트 치료와 게슈탈트 심리학이 모순된다는 점을 지적한 사람들도 반대하였다(예컨대, Sherrill, 1974; Henle, 1978). 그러나 욘테프(1982)는 게슈탈트 치료가 역사적으로는 그렇지 않지만 철학적으로는 게슈탈트 심리학에서 나온 것임을 보여주었다.

『게슈탈트 치료』는 두 권으로 구성되어 있다. 헤퍼라인과 펄스가 집필한 1권은 자신의 현재 기능에 대한 개인의 인지 능력을 증강시키고자 하는 목적으로 실제 훈련에 집중하고 있다. (아마 펄스가 처음 구상하고 원고를 집필한 것 같은데, 펄스와 굿맨의 공동 업적으로 널리 알려져 있는) 2권은 게슈탈트 치료에 관한 이론적 고찰이다. 원래 '이 책들'은 이론과 실제 훈련의 순서로 제작하고자 하였다. 그러나 출판사가 실제 훈련 연습에 관한 사항들을 1권에 넣자고 제안하였다. 1권에 있는 스스로 하기(do-it-yourself)라는 특성이 대중들에게 좀 더 어필할 수 있을 것이라고 생각하였기 때문이었다. 2권은 다시 세 부분으로 나뉜다. 첫 번째 부분의 1장은 '성장의 구조(The Structure of Growth)'인데, 게슈탈트 치료의 이론과 기초를 개괄적으로 소개하고 쉽게 설명한다. 처음 읽는 독자들은 1장을 읽고 나서, 유명한 게슈탈트 치료의 이론적인 측면을 일부 소개하고 있는 3장으로 건너뛰고 싶어 할 수도 있다. 이 책은 그 이론적 측면을 2장에서 기술하고 있다. 1969년에 펄스가 이 책을 재출판하기 위하여 저자 주석(Authors' Note)을 새로 썼는데, 『게슈탈트 저널(Gestalt Journal)』에서 현재 개정판(Perls, Hefferline, & Goodman, 1951/1993)을 준비하고 있다. 이사도어 프롬과 마이클 밀러(Michael Miller)가 개정판의 서문에서 밝혔듯이, 개정판의 1권과 2권은 원래 취지대로 이론과 실제 훈련의 순서로 구성할 예정이다.

『게슈탈트 치료』를 출판하고 나서 얼마 후에 프리츠와 로라는 뉴욕에 게슈탈트 연구소를 설립하였다. 그동안 그의 새로운 치료방식은 뉴욕 외곽으로까지 소문나 여러 곳에서 초대를 받았다. 그 덕에 펄스는 자신의 생각을 발표하고 토론할 수 있는 기회를 얻었다. 게슈탈트 치료에 관심이 있는 전문가들과 일반인들로 구성한 소규모 모임을 운영하면서, 그는 정규적으로 클리블랜드, 디트로이트, 토론토, 마이애미 등지를 여행하였다. 1954년에는 프리츠와 로라, 폴 굿맨, 이사도어 프롬이 클리블랜드의 게슈탈트 연구소 설립을 지원하였다. 펄스는 클리블랜드를 지속적으로 방문하여 외래 심리치료사로서 클리블랜드의 연구원들과 함께 일하면서 그들에게 훌륭한 귀감이 되었다(Polster, 1992). 그러나 펄스의 친구이자 동료인 이사도어 프롬은 클리블랜드 연구소의 초기 발전에 더 광범위하고 지속적인 영향을 미쳤다. 프롬은 처음 5년 동안은 한 달에 두 번, 그다음 5년은 한 달에 한 번 정기적으로 방문하여 며칠 동안 그곳에 머물렀기 때문이다(From in Wysong & Rosenfeld, 1982). 집단 치료와 개인 치료를 위하여 프롬은 클리블랜드 연구원들을 만났고, 나아가 이론 연구 모임을 조직, 『게슈탈트 치료』의 이론 부분을 깊이 있게 토론할 수 있도록 도와주었다.

1952년부터 1956년 사이, 뉴욕에 있는 동안 프리츠는 폴 굿맨과 로라에 대해 심한 경쟁의식을 가졌다. 프리츠는 이들이 자신을 비판하고 폄하한다고 느낀 반면, 로라와 폴은 프리츠가 비판에 너무 민감하고 그의 연구에 대한 타당성이 부족하다고 비난하였다. 1956년, 펄스는 심장에 이상이 있어 진찰을 받았다. 병고와 자신이 처한 환경에 환멸을 느낀 그는 로라를 떠나 따뜻한 겨울이 있는 마이애미로 무대를 옮겼다. 그의 나이는 어느덧 63세에 접어들어 있었다. 프리츠와 로라가 다시는 같이 살지 않을 것 같았지만, 로라는 프리츠가 진정으로 자신을 떠난 것이 아니라 오랫동안 집을 떠나 있었던 것뿐이라고 주장하였다. 그들은 평생 이혼하지 않았으며 프리츠는 수시로 뉴욕에 와서 로라를 찾아보곤 하였다. 양녀인 레이는 그들이 서로를 끊임없이 비방하면서도 번갈아 가면서 서로를 방문했다고 회고한다.

플로리다주 마이애미

마이애미에서 펄스는 마티 프롬(Marty Fromm)을 만나는데, 훗날 펄스는 그녀가 자신의 인생에서 가장 중요한 여성이었다고 말하였다. 셰퍼드(1975)는 그것을 유형이 비슷한 사람 간의 끌림으로 보고 있다. 상당한 나이 차이에도 불구하고(마티는 32세였고 펄스는 64세였다) 두 사람은 극단적 성향, 폭넓은 활동, 논쟁을 좋아하는 성격이 비슷했다. 이들은 사교적인 관계로 만났지만 이후에 마티가 그에게서 치료를 받기 시작하였다. 이들은 몇 년간 연인이자 친구로 지냈는데, 그러면서도 마티는 그에게서 계속 치료를 받았다. 무정부주의자이면서 진보적인 펄스는 흔히 기존 관례에 도전하곤 하였는데 심지어 심리치료사와 내담자 간의 성적 접촉 금지에 관한 관례조차도 어겼다. 마티 프롬은 그들의 성적 관계를 자기계발의 수단으로 정당화하고자 하였지만, 우리는 치료자와 내담자 간의 성적 접촉에 대한 펄스의 태도는 무책임하고 비윤리적이라고 여긴다. 내담자의 신변을 보호하고 치료자에 의한 내담자의 성적 착취를 금지하기 위하여 게슈탈트 심리치료사의 윤리 강령이 제정된 지금, 그와 같은 행위는 게슈탈트 분야에서 결코 용납되지 않는다.

1958년, 펄스는 컬럼비아 주립병원의 정신과 레지던트들을 훈련시키기 위하여 오하이오로 갔다. 그러나 그는 마티 프롬이 너무 그리워서 그해 말에 다시 마이애미로 돌아왔다. 그녀의 발전과 자유를 위하여 시작한 치료가 자신의 개인적인 필요와 성적인 욕망을 위한 수단으로 변질되어 갈등을 초래하기에 이른 것이다. 마티 프롬과도 관련이 있었겠지만, 이러한 와중에 그는 약물, 특히 LSD 따위의 약들을 남용하기 시작했다. 그로 인해 그는 점차 피해망상적 성향을 보이게 되었다. 펄스의 건강은 다시 나빠졌고 두 번이나 응급실 신세를 지게 되었다. 첫 번째는 치질 수술 때문이었고 두 번째는 전립선 절제 수술 때문이었다. 이때 그의 나이 67세였다.

마티 프롬과 함께한 기간에도 펄스는 저술 활동을 멈추지 않았다. 최근에 마티 프롬은 『게슈탈트 저널』의 편집자에게 그의 미출간 원고를 상당량 건넸다(Joe Wysong, 1992).

멘도시노, 샌프란시스코, 로스앤젤레스 그리고 세계 여행

1959년, 서부 해안 도시 멘도시노의 주립병원 정신과 과장인 윌슨 반 듀슨(Wilson Van Dusen)이 펄스를 상담자로 초빙하였다. 여기서 펄스는 여러 분야의 전문 사회인, 심리학자, 정신과 의사들과 함께 일하였다. 펄스가 사람을 관찰해서 그들의 습성, 외모, 행동 등의 의미를 해석하는 것을 보고 이들은 크게 놀랐다. 이를테면, 반 듀슨 혼자만 아는 사람들이 있는 방에 들어가 이리저리 서성거린다. 그리고 그 사람들의 자세, 자기표현, 표정 등을 관찰한다. 그런 다음 그가 관찰한 사람들의 생활 방식과 성격 등을 설명하였는데 모든 사람들이 충격을 받을 만큼 정확하였다. 펄스는 멘도시노에서 상담자로 일하면서 중간에 잠시 샌프란시스코에서 일하기도 하였다.

1960년 말, 펄스는 그곳의 생활이 지루해져서 친구이자 제자인 짐 심킨(Jim Simkin)과 같이 일하기 위해 로스앤젤레스로 자리를 옮겼다. 훗날 심킨은 게슈탈트 치료의 발전에 독창적인 기여를 하게 된다(Simkin, 1974). 이들은 곧 두 개의 훈련집단을 진행하였다. 그 밖에도 펄스가 수련과정으로 개발하여 펄스와 심킨이 프리웨이 루트(freeway routes)라고 부른 집단을 시작하였다. 펄스는 매주 샌 버나디노 고속도로(San Bernardino Freeway)와 산타 아나 고속도로(Santa Ana Freeway)를 따라 여행하면서 한두 개의 병원 집단과 일반 개인들로 이뤄진 집단을 운영하기 시작했다.

1962년, 펄스는 로스앤젤레스의 일에 이골이 났다. 다시 환멸을 느낀 펄스는 인생의 새로운 방향을 찾아 동양과 중동, 유럽으로 세계 여행을 떠났다. 이 여행에서 가장 펄스의 관심을 끈 곳은 일본의 교토, 이스라엘의 엘아트(Elath)와 아인 호드(Ein Hod)였다. 펄스는 교토에서 반신반의하면서 선불교를 공부하였다. 그리고 텔아비브 근처의 예술인 마을인 아인 호드에서 그림을 배우면서 두 달을 머물렀다.

1963년, 펄스는 새로운 기분으로 로스앤젤레스로 돌아왔다. 크리스마스 시즌에 그는 심리학자 진 세이건(Gene Sagan)으로부터 빅서(Big Sur)에 위치한 에살렌 연구소(Esalen Institute)에서 열리는 인본주의·실존주의·신체치료 지도자 회의에 참가해 달라는 초청을 받았다. 1964년 여름, 펄스는 처음으로 게슈탈트 치료를 위한 상주 훈련 과정을 에살렌에서 운영하였다. 이후로 펄스는 에살렌에 몰두하였다. 그는 그곳이 마치 고향처럼 편안하였다고 술회하였다. "프리츠 펄스의 화살이 에살렌에 꽂혔다"(1969c).

캘리포니아주 빅서의 에살렌 연구소

1964년, 펄스는 에살렌으로 이사해서 상주 게슈탈트 트레이너로 일하면서 1969년에 에살렌 연구소를 떠날 때까지 거기서 살았다. 여기서 마침내 그는 수천 명의 사람들에게 게슈탈트 심리치료를 알릴 수 있었고, 그가 그렇게도 바라마지 않았던 개인적인 존경과 감사, 그리고 사랑을 얻을 수 있었다. 에살렌은 샌프란시스코에서 로스앤젤레스로 가는 1/3 지점의 미국 서부 해안의 절벽 위에 위치해 있다. 그곳은 장엄하고 광활한 태평양이 눈앞에 펼쳐져 있고 온천욕에 사용하

는 뜨거운 천연 유황 온천도 있다. 펄스는 그곳을 무척 좋아
해서 이사한 지 일 년도 채 안 되어 바다가 마주 보이는 곳에
자신이 직접 설계한 반원형의 집을 지었다.

에살렌으로 이주하였을 무렵 펄스는 심장병이 많이 악화
되어 있었다. 통증을 참기가 어려워서 자주 신경질을 부리
거나 짜증을 내곤 하였다. 그 당시 이다 롤프(Ida Rolf, 1977)
는 습관적이고 만성적인 긴장을 치료하기 위하여 고안한 라
이히의 갑옷 이론에서 영감을 받아, 구조적 통합 또는 롤핑이
라고 하는 근육을 깊숙이 마사지하는 시스템을 개발하고 있
었다. 그녀는 1965년에 에살렌으로 와서 펄스를 치료하는 데
애를 많이 썼다. 펄스는 주말에는 고통에서 벗어날 수 있었
다. 펄스는 자서전에서 매우 기쁜 마음으로 그녀에게 고마움
과 감사를 표하였다(1969c). 그는 에살렌의 좋은 기후와 더불
어 이다 롤프로부터 그의 생의 마지막 6년을 선물 받았다고
믿었다.

1960년대 중반에 들어 에살렌 연구소는 큰 성공을 거두게
되었다. 그에 따라 '새로운 성장과 인간의 잠재력 운동'의 모
든 측면들을 포괄하는 다양한 훈련 프로그램이 생겨났다.
상주 트레이너로는 펄스를 포함해 마사지사인 버나드 군터
(Bernard Gunther), 만남집단운동(encounter group movement)
의 주요 설립자 중 한 사람이면서 집단 작업, 엑스터시, 정직,
만남, 단순성에 관한 여러 책들의 저자이기도 한 윌리엄 슈츠

(William Schutz) 등이 있었다.[8] 에살렌은 자신의 삶을 풍요롭게 하고 인지적으로뿐 아니라 정서적·육체적·감각적으로도 자기 자신을 더 잘 알게 되기를 바라는 많은 사람들의 마음을 사로잡았다. 에살렌을 토대로 한 가공의 중심지(center)에 관한 영화〈Bob and Carol and Ted and Alice〉, 베스트셀러『조이(Joy)』(Schutz, 1967)를 통해, 그리고 그곳에서 펄스 자신의 일을 가지고 만든 비디오, 필름, 책들을 통해 에살렌은 그 자체로 한 번도 방문한 적이 없는 사람들에게도 엄청난 영향을 끼쳤다.

1964년에서 1969년 사이에 펄스는 예비 치료자, 트레이너, 예술가, 다른 분야의 전문가 등과 함께 일하였다. 펄스는 이들의 작업 스타일에 영향을 주었으며 이들을 통하여 그의 철학관, 사상, 기술 등을 전파하였다. 당시 펄스가 영향을 주었던 사람들로는 로버트 홀(Robert Hall), 클라우디오 나란조(Claudio Naranjo), 아베 레비츠키(Abe Levitsky), 재닛 레더먼(Janet Lederman), 애나 핼프린(Anna Halprin), 존 스티븐스(John Stevens), 배리 스티븐스(Barry Stevens), 조 위송(Joe Wysong), 스탠리 켈러만(Stanley Keleman), 제이니 라인(Janie

---

8) 인본주의 심리학 운동의 기원과 에살렌의 역할, 이의 부흥을 위하여 노력한 슈츠와 매슬로 등에 대한 논의는 존 로언(John Rowan)의 『평범한 황홀경(Ordinary Ecstasy)』(1988) 참조.

Rhyne), 조지 브라운(George Brown), 주디스 브라운(Judith Brown), 가브리엘 로스(Gabrielle Roth), 에드워드 로젠펠드(Edward Rosenfeld), 샘 킨(Sam Keen) 등이 있다(Gaines, 1979). 윌리엄 슈츠, 버지니아 사티어(Virginia Satir), 롤로 메이(Rollo May)를 포함하여 많은 에살렌의 트레이너들이 펄스가 개최한 워크숍에 참여하거나 그의 벗이 되었고 나아가 그의 영향을 받았다. 인간 잠재능력 회복 운동의 개척자인 에이브러햄 매슬로(Abraham Maslow)는 펄스가 참석한 워크숍에 참석하고 적어도 한 번은 주재하기도 하였지만 그는 펄스에게는 별다른 영향을 주지 못한 것 같았다. 펄스는 매슬로의 진지한 발표에 싫증이 난 나머지 기어다니기 시작하였다는 이야기가 있다. 매슬로는 그를 미쳤다고 생각하고 거들떠보지도 않았다.

펄스는 에살렌 연구소와 순회 속성훈련과정의 훈련 모임을 점점 더 키우기 시작하였다. 그는 '서커스'라고 명명한 새로운 형태의 행사를 시작하였다. 백여 명의 사람들 앞에 설치한 무대에서 게슈탈트 치료를 시연하는 행사였다. 이러한 대규모 행사를 치르기 위해서 그는 그 유명한 뜨거운 의자 기법(hot seat technique)을 개발하였다. 펄스는 청중들 중에서 자신과 같이 작업하기를 원하는 사람들을 무대로 불러내 자신의 옆에 있는 빈자리에 앉히고 작업을 진행하였다. 이것은 매우 극적인 방식으로서 펄스의 방법, 예리한 관찰력, 특유의 직관을 시연하는 연극의 방식이었다. 이러한 방법을 통하여 펄스는 무대와 연극적인 방법에 관한 실천적인 지식을 극대화할 수 있었다. "그가 누군가와 작업을 할 때면 마치 연극을 보는 듯했다. …… 프리츠는 극을 연출하고 감독하는 것을 무척 좋아하였다. 그는 진정으로 그것을 사랑하였다"(Anna Halprin in Gaines, 1979: 200). 시연 중간 중간에 프리츠는 자신이 한 방법의 배경에 대해 생각과 이론을 간단히 설명하였다.

1968년, 샌프란시스코의 미야코 호텔에서 프리츠의 75세 생일 축하연이 열렸다. 200여 명의 사람들이 참석하였고 축하 연설이 이어졌다. 대중에 대한 펄스의 인지도는 절대적이었으며, 그는 확실히 편안해진 것 같았다. 그러나 그는 여전히 무례하고 경솔하였으며, 내세우기를 좋아하였다. 그럼에도 많은 사람들은 그의 활력과 그 시기에 에살렌을 방문한 사람들과 직원 모두에게 보여 준 그의 애정을 이야기하곤 한다.

게슈탈트 치료 축어록

1969년, 존 스티븐스는 펄스의 시연 워크숍과 이론에 대한 그의 단편적인 언급을 필기한 기록을 편집하여 책으로 출판하였다. 그 책이 바로 1969년 나온 『게슈탈트 치료 축어록(Gestalt Therapy Verbatim)』이다(Perls, 1969b). 그렇기 때문에 이 책은 현장감이 있고 읽기는 쉽지만 전체적인 이론 개발의 관점에서는 일관성이 없다. 이 책의 워크숍들은 꿈에 관한 것들이 주를 이루고 있으며, 꿈을 대상으로 작업하는 펄스의 방법들을 예시한다(3장. '꿈, 통합에 이르는 왕도' 참조). 이 책의 일부 판본은 이들이야말로 치료 과정 전부를 글자 그대로 '기록한' 것이라고 주장하고 있다. 펄스 자신은 치료와 대규모 시연 세미나를 구별하고자 애를 썼고(1969b: 74), 이들 시연이 결코 치료가 아님을 강조하였다.

이 책의 눈에 띄는 특징 가운데 하나는, 이를테면 "불안은 지금과 나중 사이의 틈이다"(p. 30), "치료하러 가서 치료된 사람은 별로 없다. 그냥 노이로제 증세가 약간 호전된 것뿐이다"(p. 39), "마음은 차차 잊어버리고, 당신의 감각을 따르라."(p. 50)와 같은 기발한 선전 문구가 가득하다는 것이다. 이것들은 1960년대에 펄스의 전매특허가 되었다. 이러한 선전 문구는 사람들의 이목을 끌었으며, 따라 하기가 쉬워 게슈탈트 치료가 많은 사람들에게 알려지는 데 확실히 도움이 되었지만, 이 선전 문구들은 사람들이 게슈탈트 치료를 하찮게 보거나 오해할 수 있게끔 만들었다. 무료 교육 기간 동안에 워크숍에 참석하여 슬로건들을 익히고 몇몇 기술을 귀동냥으로 듣고서는 게슈탈트 치료사라고 자처하는 사람들도 있었다. 물론 이들에게는 자신의 주장을 지지하기 위한 이론적 배경도, 임상 경험도 없었다. 1969년에 펄스는 게슈탈트 치료에 있어서 이와 같은 슬로건 스타일의 교육 방식이 근본적으로 위험할 수 있다는 것을 깨닫게 되었다. 이에 그는 『게슈탈트 치료 축어록』의 서문에 유감의 뜻을 표명하였고, 즉흥적인 치료나 눈속임 기술을 사용하는 사람들과 자신은 관련이 없음을 분명히 하고 있다.

코위찬(1969년)

에살렌으로 이주한 지 5년이 지난 즈음 펄스는 다시 불안 증세가 도졌다. 그 이유 중 일부는 리처드 닉슨(Richard Nixon)이 미국 대통령에 선출됨으로써 미국이 파시스트 국가가 될 것이라는 정치적 공포 때문이었고, 또 다른 일부는 에살렌 자체에 대한 불만이 갈수록 쌓인 데다 다른 훈련과 슈츠와 같은 지도자들과 경쟁해 가며 자신의 일을 하는 것에 염증을 느꼈기 때문이었다. 그렇지만 무엇보다 펄스는 성장운동의 다음 단계는 사람들이 자신의 성장을 통합할 수 있는 공동체 생활의 형태가 될 것이라는 신념을 갖게 되기에 이르렀다.

1969년, 펄스는 캐나다 밴쿠버 섬의 코위찬 호(Cowichan Lake) 주변에 있는 한 낡은 모텔을 사들이고 그곳에 입주하여 게슈탈트 공동체를 시작하였다. 펄스는 코위찬에서 숙식하며 훈련하는 워크숍을 운영하였다. 처음에는 혼자서 시작했지만 후에 테디 라이언(Teddy Lyon), 배리 스티븐스, 재닛 레더먼이 도와주었다. 그해 늦여름 펄스는 코위찬의 훈련에 적용하기 위하여 또 다른 양식 내지 구성을 실험하였다. 그는 실질적으로 모든 그룹의 시도를 그만두었다. 그 대신 그룹을 둘러보면서 관심이 가는 대로 행동하고 마음이 내키면 개입하였다.

그것이, 수시로 바뀌는, 그가 일하는 방식이었습니다. 우리가 환경에 적응하여 안정되었다 싶으면, 그는 곧바로 기존의 환경을 변화시켜서 우리를 곤혹스럽게 하곤 하였지요. ……관찰하고 알아차리는, 즉 게슈탈트적인 생활 방식 대신에 하나의 양식(틀에 박힌 생활의 다른 이름)에 빠져, 그 양식에 따라 살게 되는 것은 매우 쉬웠어요(Barry Stevens in Gaines, 1979: 360).

코위찬은 펄스의 마음의 고향이었으며, 자신이 거기서 창안하고 이룩한 것을 두고 무척 자랑스럽게 생각하였다. 그는 열정적인 사람들을 새로 만나는 것도 좋아했지만 옛 친구와 제자들이 찾아오는 것도 반가워했다. "프리츠가 캐나다로 떠난 그해 여름에 우리는 며칠 동안 그를 방문했어요. 그는 집 밖으로 천천히 걸어 나와 마치 왕이나 된 듯이 잔디에 앉았어요. 그래요 행복. 그는 참으로 행복했어요"(Ilana Rubenfeld in Gaines, 1979: 369). 코위찬에서의 펄스의 삶은 지금까지의 어떤 삶보다도 진정으로 행복해 보였다. 그는 배리 스티븐스에게 다음과 같이 털어놓았다. "내 인생에서 처음으로 맛보는 평화로움일세. 누구와도 다툴 일이 없으니 말일세"(Gaines, 1979: 369). 자신의 일에 대해서도 "나는 할 만큼 했네. 이보다 더 잘 할 수는 없을 거야."라고 하면서 자신이 이루어 놓은 것에 상당히 만족스러워하였다. 정리하자면, 그는 자신을 가족처럼 따르는 집단을 창조하였다고 여겼으며, 수많은 사람들이 그를 아주 훌륭한 치료자이자 트레이너로서 존경하고, 사랑하는 가족의 일원으로서 존중한다고 생각하였던 것이다.

쓰레기통의 안과 밖

펄스는 1968년 에살렌에 머물고 있을 때 자서전을 쓰기로 마음먹었다. 그리고 1969년 12월, 그의 자서전『쓰레기통의 안과 밖(In and Out the Garbage Pail)』을 출간하였다(Perls, 1969c). 자서전은 회상, 추억, 이론 해설, 시구(詩句), 토론 등을 아우른 복합 형식으로 구성되었으며, 개인적인 취향을 바탕으로 생생하면서도 극히 자연스럽게 기술하였는데, 항상 전개되어 가는 순간을 강조하던 당시의 펄스를 잘 투영한 것이다. 이 책은 체계가 잡혀 있지 않으며 아쉽게도(실용적인 면에서 보면) 원본에는 색인이 없다.

그 외의 저서와 원고들

펄스는 코위찬에 있는 동안 그의 사후에 출간된 두 권의 책을 집필하였다. 『게슈탈트 접근과 눈으로 보는 치료(The Gestalt Approach, and Eye Witness to Therapy)』(1976, 원저는 1973년 출간)는 두 권으로 출간되었다. 1권 『게슈탈트 접근(The Gestalt Approach)』은 게슈탈트 치료 이론의 개요를 간단하게 소개하고 있는데 게슈탈트에 대한 약간의 지식만 있어도 이해할 수 있다. 이 책은 주로 1950년대에 집필하였지만, 1969년 코위찬에서 다시 쓰면서 동양 종교, 명상, 몸 치료에 대한 20여 년간의 경험 등을 일부 추가하였다. 2권 『눈으로 보는 치료(Eye Witness to Therapy)』는 치료 중인 펄스의 영상을 글로 옮긴 책이다. 펄스는 사람들이 자신의 치료를 이해하는 데 도움이 되는 교육 자료로 삼기 위하여 일부러 축어록과 영상, 이론을 만들었다.

『프리츠의 유산(Legacy from Fritz)』(Baumgardner & Perls, 1975)도 두 권으로 다시 출간되었다. 1권은 이론적인 내용을 기술한 '교육(The Teachings)', 에살렌과 코위찬에서 치료한 펄스의 필사록인 '치료(The Therapy)'로 구성되어 있다. 2권 『코위찬 호수의 선물(Gifts from Lake Cowichan)』은 펄스의 제자 중 한 명인 패트리샤 바움가드너(Patricia Baumgrdner)의 치료 경험을 모은 것이다.

사후에 출간된 이 두 권의 책 이외에도 펄스는 마티 프롬과 아내 로라에게 미출간된 원고들을 다수 남겼다. 『게슈탈트 저널』은 이들 미출간 원고들의 선집 출간을 바라고 있다(Joe Wysong, 1992).

병과 죽음

1969년 내내 프리츠 펄스는 게슈탈트를 홍보하고 사람들을 다시 코위찬으로 불러들이기 위한 여정을 계속하였다. 어떤 사람들은 그가 지칠 줄을 모르는 사람이었다고 하고, 어떤 사람들은 그가 쉽게 피곤해하여 얼마 못 살 것 같다고 하였다. 1969년 12월, 그는 유럽 여행을 떠났다. 그러나 그는 몸이 좋지 않았다. 그는 누나인 그레테에게 보낸 편지에서 자기가 좋아하던 오페라가 더 이상 전과 같은 감흥을 주지 않는다고 도로하였다. 유럽 여행을 마치고 돌아왔을 때, 그의 건강은 크게 악화되어 있었다. 그는 처음에 빡빡한 워크숍 일정을 소화하고자 하였으나 시카고에 도착하자 윌리엄 슐레이스(William Shlaes) 박사한테 진찰을 받았고, 췌장암 의심 진단을 받았다.

프리츠는 로라에게 전화를 걸어 이를 알렸다. 그러나 펄스는 로라가 비행기를 타고 그를 만나러 오겠다고 하자 만나고 싶지 않다고 심통을 부렸다. 프리츠와 로라는 죽는 날까지 애증관계가 계속되었다. 로라는 며칠 뒤 결국 펄스에게 갔으며, 그는 로라가 멀리 떠나기를 바라다가도, 그녀에게 속내를 털어놓는가 하면, 대놓고 소리를 지르며 무시하기도 했는데, 그러는 동안에도 로라는 마지막까지 그의 병상을 지켰다.

의사의 권고에 따라 펄스는 와이스 보훈병원(Weiss Memorial Hospital)에 입원하여 췌장암의 상태를 알아보기 위한 예비 수술을 받았다. 펄스는 그 후 극심한 고통과 불안을 겪다가 1970년 3월 14일 심장마비로 생을 마감하였다. 부검 결과, 그가 췌장암으로 무척 고통스러워했음을 알 수 있었다.

그의 장례식은 동부와 서부 해안 두 곳에서 열렸다. 맨해튼에서 열린 장례식에서 폴 굿맨은 프리츠와 로라가 게슈탈트 치료를 만들면서 기여한 업적을 언급하면서 다분히 애증 어린 추도사를 하였다. 이에 대해 서부 지역의 펄스 제자들과 동료들은 매우 분개하였다. 샌프란시스코에서 열린 장례식에는 1200~1500명의 조문객이 몰렸다. 애나 핼프린은 그를 추모하는 춤을 만들었고, 아베 레비츠키는 그의 약점을 드러내면서도 사랑과 존경이 가득 담긴 재미난 글을 발표했다.

프리츠, 당신은 결코 착한 소년이 아니었습니다. 그리고 솔직히, 이 작별의 메시지를 어디로 보내야 할지 조금은 난감한 심정입니다. 당신이 어디에 있을지 모르니까요. 늘 그렇듯이 당신은 양극단을 오가며 다니고 있을 거라 상상해요. 당신은 어느 한쪽에만 머물러 있기를 원치 않았으니까요. 오늘 밤 여기 모인 우리는 당신이 우리와 함께 있었음을 감사하고, 우리가 서로 교감할 수 있었음에 감사합니다. 프리츠, 이제 작별을 고하고 헤어질 시간입니다. 당신이 있어 감사했습니다 (Shepard, 1975: 196).

인간 프리츠 펄스

프리츠 펄스의 인간 됨됨이를 꼬집어 말하기는 쉽지가 않다. 그는 타인에 의해 정의되기를 피하기라도 하듯이 그를 설명하는 모든 것을 바꾸고 또 바꿨다. 펄스가 어떤 사람이었는지는 이야기하는 사람에 따라, 시기에 따라 다르다. 어떤 이들에게는 영웅이었지만, 어떤 이들에게는 몹쓸 사람이었다. 어떤 이들에게는 잔인한 사람이었는가 하면, 어떤 이들에게는 다정한 사람이었고, 어떤 이들에게는 후하게 주는 너그러운 사람이었지만, 어떤 이들에게는 세상에서 가장 자기 것만 챙기는 사람이었다. 어떤 이들에게는 천재였고, 어떤 이들에게는 거의 무지하고 지성이 없는 사람이었다. 어떤 이들에게는 사교적이고 행복한 사람이었고, 어떤 이들에게는 외톨이에 사람들과 진실한 교감을 못하는 사람이었다. 어떤 이들에게는 멋있고 감각적인 남자였고, 어떤 이들에게는 못생긴 두꺼비에 더럽고 음란한 노인네였다. 어떤 이들에게는 자아도취에 빠져 과시욕이 강한 사람이었고, 어떤 이들에게는 부끄러워하고 수줍지만 너무 거만해서 사랑을 구할 수 없는 내향적인 사람이었다.

그는 스스로에게 진실했고 확신을 가지고 있었으며 거짓이 없었던 자신을 자랑스럽게 여겼다. 그래서 그는 타인이 그에게 기대하는 대로가 아닌 그가 정말 하고 싶은 대로 행동하고 말하고 느꼈다. 펄스에 관한 평가는 대부분이 그렇듯이, 극단적이고 역설적이다. 사회적 · 직업적 관례를 비웃었으며 일상적인 예의를 무시하고 정도에서 벗어난 행동을 즐겼다. 그러나 이 가운데서도 그의 가장 일관된 특징은 그가 어떻게 하기로 마음만 먹는다면, 그는 예의 바를 수도 우아할 수도 있는 예측할 수 없는 사람이었다는 것이다. 그는 전반적으로 사람들이 자기를 어떻게 생각하는지에 대해 거의 관심을 두지 않았던 것 같다. 그렇지만 대부분의 사람들이 동의한 바, 정신과 의사 세계에서만큼은 인정을 받고 존경받기를 갈망했다.

이론가들은 종종 자신을 가장 잘 묘사하는 이론을 개발한다. 펄스의 자기(self)에 대한 이론은 펄스가 어떤 사람이었는지 가장 잘 알려 준다. "이렇기 때문에 자기(the self)는 다양하다. 자기는 환경의 자극에 따라 다른 상황에서는 다르게 나타난다. 자기는 항상 변하고 있다"(Perls, Hefferline, & Goodman, 1951/1973: 281).

2 이론에 대한 주요 공헌

    펄스의 개념은 모두 얽히고설켜 있어서 개념 하나하나를 떼어 내 이해하기가 쉽지 않다. 펄스가 게슈탈트 심리치료 이론에 기여한 업적의 정수는 전체론적 개념이다. 전체는 각 부분의 합보다 크다는 개념이다. 즉, 모든 것은 나머지 모두 와 연결되어 있고, 모든 사물과 존재는 상호 의존적이며, 펄 스의 입장 자체가 원래 특별하기 때문에 그의 입장을 자리매 김하는 것은 도전적인 과제이다. 그의 이론의 일면을 이해하 려면 여타의 면을 동시에 이해해야 하거나, 안다고 전제해야 한다. 실제로는 전체를 알고 있어야 한다는 뜻이다.

    『게슈탈트 치료』(1951/1973)를 체계화하려고 할 때, 펄스 와 그의 동료들도 비슷한 어려움에 직면했던 것으로 보인 다. 이들은 다음과 같이 기술하고 있다. "이 책을 쓰거나 완 전히 이해하기 위해서는 실제로 이 책의 내용과 방법이 몸에

배어 있어야 한다. 그러므로 독자들은 불가능한 과제에 직면하게 된다. 즉, 이 책을 이해하기 위해서는 '게슈탈트주의자(Gestaltist)' 정신을 가져야만 하고, 그 정신을 가지기 위해서는 이 책을 이해하여야만 한다"(p. 14). 그러나 다행스럽게도 독자들이(우리들도) 게슈탈트 사고방식을 가지는 것은 그리 어렵지 않다. 그 사고방식은 삶에 대한 통일되고 조화로운 접근 방법이기 때문이다. 펄스는 우리가 이중적이고 이분법적으로 대조하고 범주를 정해 버리는 후천적 사고 습관을 버리기만 하면 게슈탈트 사고방식은 우리 개개인에게 자연스러운 것이라고 믿었다.

이러한 상호 연관성의 정신을 이해하기 위하여 펄스의 이론을 상호 연관된 개념들끼리 6개의 군집으로 묶었다. 펄스가 이룬 가장 중요한 혁신 중 하나는, 사람들은 건강하고 스스로를 제어할 수 있는 선천적인 능력을 가지고 있다고 제시한 것이나. 따라서 심리장애를 다룬 그의 이론을 소개하기 전에, 자발적이며 책임감 있고 자기 조절적인 태도로 환경과 상호작용하는 전인으로서의 인간에 대한 펄스의 이론을 그림으로 설명하기로 하였다. 이에 이 장에서 처음 5개 개념군집은 전체론, 장이론, 경험의 주기와 연속, 접촉, 자기 이론을 다룬다. 그리고 훨씬 더 내용이 많은 여섯 번째 개념군집에서는 심리장애를 살펴본다([그림 2-1], [그림 2-2] 참조).

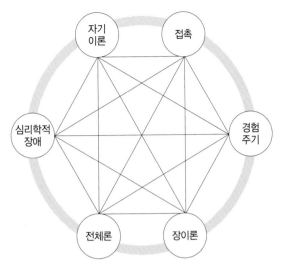

⋯⋯ [그림 2–1] 상호 연관된 6개의 개념군집 모형도

개념군집 1: 전체론

게슈탈트 치료의 전 영역에 걸쳐 가장 중요한 이론적 개념은 전체(the whole)에 대한 개념이다. 실제로 게슈탈트 (gestalt)는 자체의 본성을 파괴하지 않고서는 쪼개질 수 없는 전체를 의미한다. 펄스(1976)는 3개의 나뭇조각으로 구성된 삼각형을 예로 들었다. 만약 삼각형을 구성하는 각 조각을 분리하면, 원래의 그 삼각형은 사라지고 그것의 독자적인 게슈탈트(형상)도 파괴된다. 'gestalt'라는 단어의 영문 번역은 전체가 부분에 우선하며 '전체는 항상 부분들의 합보다 크며,

그 합과 다르다.'라는 의미를 충분히 전달하지 못하고 있다.

전인(The Whole Person)

자연은 더 작은 전체들이 일관성 있게 구성되어 일체화된, 하나의 전체라고 보는 것이 전체론(holism)의 근본 개념이다. 우주를 구성하고 있는 모든 요소(사물, 식물, 동물, 인간)는 각자 정해진 활동을 하면서 변화의 순환 속에 서로 공존하고 있다. 실존적 입장에서 보면 인간은 우주의 중심이 아니라 우주의 복잡한 생태계 속에서 살아 움직이는 하나의 요소일 뿐인 것이다.

펄스는 환경 내에 있는 인간 유기체(또는 개인)에 관한 전체론에 특히 관심을 가지고 있었다. 펄스가 행하던 개개인에 대한 전체론적 접근 방식은 복잡성·포용성 그리고 다양성을 포괄하고 인정하고 있으며, 어떠한 환원론도 배격한다.

펄스의 초기 저술은 인류에 관한 전체론적 이해를 강조하고 있다. 그의 접근법은 언어, 사고, 행동의 통합을 기반으로 신체적·정서적·정신적 경험은 떼어 낼 수 없는 통일성이 있다고 가정한다. 펄스는 몸과 마음과 영혼이 자연스럽게 하나의 전체적인 과정으로 기능한다고 믿었다. 인간의 모든 부분들은 서로 지원하면서 완벽한 협조체제를 가지고 있으며 전체적으로 하나의 유기체로서 적절히 기능하도록 조화롭게

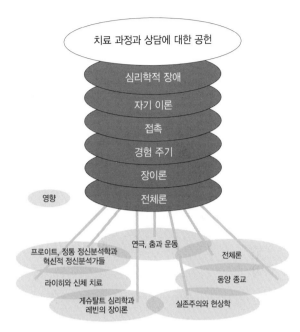

👁 ······ [그림 2-2] 펄스가 연구했던 분야가
그의 생각 형성에 영향을 끼친 방식과
펄스의 생각들이 상호 연관되어 있는 방식과
이들을 분리해서는 이해할 수 없는 이유를
보여 주는 모형

배치되어 있다는 것이다. "육체와 영혼은 '단어는' 다르지만, '의미'에서는 똑같다. '육체'와 '영혼'이라는 두 단어는 동일한 것의 두 가지 면을 나타내는 것뿐이다"(Perls, 1974/1969a: 33). "'정신–육체' '마음–몸' 따위의 이분법적 사고는 전적으로 인위적인 것이며, 이렇듯 잘못된 이분법의 틀 속에서 정신이나 육체, 한 곳에만 집중하는 것은 신경 증세를 치료하는 것이

아니라 그것이 지속되도록 만드는 것이라고 우리는 확신한
다"(Perls, 1976: 53).

따라서 사람이 슬픔이나 불안이라는 감정을 경험할 때는
항상 생리적인 감각과 심리적인 요인을 동반하는 것이다. 숨
이 가빠지거나 맥박이 빨라지는 등의 증후가 없이 공황장애
는 일어나지 않는다. 마음이 무겁지 않거나 가슴이 아프지
않은, 혹은 눈물이 나지 않는 슬픔, 혹은 그런 것을 참으려는
근육의 긴장이 없는 비통함도 불가능하다. 마음이나 정서는
육체가 이러한 방법으로 반응하도록 하지도 않으며—가끔
그렇게 여겨지기도 하지만—마찬가지로 몸이 마음을 움직이
도록 하지도 않는다. 몸과 마음의 동작은 동시에 일어난다.
목이 마르면, 그 욕구가 몸에는 결핍(탈수)으로 나타나고, 마
음에는 갈증의 감각—이를테면, 한 잔의 물이나 물줄기 같은
보상 영상—으로 나타난다. 그리고 갈증이 풀리면 결핍 증
세, 갈증, 물의 영상 등 모든 것이 동시에 저절로 사라진다.

펄스는 글을 통하여 인간의 전체론적 성질을 반복적으로
강조하곤 하였다. 각각 말은 달랐지만 사람은 통합된 창조
물로서 몸과 마음이 필히 서로 돕고 조화를 이룬다는 생각
을 표현한 것이다. "접촉 기능이 좋으면, 사람은 항상 감각과
행동(그리고 느낌까지도)이 같이 움직인다"(Perls, Hefferline, &
Goodman, 1973: 274). "동물의 참 본성과 마찬가지로 인간의
참본성 역시 통합이다"(Perls, 1976: 49).

펄스(1948/1976)는 현대인들이 몸과 마음을 인위적으로 분리하도록 교육받았으며, 따라서 게슈탈트 치료는 개인의 고유한 전체적 조화를 재정립하는 데 목적을 둔다고 하였다. "오늘날 우리 인간은 조각조각으로 분리되어 파편화되었다. 따라서 그렇게 조각난 파편을 분석하고 더 세밀하게 나누는 것은 아무짝에도 쓸모가 없다. 게슈탈트 치료에서 우리가 하려는 것은 흩어지고 잃어버린 자기의 파편들을 통합하고 다시 전체적인 인간으로 만들고자 하는 것이다"(1976: 181).

전체론적 관점을 유지하면서, 펄스는 좌뇌와 우뇌를 모두 쓰는 인간의 특성과 행동을 중요하게 여겼다(Perls, 1948/1976/1978a; Ornstein, 1972). 펄스가 일을 시작할 당시 크게 호응을 받은 심리학 이론은 정신분석 분야와 행동주의 분야, 두 분야로 나뉘어 있었다. 두 분야 모두 좌뇌와 관련한 행위들, 즉 합리성, 인과관계, 분석주의를 강조하고 있었다. 이렇듯 합리적 인과관계에 근거한 행동에 지나치게 가치를 두는 것이 이성적인 행위와 즉흥적인 행위를 구분 짓게 하며, 개인과 현대 사회 모두에 불안과 권태를 야기해 이들 사이를 갈라놓았다고 펄스는 믿었다. 펄스는 즉각적이고 직관적인 지식과 환상, 상상력이 풍부한 농담, 즉흥성(우뇌의 행동 특징들)에 특별한 재능이 있었다. 모레노, 페렌치, 융(Jung)의 혁신적인 개념을 빌리자면, 펄스는 내담자들과 치료자의 창의적 측면을 강조하였으며, 심리치료에서 실험적이고 놀이적이면서 능동적인 온갖 방법들을 대중화하였다(3장 참조). 그렇다고 그가 분석적인 이해를 배제하였다는 것은 아니다. 다만, 인간의 모든 측면을 인정하고 긍정적으로 받아들여야 하며 양쪽 모두에 가치를 두어야 한다는 것이다. "그것은 신중한 자세와 즉흥적인 자세, 둘의 조화를 의미한다"(Perls, 1948: 572).

이렇게 펄스는 몸과 마음, 좌뇌와 우뇌를 전인(whole person)이라는 그의 개념에 통합하였으며, 내담자와 좀 더 효율적으로 작업을 진행하기 위하여 다른 접근법과 기술들을 통합한 통일적인 치료방법을 개발하였다. "우리는 떳떳하게 그 여러 이론과 기술들을 유력한 접근법으로 받아들였다. 전체 장 안에서 그 이론과 기술들은 서로 연결되어 있다. 몇몇 요소들에서는 모순되는 듯 보인다. 그러나 그것들이 하나하나 떠올라 합성이 되도록 기다려만 준다면 양립 불가능한 것이 아니다"(Perls, Hefferline, & Goodman, 1951/1973: 292).

사람과 환경의 상호 의존성

사람은 환경과 상호작용적인 전체성을 형성한다. 개인의 게슈탈트는 맥락과 함께하는 전인과 그 둘의 관계를 아우르는 것이다. 예를 들면, 관찰자가 볼 때 혼자 달려오는 적 병사와 많은 적군 속에 끼어 전투 대형을 갖추고 행진해 오는 그 병사와는 전혀 다르게 인식하게 마련이다. 관찰자에게 그 병사의 의미는 그 병사의 상황에 따라 다르며, 그 상황과 별개로 생각할 수 없는 것이다. 우리는 관계이다. 우리는 우리를 둘러싸고 있는 것들, 다른 사람들, 다른 생명체들, 다른 생각들과 연결되어 존재하고 규정되기 때문이다(2장 개념군집 5 참조).

펄스, 헤퍼라인 그리고 굿맨(1951/1973)은 사람과 환경과의 관계를 유기체/환경의 장이라고 명명하고 상황과 분리하여 사람을 생각하는 것은 결코 납득할 수 없다고 주장하였다. 인간은 항상 전체론적 우주의 일부이며 다른 인간, 식물, 사물 및 사건과의 관계들로 이루어진 통일체에 포함된다. 개인은 펄스가 접촉과 동화(2장 개념군집 4-'접촉 경계' 참조)라고 일컬은 창조적인 교환을 통하여 환경 속에서 생존한다. 교환은 육체적이거나 정서적인 것일 수 있고, 문자 그대로거나 은유적인 것일 수 있지만, 없어서는 안 되는 것이다.

최근 사람과 환경 간의 상호 관계를 무시함으로써 촉진된 대대적인 생태계 파괴로 인해, 우리는 인간과 환경이 단일체라는 사실에 주목하지 않을 수 없게 되었다. 펄스는 인간과 환경의 전체론적 상호 의존성을 일찍부터 목소리를 높여 옹호했다. "그러한 위험[일방적인 접근법]에 대한 안전장치는 인간 성격에 대한 개념과 경험을 분리할 수 없는 전체이며, 항상 환경적 · 개인적 · 사회적 장에 배어 있고, 연결된 것으로 보는 것이다(Perls, 1979: 21, 원저는 1946~1947년 저술).

과학적 분석 기술에 대한 비판

펄스(1947/1969a)는 플랑크(Planck)와 하이젠베르크(Heisenberg) 등 현대 물리학자들의 저술을 인용하며 19세기 후반의 실험적 심리학자들과 과학자들을 전체론적이 아니라 연역적·분석적·인과론적이라고 비판하였다. 펄스, 헤퍼라인 그리고 굿맨(1951/1973: 287)은 상아탑에 갇힌 심리학자들은 감정과 성격을 이해하는 데 기여한 바가 별로 없으며, 특히 복잡성으로 가득한 전인으로서의 존재를 만나야 하는 심리치료사에게는 거의 도움이 되지 않는다고 믿었다. 유기체를 부분으로 분리해 조사하면 그 분리한 부분만을 알 수 있을 뿐이다. 전체의 본질은 부분의 분석으로는 결코 파악할 수 없다. 통일된 전체로 보이는 현상은 그 전일성을 중시해야지, 분석적으로 잘게 쪼개면 '연구하고자 했던 대상이 사라지는' 대가를 치르게 되는 것이다.

그 대신 펄스, 헤퍼라인 그리고 굿맨(1951/1973)은 실험적 기법을 임상 환경과 결합한, 근본적으로 다른 접근법을 제안하였다. 개인은 일련의 실제 실험을 통하여 자신의 다양한 측면을 알아차리고, 자발적으로 묘사함으로써 그 자신을 경험할 수 있게 된다. 이렇게 함으로써 하나의 전체적인 유기체로서, 그리고 전인으로서 기능하는 방법을 더 깊이 알게 되는 것이다.

전체성과 자아실현을 하려는 선천적 동력

　펄스의 전체론적 철학의 정수이자 방점을 두고 있는 것은, 모든 생명체는 성장하고 자아를 실현하기 위한 선천적인 동력을 가지고 있다는 그의 믿음이다. 반면에 학교와 사회는 우리에게 다양한 면을 가지고 있는 우리의 본성을 부정하고, 억압하고, 부끄러워하도록 어려서부터 가르쳤다. 우리는 어떤 사람이 되어야 한다는 가르침을 받았고, 가르침대로 그런 사람이 되라고 배웠다. 그 결과 사람들은 '해야만 하는' 방식이 아니라 '원하는' 방식으로 행동하면 종종 죄의식을 느낀다. 오직 인간들만이 자기 자신이 아닌 것이 되기를 원한다. 실존적인 관점에서 볼 때, 주어진 순간에서 성인이라 함은 그 잠재력이 최고로 발현된 존재이다. 이때 필요한 것은 현재의 자신을 그대로 받아들이면서 자신의 인생과 환경에 진실되게 맞서는 것뿐이다. "야망이나 인위적인 목표를 통해서가 아니라, 자신의 진정한 본성을 통해서만 인간은 스스로를 초월할 수 있다"(Perls, 1976: 99).

　본성을 '해야만 하는' 식으로 행동하도록 강요하는 것은 자기(self)가 아니라, 자기의 상(self-image)을 실현하려는 것이다(Perls, 1976: 99). 그것은 자신을 알고, 수용해서 진정한 자기가 되려 하기보다는 진짜가 아닌 상(image)을 만들려는 시도이다. 그러한 시도는 사람들로 하여금 모종의 역할을 흉내 내고, 역할 놀이에 빠지고, 역할에 적응하도록 이끌 것이며, 궁극적으로 거짓된 행동을 하도록 하여 정신적 고통을 초래할 뿐이다. 인간은 이러한 방식으로 거짓된 자신을 강요받는 존재가 아니다. '현재 있는 그대로의 자신'으로서 존재할 권리를 알아차리고 스스로 받아들여 이해함으로써 인간은 자연스럽게 삶의 활력이 가득한 전인을 지지하는 방법으로 성장하고 변하는 것이다.

완결에 대한 욕구

게슈탈트 심리학자들(1장 프랑크푸르트 참조)이 실험을 통하여 실증하였듯이, 인간은 자신이 인식한 것을 의미를 가진 전체로 조직화하며, 자신이 조직한 전체가 불완전하다면 부족한 것이 무엇인지를 고민하고, 무언가를 덧붙여 보기도 하고, 부분적 형태에 의미를 부여하면서 어떻게 해서든 전체를 구상하려고 한다. 펄스, 헤퍼라인 그리고 굿맨(1951/1973)은 그러한 지각 원리를 개인과 세상을 이해하는 근본적인 방식으로 적용하였다. 한편, 이들은 불완전한 일련의 그림들을 사람들에게 제시하여 완벽하고자 하는 인간의 본질적 성향을 설명하였다.

처음으로 [그림 2-3]을 볼 때, 사람들은 그림을 완결시켜서

👁 ······ [그림 2-3] 게슈탈트의 완결성 실험
로이 스트리트(Roy Street)의 게슈탈트 완결 검사, 콜롬비아 대학 사범대
출판국, 1931. 출판사와 저자의 허락으로 재판됨.

그림을 이해하게 된다. 왼쪽의 그림과 가운데의 그림은 보통 보는 즉시 완결되거나, 유사한 방식으로 완결된다. 오른쪽 그림은 정보가 훨씬 적어서 그것이 무엇인지를 확신하기가 어려운데 그것이 무엇인지를 알기 위해서는 다른 사람들과 의논을 해야 할 것이다. 그러기 때문에 그것을 완결시키기 위해서는 여러 가지 방법들을 동원하여 퍼즐을 맞추어야 하는데 각자의 경험에 따라 서로 다른 답이 나오기도 한다.

불완전한 형태를 완전하게 하려는 사람들의 선천적 성향에 대한 게슈탈트 심리학자들의 발견을 기반으로 하여, 자이가르니크(Zeigrnik, 1927)는 마감한 업무보다 마감하지 못한 업무를 사람들이 더 잘 기억한다는 사실을 실증하였으며, 오프지안키나(Ovsiankina, 1928)는 못다 한 업무를 자발적으로 완수하려고 한다는 데까지 그녀의 연구를 확장하였다. 처리되지 않은 채 책상 위에 널려 있는 세금 고지서들은 우리의 기억 속에 남아 우리를 불편하게 한다. 세금을 완전히 처리하고 나면 우리는 그 기억을 편하게 지워 버린다.

사람들은 자신의 경험을 전체화하려는 경향이 있기 때문에 해결되지 않고 남아 있던 정서적 환경 역시 완전하게 하려고 한다. 펄스는 그런 환경을 미해결과제라고 하였다(2장 개념군집 6-'미해결과제, 고정된 게슈탈트, 그리고 반복강박' 참조). 펄스는 끝을 보고 싶어 하는 사람들의 성향을 심리치료에 적용하였다. 3장에서 다시 살펴보겠지만, 사람들이 과거에 끝내지 못했던 환경에 직면하도록 하여 그것들을 현재에서 해결하는 데 도움을 주는 치료 기술들을 개발한 것이다.

펄스가 전체론에 미친 영향

펄스는 얀 스무츠(1987)의 전체론적 개념(1장 남아프리카 공화국 요하네스버그-'얀 스무츠의 영향' 참조)과 게슈탈트 심리학자들의 발견에서 광범위한 영향을 받았다. 첫째, 사람들은 자신의 경험을 유의미한 전체로 만들려는 성향이 있다(Wertheimer, 1959; Koffka, 1935). 둘째, 각각의 부분이 아닌 전체적인 형상이 지각을 자극하므로 전체가 부분에 우선한다(Koffka, 1935). 셋째, 지각한 전체가 깨지거나 불완전하면,

개인은 필요한 만큼 불완전한 부분을 보충하여 어떻게든 전체를 보려는 성향이 있다(Wertheimer, 1925).

개인과 환경과의 상호 관계에 대한 펄스의 주장은 설리번의 대인관계의 장 개념과 호나이의 개인의 문화적 배경에 대한 관심으로부터도 많은 영향을 받았다.

연극 감독인 막스 라인하르트와 함께한 연구, 혁신적 무용가 팔루카와의 관계, 라이히와 함께한 분석 등에서 볼 수 있듯이, 펄스는 신체 표현에 지속적인 관심을 가지고 있었으며 신체 언어에 대한 신념이 있었다. 1926년에 펄스와 함께 연구했던 쿠르트 골드슈타인은 펄스의 전체론 개념과 자아실현에 관한 개념에 또 하나의 중요한 영향을 끼쳤다고 할 수 있다.

전체론에 펄스만이 기여한 업적도 있다. 첫째, 광범위한 영역에 걸쳐서 전체론의 개념에 관한 자료들을 수집하였고, 둘째, 수많은 다양한 전체론적 원리들을 종합하였으며, 셋째, 그것들을 바탕으로 인간의 모든 측면에 관련된, 전체론에 입각한 치료방법을 개발하고 이를 심리치료의 분야에 응용하였다. 치료 과정에서 내담자는 시점에 따라 각각 다른 부분이 돋보일 수 있지만 게슈탈트 심리치료사는 항상 개인만이 가지고 있는 모든 측면을 통합하는 것을 상담의 원리로 삼아야 한다.

개념군집 2: 장이론

1장에서 언급하였듯이, 독일의 게슈탈트 심리학자들 중에는 지각에 관심이 있는 학구적인 실험심리학자들이 많았다. 개념군집 2에서는 개인이 자신과 환경에 대한 지각을 조직화할 때 사용하는 전경(figure)과 배경(ground)이라는 게슈탈트 원칙을 설명한다. 나아가 펄스가 게슈탈트 심리학자들, 특히 베르트하이머 그리고 다소 간접적이기는 하지만 그들의 동료인 쿠르트 레빈(1935/1952)에게서 도입하여 수정한 장 지향에 대해서도 알아본다.

전경과 배경에 관한 게슈탈트 원리

선경과 배성의 개념은 인간이 자신이 의미를 부여한 대로 온전한 형태를 만들기 위해 자신의 지각을 조직화하는 과정을 설명해 준다. "인간은 사물을 주변의 것과 관련이 없는 분리된 것으로 지각하지 않으며, 그 지각과정에서 의미 있는 전체로 조직화한다"(Perls, 1976: 3). 우리는 우리 자신 전체와 환경을 동시에 지각할 수는 없다. 다만, 관심이 있는 것을 선택해서 그것에 집중하는데, 이에 흐릿한 배경들 속에서 선택한 것이 뚜렷한 전경으로 나타난다. 어떤 특정한 것이나 환

ᐤ …… [그림 2-4] 전경과 배경의 원리를 보여 주는 그림

출처: Visuell wahrgenommene(Edgar Rubin, Gyldendalske Boghandel, & Köbenhaven, 1921)

경에 대해 관심을 거두는 순간, 그것은 배경으로 물러나고 다른 것이 그 자리를 대신하여 우리의 주의를 끌게 된다. 이렇듯이 우리는 끊임없이 우리 자신이나 환경에 대한 지각을 의미 있는 형태 내지는 형상으로 만들어 가고 있는 것이다. 펄스(1947/1969a)는 다음과 같이 일상의 예를 들었다. 사람들은 평상시에는 우체통이 어디에 있는지 관심을 두지 않는다. 그러다가 급히 보내야 할 편지가 있으면, "평소에 무관심하게 여겼던 배경으로부터 우체통이 튀어나와 부각된다. …… 무관심한 배경을 뒤로 한 채, 우체통이 전경(게슈탈트)이 되는 것이다."

전경과 배경을 형성하는 기본 원리로 펄스, 헤퍼라인 그리고 굿맨(1951/1973)이 제시한 예는 유명한 [그림 2-4]이다. 백색을 주시하느냐, 아니면 흑색을 주시하느냐에 따라, 그것은 흑색을 배경으로 한 백색 성배로 보이기도 하고, 옆모습 윤곽만 보이는 두 사람으로 보이기도 한다. 관심을 한쪽에서 다른 쪽으로 바꿀 수는 있으나, 동시에 두 가지 모두를 볼 수는 없다. 어느 하나에 집중하면, 나머지는 뒤로 물러나 배경으로 자리한다.

장 접근법

쿠르트 레빈은 연구실에만 머물러 있던 게슈탈트 심리학자들의 지각에 관한 발견을 실생활과 개인의 관계 영역으로 끌어들였다. 그는 환경 속에서의 개인이라는 이론을 발전시켰는데, 이 이론에서 인간은 자신이 속한 전체 환경을 특정 시기와 특정 상황에서 우세한 조건들, 그리고 그 환경 또는 장에서 자신의 주된 관심이나 욕구에 의해 전경과 배경으로 조직화한다. 펄스는 베르트하이머의 장 지향주의와 레빈의 장 접근법을 받아들였다.[1] 여기서는 펄스(1947/1969a/1976)와

---

[1] 휠러(Wheeler, 1991)는 펄스가 레빈의 연구에 대해 아는 것이 없었거나 직접 얻은 지식이 없었다고 주장했으며, 그는 펄스가 레빈을 잘못 이해했다고 믿는 이유를 설명했다. 한편, 욘테프(1992b)는 휠러가 레빈에 대해 부적절하게 설명했으며, 따라서 펄스에게 미친 베르트하이머의 장 지향의 영향이나 『자아, 허기, 그리고 공격성』(p. 101)에 명백하게 내포된 장이론을 인식하지 못했다고 주장했다.

펄스, 헤퍼라인 그리고 굿맨(1951/1973)이 게슈탈트 치료의 중심으로 삼은 장이론의 그러한 수용 과정을 살펴본다.

장이란 인간과 환경의 공존 및 이들의 상호 의존적인 모든 요인들을 총칭한다. 펄스의 전체론적 장이론(Field Theory)에 따르면 개인의 행위는 주변 환경과의 상호 의존이라는 관점에서만 이해할 수 있다. 개인의 사회적·역사적·문화적 장, 곧 환경은 개인의 고유한 본질이기 때문이다. 인간의 행위에 대한 이해는 그가 처한 입장 내지는 장을 하나의 전체로 인식하는 것에서 시작해야 하며 이후에 장의 구성 요소들의 차이를 규명하는 단계로 나아가야 한다.

개인과 그를 둘러싼 장의 모든 면은 서로 연관되어 있으며, 이러한 연계 속에서 전체 내지는 체계를 형성한다. 개인이나 환경의 어느 부분에서 변화가 일어나면 그것은 체계 전체에 영향을 미치게 된다. 이를테면, 어깨 근육을 다쳐서 고통이 따를 경우, 신체의 다른 근육에도 그에 따른 수축 작용이 일어나며 그것은 자세 전체를 변하게 만든다. 그러면서 정신적으로 예민해져서 식구들을 신경질적으로 대하게 된다. 결국 가족의 체계 전체가 한 사람 또는 그 사람의 일부에서 일어난 하나의 변화에 의하여 미묘해질 수 있으며 크게 바뀔 수도 있는 것이다.

장에서 일어나는 모든 현상들은 잠재적으로 동일한 수준의 관련성을 가지고 있다고 본다. 어느 순간에나 관심은 이동될 수 있고 전체의 장은 전혀 새로운 의미를 가지게 될 수 있는 것이다. 따라서 게슈탈트주의자들은 장의 모든 면에 주의를 기울이고, 겉으로는 '아무 관련 없어 보이는' 이러저러한 사소한 것, 즉 현상의 의미가 불현듯 전경으로 부상하여 내담자와 치료자가 현재의 상황을 이해하는 방식을 송두리째 바꿀 수도 있다고 확신한다. 예를 들어, 어떤 사람이 자신의 한 발이 약간 경련하는 것을 알아챌 때, 그 순간 아주 친하다고 이야기해 온 친구를 발로 차는 듯한 느낌이 퍼뜩 드는 것과 같다. 펄스는 애처로운 목소리나 알아채기 어려운 손의 떨림에서부터 놓치고 있었던 속성이나 신체적 특성에 이르기까지 현재의 장을 알아내는 데 비상한 재주를 가지고 있었다(3장 참조).

현재에서 무시되고 있는 배경은 초점을 맞추고 있는 인물이나 환경만큼이나 중요한 장의 일부분이다. 따라서 전반적인 상황하에서 놓치고 있거나 놓치고 있는 것처럼 보이는 것들은 개인이 집중하고 있는 어느 것 못지않게 개인의 기능과 관련하여 중요한 참조가 될 수 있다(장에서 놓치고 있는 것을 상세히 다룬 펄스의 치료 사례는 3장 적극적 실험을 위한 창의적인 접근-'직관과 정교한 현상학적 관찰' 참조).

장의 의미, 조직화, 구별

인간은 자신의 경험적 장을 조직화하고 그것에 의미를 부여하는 데 있어서 능동적이고 적극적이다. 실존주의적 관점에서 본다면 인간의 경험에 대한 궁극적인 혹은 보편적인 의미는 존재하지 않는다. 그러나 인간은 어떻게 해서든 의미를 찾으려고 노력하는 피조물이다. 그러므로 전체적인 장에는 물론이거니와, 경험한 장의 다양한 측면에도 개인은 적극적으로 의미를 부여하고자 한다. 그리고 개인이 자신이 지각하고 있는 장에 부여하는 의미는 그 개인에게만 고유한 것이다.

펄스(1947/1969a)는 옥수수 밭을 예로 들어 이 원리를 설명하고 있다. 같은 옥수수 밭이라도 농부, 파일럿, 화가, 농경학자, 상인, 연인에게는 완전히 다른 의미로 다가온다. 농부는 경작하여 수확해야 할 옥수수를 생각할 것이고, 파일럿에게는 비상 착륙장을, 화가에게는 회화의 대상, 연인들에게는 사랑을 나눌 한적한 장소, 농경학자에게는 화학 비료를 실험할 대상, 상인에게는 옥수수로 얻을 재정적 이익을 떠올리게 할 것이다. 펄스의 예는 개인이 부여한 의미에 따라 존재하는 방식으로 사물은 존재한다는 현상학적 관점을 보여 주고 있다. 이를테면, 옥수수 밭의 의미는 특정한 상황에서 생성되는데, 그 상황은 개인이 그것을 본 그 시간에 그가 옥수수 밭에 대하여 가지고 있던 정보, 관심, 사고방식 등에 의하여 결정된다는 것이다.

개인이나 장이 필요나 외부 자극에 의하여 동요를 일으키면, 우위에 있는 조건, 필요 및 관심에 따라 개인은 장의 면면들을 전경과 배경으로 구별하기 시작한다. 그러므로 전쟁 중에 적군으로부터 쫓기는 사람에게는 건초더미가 은신처로 지각될 수 있지만, 평화 시에 비오는 날 따뜻하고 습기 없는 헛간을 찾아 뛰어 들어온 사람에게는 눅눅한 건초더미가 보이지도 않을 것이다. 필요(내지는 관심)가 장을 형성(Lewin, 1926)하는 것이다. 인간은 장을 필요에 맞는 것들과 그렇지 않은 것들로 양분한다. 필요와 관심에 맞는 것들은 전면으로 부상하는 반면, 그렇지 않은 것들은 배경으로 물러나게 된다. 현상학적인 관점에서 본다면 다양한 자극들 가운데 선택적으로 주의를 줌으로써 인간은 대상을 의미 지각으로 구축한다(Spinelli, 1989).

장 구별의 양극성

구분이 되지 않던 배경에서 두 개의 분지가 발달하면서 양극이 형성된다. 대립하고 있는 두 항은 양립할 수 없는 것으로 보일 수도 있다. 그러나 분할되기 전의 영점이 있는 직선의 양극단에 이 둘을 위치시키면, 대립하는 것처럼 보이지만 이 둘은 서로에게 반드시 필요한 요소로 보인다. 펄스는 이를 다음과 같이 도식화하였다(1947/1969a: 17-20).

영점(zero point)		
시작점	중간점	끝점
과거	현재	미래
볼록형	평면	오목형

대비나 양극성은 구별되지 않는 배경에 분명하고 뚜렷한 관심을 형성하기 위하여 필요하다. 양극은 공존한다. 그 순간에 전경으로 부각된 것이 무엇이든 간에 그것의 대립항은 반드시 배경으로 존재하는 것이다. 빛은 어둠이 없이는 존재하지 않으며, 어둠도 빛이 없이는 존재하지 않는다. 빛과 어둠은 서로를 결정해 준다. 그들은 알아차림의 연속선상에서 서로 연결된 양극이다. 흑과 백, 밤과 낮, 냉기와 온기, 호감과 비호감, 애정과 증오는 이와 같은 방식으로 서로를 결정하고 정의한다.

양극성에 대한 이러한 사고방식은 구별과 차이에 대한 전체론적이고 실존주의적인 개념이다. 게슈탈트 치료에서는 유기체/환경 내에 존재하는 양극성의 차이와 상호 의존성을 탐색한다. 개인/환경의 장에 내재한 양극성의 의미를 규명하기 위하여 펄스가 내담자들과 함께한 작업은 3장 적극적 실험을 위한 창의적인 접근-'양극성의 실연과 탐색' '상전/하인'에서 소개한다.

현재 '알아차림'의 개념

펄스에게 '알아차림'이란 전체 지각 영역과 교감하는 인간의 능력을 의미한다. 그것은 한 개인만의 고유한 존재감과 교감하는 능력이고, 주변 혹은 개인의 내부에서 무엇이 일어나고 있는지를 느끼는 능력이며, 환경과 타인과 개인을 연결시키는 능력이다. 그것은 당신이 무엇을 느끼는지, 무엇을 감지하는지, 무엇을 생각하는지를 아는 능력이며 나아가 그 순간 당신이 어떻게 반응하는지를 아는 능력이다. '알아차림'은 단순한 정신적 처리 과정이 아니다. 그것은 모든 육체적·정신적·감성적·정서적 경험들과 연관되어 있는 것이다. 그것은 유기체 전부가 관여하는 전체적인 과정이다. "알아차림은 자신을 태울 때 나오는 석탄의 불꽃과 같다. ⋯⋯ 불꽃을 내며 타고 있는 석탄(전체 유기체)에 모종의 처리 과정이 진행되고 있듯이 알아차림에서도 그와 같은 처리 과정이 진행되고 있는 것이다"(Perls, Hefferline, & Goodman, 1951/1973: 106).

'알아차림'은 '바로 지금(right now)'의 경험이다. 인간은 직접 접촉한 것만 감각을 통하여 알아차릴 수 있다. 이들 감각

기관의 영역 밖에 있는 것은 경험하거나 알아차릴 수 없다. 그것을 상상할 수는 있으나, 상상하는 것 내지 머릿속에 그려지는 것은 당신이 존재하는 '지금' '여기'에서이다. 마찬가지로, 당신은 과거를 기억하고 되돌아볼 수 있으며 미래를 계획할 수 있다, 그렇지만 이 모든 것이 실제로는 지금 현재에 일어나고 있는 것이다. 이렇듯이 펄스는 경험을 '할 때'의 처리과정과 필연적으로 경험 이후에만 가능한, 되돌아보기의 과정을 현상학적으로 구분하고 있다. 해석, 반추, 설명 혹은 '무엇에 대하여 말하기' 등은 존재의 필수 요건이지만, 학습과 통찰의 수단인 현재의 실제 경험을 대체하지 못한다.

펄스는 유일한 심리적 현실은 현재라고 주장한다. 즉, "현재 이외에는 다른 어떤 것도 현실이 아니라는 깨달음을 바탕으로 실제적 감각을 최대한 강조하였다"(Perls, 1947/1969a: 208). 개인의 행위는 현재의 장에서 발생하는 현상을 통해서만 설명할 수 있다는 것이다.

모든 것은 과거에 그 근원이 있으며 미래로 발전해 나간다는 사실을 부정하지는 않지만, 펄스는 과거와 미래가 현재의 장과 소통하면서 끊임없이 그들의 위치를 확인하고 또한 현재의 장과 연관되어야만 한다는 점을 강조한다. "실제 상황은 항상 전에 있었거나 앞으로 있을 모든 현실의 한 예라는 것을 항상 명심해야 한다"(Perls, Hefferline, & Goodman, 1951/1973: 508, 과거의 장소에 대한 게슈탈트 심리치료의 논의는

(3장 방법-'게슈탈트 치료에서 과거의 역할' 참조).

펄스는 무의식이 억제된 감정과 경험들이 들어 있는 실체라는 프로이트의 견해를 비판하였다. 펄스는 이를 '알아차리지 못함'과 '알아차림'의 과정이라는 보다 유동적 개념으로 대체하였다.

우리는 '알아차리지 못함'이라는 용어를 사용하는데, 프로이트의 무의식보다 훨씬 넓은 의미로 사용하고 있다. 프로이트가 사용한 무의식은 억눌린 모든 것을 이른다. 말하자면 원래는 의식적인 요소였던 것이다. 프로이트는 의식과 무의식을 빙산에 비유한다. 대신에 우리는 알아차림과 알아차리지 못함을 공의 표면에 비유한다. 우리가 보지 못하는 것은, 여하튼 못했다고 할지라도 이전에 표면에 있지 않았던 것은 아니다(Perls, 1978a: 36).

조사의 철학적 방법으로서의 현상학

현상학에서는 우리가 지각하는 것이 현상학적 실제이며 다양하게 해석할 수 있다고 주장한다. 세상의 의미에 대한 해석은 사람마다 다르며 이는 개인 고유의 것이다. 따라서 조사(inquiry)에 대한 현상학적 방법에서는 개인이 다른 사람의 현실 상황에 대해서 진실 여부를 알 수가 없다는 점을 강조한다. 이에 펄스는 주장하기를, 내담자의 행위를 곧바로 해석하는 대신 치료자는 장의 모든 가능성에 자신을 열어 놓고, 서로 관련이 있는 세 단계의 현상학적 방법을 적용해 삶의 의미와 방향에 대해 가지고 있는 내담자만의 고유한 감각을 드러내도록 도와야 한다고 하였다(Spinelli, 1989).

- ➤ ① 괄호치기: 당면한 경험에 집중하기 위하여 이전의 가정과 편견들을 한쪽으로 치워 놓기
- ➤ ② 기술하기: 설명하거나 해석하려 들지 말고, 당면한 구체적 인상을 기술하기
- ➤ ③ 동등화하기: 중요도의 등급을 전제, 가정하지 말고, 장의 모든 면들을 동등하게 취급하여 기술하기(처음부터 똑같이 중요하게 취급하기)

펄스의 주요한 치료방법은 무엇인가에 관한 현상학적인 기술을 통해 알아차림을 발전시키는 것이다. 치료자와 내담자는 그들이 무엇을 경험했는지 혹은 무엇을 인지했는지를 해석하지 말고 있는 그대로를 기술해야 한다. "나는 환자의 경험과 이에 대한 나의 관찰을 있는 그대로 상세히 기술하고자 하였으며, 언어적으로 구성하거나 예를 들면, 해석과 같은 추측은 가급적 사용하지 않으려고 하였다"(Perls, 1979: 13). 적어도 치료를 시작하는 시점에서는, 내담자가 기술한 항목들

의 중요도를 따지는 것은 절대 금물이며, 치료자는 어떤 순간에 어떤 것이 의미 있는지에 관한 치료자 자신의 과거 가정은 유보해 두어야 한다. 현상학은 우리로 하여금 우리가 완성된 그림이 어떻게 될 것인지 전혀 모르는 상태에서 퍼즐 조각을 하나씩 맞추어 가듯이, 다른 사람의 지각의 장에 관한 각각의 정보 조각들을 다루기를 요구한다. 이렇듯 현상학은 (조사자의 선입견은 어떻게든 유보하고서) 사물의 표면, 곧 행위 내지 경험을 기술하는데, 이를 통하여 사물의 본질을 포착할 수 있다는 것이다. 3장은 펄스가 현상학적인 방법을 어떻게 상담에 적용하였는지를 예시하고 있다(3장 방법-'현재 '알아차림'작업', 3장 적극적 실험을 위한 창의적인 접근-'직관과 섬세한 현상학적 관찰' 참조).

펄스가 게슈탈트 장이론에 끼친 영향

펄스는 『자아, 허기 그리고 공격성』(1947/1969a)에서 자신의 장이론을 발전시키면서, 형태(gestalt), 배경(ground), 전경(figure), 장의 구별 등과 같은 게슈탈트 심리학의 용어들을 받아들여 사용하였다. 이들 용어들은 이 책에서 소개할 때 다시 설명한다. 펄스(1947/1969a/1976)와 펄스, 헤퍼라인 그리고 굿맨(1951/1973)은 베르트하이머, 쾰러, 코프카, 겔프, 그들의 제자인 자이가르니크와 오프지안키나 등 게슈탈트 심리학자들이 밝힌 지각 원리를 많이 채택하였다. 욘테프(1982)는 "펄스 쪽과 베르트하이머 쪽 양쪽의 게슈탈트 운동의 게슈탈트 접 근법은 하나의 현상학적 장이론 형태이다. 핵심은 탐색 방식 이다(Wertheimer, 1938: 3). ······ (이 방식은) 탐색되는 상황 전 체에 내재한 구조를 형성하는 기능적 상호 관계에 대한 통찰 을 추구한다(Köhler, 1969)."라고 말하였다(p. 24).

펄스(1947/1969a; Perls, Hefferline, & Goodman, 1951/1973) 는 베르트하이머, 쾰러와도 관련이 있는 사회 심리학자 쿠르 트 레빈에 대해서 "게슈탈트 모델을 실험실에서 꺼내서 일상 생활이라는 훨씬 더 복잡한 곳에 적용하였다."라고 하였다 (Wheeler, 1991: 27). 레빈은 장에 관한 게슈탈트 심리학자들 의 개념을 독특한 과학적 개념과 용어를 사용하여 장이론이 라고 알려진 복합적이고 이론적인 방법론으로 발전시켰다. 이는 필요와 장 사이의 상호 작용을 강조한 이론이었다. 휠 러(1991)는 펄스와 굿맨이 레빈의 글들을 잘 몰랐으며 그의 장이론에 대한 본질적인 측면, 특히 구별된 배경에 대한 풍부 한 개념을 이해하지 못하였다고 비판하였지만, 펄스는 레빈 의 아이디어에서 영향을 받았다.[2]

---

2) 욘테프(1992b)는 펄스의 장이론에 대한 이해와 관련된 휠러의 견해에 동의하지 않는다(주석 1 참조).

펄스는 또한 후설(1931/1968)의 현상학 원리(Perls, 1948; Isadore From in Wysong & Rosenfeld, 1982)를 잘 알고 있었으며, 분석적인 해석으로 장을 축소시키지 않으면서도 현상학적 방법들이 개인의 전반적인 지각을 탐구하는 방법이 될 수 있다고 확신하였다. 모든 것은 장을 가지고 있으며 사물과 유기체는 장들 없이는 이해하기 어렵다는 물리학의 개념을 수용한 얀 스무츠(1987)도 펄스(1947/1969a)의 장 개념에 많은 영향을 주었다. 펄스(1978a)는 해리 스택 설리번과 유기체와 장의 관계를 강조한 그의 대인관계 이론에도 감사를 표하고 있다.

펄스만이 기여한 업적으로는 지각에 대한 게슈탈트 원리와 베르트하이머, 레빈 등의 장이론 요소를 받아들여 이들을 심리치료에 적용하였다는 것이다. 그는 치료 현장에서 인간의 행위를 이해하고자 한다면 장이론의 일반적인 원리들은 반드시 존중하여야 한다고 주장하였다. 그 방법론으로 당면 상황의 구조와 과정을 관찰 및 기술하는 치료 체계는 그가 장이론과 후설의 현상학을 참조하여 고안한 것이었다.

개념군집 3: 경험 주기

게슈탈트 심리치료는 자연의 자연스러운 흐름 또는 주기에 기반을 두고 있는데, 이는 생물의 기능과 구조에서 영감을 받은 것이다. 사람은 자연의 일부이며 또한 자연의 법칙에 따르는 존재이기 때문이다. 펄스는 게슈탈트 치료는 그가 발견한 것도 발명한 것도 아니었으며, 단지 자신이 그것을 찾아내었고 재발견하였을 뿐이라고 누차 강조하였다. "게슈탈트는 우주 자체만큼이나 오래된 것"(Perls, 1969b: 15)이며 본래의 우주 및 지금의 존재와 질서, 조화를 이루고자 노력하는 하나의 철학이기 때문이다. 그는 모든 삶이 과정이며 끊임없이 변화하고 있으며, 정지해 있는 것은 아무것도 없다고 강조하였다. "모든 것은 끊임없이 변하고 있다. 우주에 무한하고 다양한 과정들이 있다는 것을 깨닫고 나서야, 우리는 무질서로부터 질서를 창조하는 구성 원리의 중요성을 이해할 수 있다. 소위 전경과 배경의 형성이다"(Perls, 1948: 571). 펄스는 그가 과정을 강조하는 것이 헤라클레이토스(Heraclitus) 시대까지 소급된다는 것을 인정한 적이 있다. "우리는 마침내 모든 것은 흐름이고 끊임없는 변화이며 진행되고 있는 과정이라고 주장한, 소크라테스 이전의 철학자 헤라클레이토스에까지 되돌아갔다"(Perls, 1970: 19).

개념군집 3에서는 펄스가 자기 조절의 개념을 처음 생각해내었을 당시의 자기 조절의 주기적 성질에 대해 살펴보고, 이후에 자기 조절 과정의 결정체이자 집약체인 게슈탈트 주기를 기술한다.

유기체의 자기 조절

펄스는 생명이 있는 유기체들은 본능적으로 자기 조절을 하고 있다고 믿었다. 이들에게는 생존하려면 필연적으로 충족해야 하는 것이 있다. 그리고 이것들이 방해받지 않는다면, 인간은 식욕이나 성욕 등이 자극될 때 건강이나 도덕적인 관점에서 어떤 필요성을 의도적으로 계속하거나 권장하거나 억제하지 않고도 자연스럽게 그들의 욕구를 충족하도록 조절할 것이다(Perls, Hefferline, & Goodman, 1951/1973: 294). 결핍이 있으면 유기체 시스템은 즉시 보충할 무언가를 찾는다. 마찬가지로, 과잉이라고 판단하면 즉시 그것들을 없애려고 한다. 이처럼 유기체 시스템에는 부족하면 어디선가 얻어 내고, 사용하여 없애고, 그리고 다시 얻어 내는 등 항상성의 균형을 이루는 일정한 주기가 있다.

이렇듯이 인간은 평형 상태를 다시 유지하기 위하여 반응하고 그에 상응하는 자동적인 반복 충동을 느끼며 필요(예: 결핍이나 과잉)의 형태로 반복적인 혼란을 경험한다. 결핍이나 필요는 사람의 내적 요인(예: 애정이나 식수의 필요)이나 외적 요인(예: 큰 소음은 신경을 거슬리게 하거나 고요함의 필요를 낳는다) 때문에 생겨난다. 인간은 연속적인 장애/균형의 양극단을 오가면서 끌려다니는 것이다(항상성과 혼란이라는 양극단은 2장 개념군집 3-'게슈탈트 주기에 내재한 양극성-항상성과 혼란' 참조).

필요가 충족될 때까지 인간은 필요 상황에 대한 경험—느낌, 영상, 에너지, 관심, 활동— 을 조직화한다. 일단 필요가 충족되면 인간은 만족한다. 만족하게 되면 그 필요는 관심 밖의 대상이 되어 사라진다. 그리고 새로운 필요가 등장하여 전체적인 순환과정을 다시 시작하기 전까지, 사람은 철수, 휴식 또는 평형 상태에 있게 된다. 건강한 개인에게 이와 같은 순차적인 과정은 역동적이고 주기적인 자기 조절이다. 당연한 말이지만 자기 조절을 한다고 해서 필요가 충족되지는 않는다. 필요한 항목들 가운데 일부를 환경이 결여하고 있다면, 예컨대 사막에서 식수가, 가정에서는 애정이 결핍되어 있다면 사람은 갈증을 해소하거나, 애정을 충족할 수 없다. 자기조절이란 개인이 실제 자원이 주어진 그 상황에서 자신을 조절하는 데 최선을 다한다는 것을 의미한다.

필요가 서로 상충하게 되면, 우선적인 필요가 선행한다. 이를 설명하기 위하여, 펄스, 헤퍼라인 그리고 굿맨(1951/1973)과 펄스(1948)는 사막에서 길을 잃고 헤매다가 간신히 돌아온 병사를 예로 들었다. 동료 부대원들이 그가 진급하였다는 소식을 알렸지만, 그 병사는 갈증을 풀기에만 급급하였다. 그리고 나중에—동료 부대원들에게는 기가 막힐 노릇이지만—그 병사는 자신이 진급하였다는 소식을 전혀 듣지 못했다고 불평하였다. 말 그대로, 동료들이 한 말을 전혀 듣지 못했던 것이다. 그 순간에 그는 물에 대한 필요를 제외하고는 그 어떤 것도 안중에 없었기 때문이다. 그러나 그 병사가 부대로 돌아오기 직전에 적군의 공습이 있어서 그는 급히 엎드려 몸을 피했고 잠시이기는 하지만 갈증을 잊었다. 여기에는 우선순위가 있다. 적기의 급박한 위협은 갈증보다 우선하고, 갈증은 진급에 대한 관심보다 우선하는 것이다.

펄스는 자기 조절의 원리를 적극적으로 옹호하면서도 개인이 때때로 자신의 충동을 통제해야 할 필요가 있다는 사실을 부정하지 않았다. 때때로 자신이나 타인의 확실한 이익을 위해 자기 조절을 억제해야 한다는 것을 인정하고 있는 것이다. 살인 욕망을 느끼는 개인이 자신을 억제하여 살인하지 않는 경우를 예로 들 수 있다. 펄스는 개인이 타인의 필요를 고려해야 할 필요성도 부정하지 않는다. 인간들은 본질적으로 환경과 상호 교류하면서 전체를 구성하는 사회적 피조물이기 때문에 상호 관련된 전체 장의 일부를 구성하는 타인의 욕구를 고려해야 하는 것은 자기 조절의 본질적인 측면 가운데 하나이다. "개인을 유기체/환경의 기능 가운데 하나로 여기면서, 개인의 행위를 장 안에서의 관련성을 반영하는 것으로 바라보는 게슈탈트 접근법은 인간은 개인이자 사회적 피조물이라는 개념과 부합한다." 왜냐하면 "인간은 타인과의 접촉이 필요"하고 인간의 "집단과 연결된 느낌은 심리적인 생존 욕구와 연결된 느낌만큼이나 인간에게는 자연스럽기"

때문이다(Perls, 1976: 25).

그러나 펄스는 인간의 자기 조절이 사회 규율과 제도에 의해 불필요하게 제약을 받고 있다고 느꼈다. "자기 조절이 작동하지 않는 상황에 우리가 동조하는 만큼, 그만큼 우리는 에너지와 밝음이 줄어든 상태로 사는 것에 만족해야 한다"(Perls, Hefferline, & Goodman, 1951/1973: 32).

게슈탈트 주기

펄스는 유기체가 수행하는 자기 조절의 순환과정을 '혼란 주기(disturbance cycle)' '유기체와 환경 간의 상호 의존 주기'(1947/1969a: 44) '유기체/세상 간의 신진대사 주기' 등 다양한 개념으로 구체화하였다.[3] 펄스는 처음으로 그 주기가 6개의 고리로 연결되어 있다고 주장하였다. 이들 6개의 연결에 대한 그의 설명은 지금 보면 구시대의 언어를 쓰고 있지만 그대로 인용하고자 한다. 그 언어들은 역사적인 중요성을 가지

---

3) 이 주기는 또한 경험 주기, 접촉과 철수의 과정, 욕구의 주기, 알아차림 주기, 전경의 형성 및 파괴의 주기라고도 불렸다. 주기는 펄스 작업 중 가장 알려지고 가장 중요한 것 중의 하나이며, 많은 후속 게슈탈트 이론([그림 5-1]과 [그림 5-2] 참조)에 의해 재정립되고 다양한 도해로 제시되었다. 클리블랜드 게슈탈트연구소의 직원, 특히 빌 워너(Bill Warner)는 펄스의 개념모델에 '경험 주기'라고 처음으로 이름을 붙였다. 주기에 대한 이 이름은 펄스의 원래 용어보다 더 훨씬 폭넓게 사용되게 되었다.

고 있는 데다 독자들이 첫 번째 버전과 펄스, 헤퍼라인 그리고 굿맨(1951/1973)이 발전시킨 두 번째 버전을 비교해 볼 수 있기 때문이다.

> ➤ 휴지기의 유기체
> ➤ 장애 요인, 이것은 (a) 내적이거나 (b) 외적임
> ➤ 상상이나 현실을 만듦(전경-배경 현상)
> ➤ 그 상황에 대한 해결책, 목표로 하는 것
> ➤ 긴장의 완화, 결과
> ➤ 유기체의 균형 회복(Perls, 1947/1969a: 69)

펄스, 헤퍼라인 그리고 굿맨(1951/1973)은 펄스가 처음에 제안한 주기를 발전시켜 '접촉의 주기',[4] '배경과 전경의 연속적 순환'(p. 459)이라고 하였다. 그리고 그 접촉의 과정(혹은 순환)에서 4개의 국면—전 접촉, 접촉, 최종 접촉, 후 접촉—을 정의하고, 이들 네 개의 국면은 서로 분리될 수 없는 것으로서 게슈탈트의 형성 및 파괴의 과정에서 서로 다른 초점을 나타내는 것이라고 하였다. 하나의 국면이 나머지 국면에 비해 우세하다면, 나머지 국면들은 배경이 된다. '접촉의 주기'

---

4) 펄스, 헤퍼라인 그리고 굿맨(1951/1973)의 접촉에 대한 개념은 이 장의 개념군집 4에서 설명된다.

에 대한 펄스, 헤퍼라인 그리고 굿맨(1951/1973)의 설명은 다음과 같이 요약할 수 있다. 설명의 편의를 위하여 중간에 예를 추가하였다.

제1국면: 전 접촉 개인은 환경의 자극으로부터 욕구를 경험하거나 그 욕구가 방해를 받는다. 신체는 배경이 되며, 필요의 감각이나 환경으로부터 받은 감각적 자극은 전경이 된다. 예를 들어, 어떤 사람이 가슴이 아프다고 가정해 보자. 그 사람은 이전에 입력된 감각을 알아차리고, 그에 관한 의미를 만든다. 그는 감정을 느낀다. 예를 들어, 이제는 그 고통을 외로움이나 신체적 애정의 필요로 경험한다. 어떤 소망의 대상이나 그 욕구를 충족시키는 수단이 그에게 전경이 되는 것이다.

제2국면: 접촉 욕구를 알아차리면 다음으로 그 욕구를 충족해 줄 자원을 떠올리고 그것을 동원할 생각으로 흥분한다. 이 국면에서 건강한 사람은 힘이 나서 행동할 준비를 한다. 가슴이 아픈 사람은 외로움을 알아채고 친구를 만날 준비를 한다. 욕구를 충족시키기 위하여 현재 상황에서 가능한 어떤 것이든지 실험해 보기 위한 행동을 취한다. 선택한 행동을 정당화해 가면서 방해물을 극복하는 적극성을 보이기도 하고, 염두에 두었던 여타의 선택 사항들을 유보하기도 한다. 외로운 사람은 친구에게 전화를 하고, 전화 연결이 안 되면 또 다른 친구에게 전화하고, 그래서 친구를 만날 수도 있다.

제3국면: 최종 접촉   최종 접촉은 개인이 욕구를 충족하기 위하여 전면적으로 개입하는 단계이다. 이 단계에서는 욕구를 충족하는 수단 이외의 것은 당분간 배경이 되어 뒤로 물러나게 된다. 잠시 동안 유일한 게슈탈트만이 존재한다. 지금-여기를 풍성하고 선명하게 만들면서 지각, 운동, 정서를 단일한 경험으로 통합시킨다. 그것이 슬픔이건 맛있는 식사이건, 성적 절정이건 상관없다. 아까의 외로운 사람이라면 만남의 기쁨에 흠뻑 빠져서 친구를 포옹하게 된다.

제4국면: 후 접촉   전면적이고 온전한 접촉이 이루어지면, 환경과의 교감에 따른 여운, 음미 등 유기체로서의 진정한 만족을 경험한다. 앞의 예에서 그 사람은 친구와 얘기를 나누고 그와 친밀감을 느꼈다. 더 이상 외롭지 않으며, 인간과 접촉하기를 바라던 욕구가 당분간 충족된다. 실제적 성장 과정은 알아차림에서 시작하지만, 이 단계에서 소화와 흡수, 그리고 성장이 이루어진다. 경험의 유형에 따라 성장은 형태를 달리하는데, 크기의 증가, 기분전환, 동화, 학습 등의 형태를 띤다. 지금까지 그렇게 생생하고 마음을 빼앗던 전경은 점차 배경으로 밀려난다. 게슈탈트가 사라지는 것이다.

철수   그 사람은 철수해서 게슈탈트가 소멸되고 다음 게슈탈트가 형성되기까지 휴식 단계 내지는 평형 상태에 있게 된다. 이때는 뚜렷한 전경이 존재하지 않으며, 유기체는 완벽한 균형 상태로 존재하게 된다. 그는 풍요로운 공백의 상태가 되는데, 거기에서 새로운 욕구를 알리는 감각이 일어나고 유기체의 자기 조절이 재개된다. 사람은 무한정 휴식 상태에 있을 수 없기 때문이다.

앞에서 제시한 외로움의 예는 설명을 쉽게 이해할 수 있도록 하기 위한 것이다. 게슈탈트 주기는 정서적 욕구와 생물학적 욕구 모두에 적용되며, 단기간/장기간에 걸쳐 일어날 수 있다. 이와 같이 우리는 일하고, 놀고, 사랑하고, 친구와 다투고, 이를 닦고, 울고 하는 등 필요를 충족하면서 많은 순환과정을 매일 경험한다. 그러나 동시에 우리는 긴 시간을 요하는 순환과정을 겪는다. 예를 들면, 학생은 필요한 자격증을 얻기 위하여 3~4년의 공부 과정을 경험하고, 부모는 20년이란 양육의 과정에 들어가기도 한다.

게슈탈트 주기에 내재한 양극성-항상성과 혼란

펄스(1947/1969a; Perls, Hafferline & Goodman, 1951/1973)는 항상성 내지는 평형 상태로 되돌아가고자 하는 유기체의 충동에 대해 자주 공공연하게 토론하였다. 펄스는 덜 공공연하기는 했으나 매우 분명하게 개인은 자발적으로 욕구와 흥분을 일으킴으로써 자신의 균형을 깨고자 하는 충동도 똑같이 강하게 가지고 있다고 주장하였다. "욕구는 환경 속에 있는 것에 자극 받아서 생기거나, 유기체에서 저절로 일어나는 것으로 보인다. 그러나 그 유기체가 이에 반응 준비가 되어 있지 않는 한, 당연히 환경은 흥분을 일으키지 못하고, 또한 자극제도 되지 못한다"(Perls, Hefferline, & Goodman, 1951/1973: 460). 감성을 가진 생물학적 유기체가 항상성 균형의 밖에서 오래 있을 수 없는 것과 마찬가지로, 균형 상태로 오랫동안 있을 수도 없다. 욕구, 흥분 및 평형을 깨고자 하는 충동, 이 모두는 똑같이 타고난 것이다. 이들은 접촉과 성장을 향한 자극제이고 나아가 자아실현의 수단인 것이다. 균형 상태가 되면 개인은 다시 혼란, 흥분, 새로운 것을 찾고 새로운 것을 흡수하고자 한다. 그러나 막상 필요나 흥분으로 인하여 균형이 깨어지면, 그는 앞에서 언급한 방식대로 그 필요를 충족하고자 하며—최소한 한시적이라도—다시 균형과 평형을 얻고자 한다. 한시라도 빨리 항상성 균형 상태에 있기를 원하고 그러면서 흥분을 원하고 다시 그 균형을 깨기를 원하는 것은, 상반되면서도 보완적인 것으로서 공존하고 있다. 이들은 인간이 올바로 기능하고 제대로 성장하는 데 있어서 똑같이 필수적인 것이다. 안정과 혼돈 모두에 존재하고자 하는 것은 유기체의 본성인 것이다. 이렇듯이 인간은 위태롭지만 의미 있게 균형과 혼란의 줄타기를 하고 있는 셈이다.

창조를 낳는 무심 혹은 존재하는 공(空)의 지점

펄스는 순환과정에서 개인이 균형의 상태에 있는 순간에 특히 관심을 기울였다. 그는 그 시기를 창조를 낳는 무심 내지는 창조를 낳는 공(空)을 뜻하는 영점(무의 시기)이라고 불렀다(Friedlander, 1918). 그 시기에 있는 사람은 알아차리지 못하더라도 온갖 가능성에 예민하고 개방적이다. 그는 이쪽이든 저쪽이든 어느 방향이고 관심을 기울일 수 있다. 인간은 균형 상태에 있으며 중심에 있다. 그는 단지 존재하는 것이다. 장은 아직 나누어지지 않았다. 전경과 배경은 구별되지 않고 하나로 존재하는 것이다. 펄스(1947/1969a)는 무극(無極)이라는 중국의 상징, 즉 빈 원을 써서 나누어지기 전의 상태, 즉 시작하지 않고 있음을 나타냈다. 무극과 대조적으로 태극(太極)은 원을 반대쪽까지 역동적으로 나뉜 상태를 표현하였다(2장 개념군집 2-'양극으로 장 구별' 참조). 무극과 태극의 상징은 [그림 2-5]와 같다.

동양 종교에서 '무(無)'는 아무것도 없음을 의미한다. 단지 과정, 벌어진 일, 그리고 순수한 존재가 있을 뿐이다. 현상학 및 실존주의 철학자들(예컨대, Husserl, 1931/1968; Heidegger,

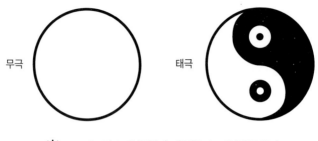

무극   태극

👁 ⋯⋯ [그림 2-5] 무극과 태극(Perls, 1947/1969a)

1962; Sartre, 1938/1958)도 인간은 혼자이며 궁극적인 삶의 의
미는 없다는 것을 깨달으면서 갖게 되는 실존적인 두려움으
로 인한 '무'의 창조적 개념을 탐구하였다. 대부분의 서양인
들은 무와 마주하기를 두려워하고 피한다. 번뇌와 죽음, 무를
부정하는 사람은 진정성 없이 살아간다는 실존주의적 인식에
영향을 받아서, 펄스는 실존적 공(空)을 직시하는 것이야말로
개인적 진정성을 찾는 방법이 될 것이라고 주장하였다.

펄스는 사람들에게 공을 피하지 말고 용기를 내 공에
들어가서 그것을 알라고 권하였다. 펄스의 첫 번째 저서
(1947/1969a)는 독자들이 내면의 침묵에 귀를 기울이는 방
법—명상과 비슷한 훈련법—을 가르치는 데 한 장(chapter)
을 할애하였다. 내면의 침묵, 평온, 고요는 개인으로 하여
금 보다 심오하고 직관적인 자신의 면면들과 교감할 수 있도
록 도와줄 것이라 믿었기 때문이다. 20년이 더 지나도 여전
히 펄스는 시를 읊듯 공에 대해 말했다. "그리고 우린 이 무,

그러니까 공을 받아들여 거기에 들어가면 사막에 꽃이 피기 시작하는 것을 발견하게 되지. 텅 빈 공간이 다시 살아나고 채워지는 거야. 불모의 공간이 풍요로운 공간이 되는 거라고"(1969b: 57).

게슈탈트 주기에 미친 영향

게슈탈트 '혼란 주기' 혹은 '유기체와 환경의 상호 의존 주기'의 원형은 『자아, 허기 그리고 공격성』(1947/1969a: 44, 69)에서 볼 수 있다. 이 원형은 펄스가 헤퍼라인과 굿맨에 앞서 게슈탈트 주기의 최초 모델을 정형화하였다는 증거가 된다. 이 개념군집에서 기술한 게슈탈트 주기를 정형화하는 데(1951/1973) 있어서 굿맨의 역할도 지대하였다.

생생한 경험을 주기적으로 겪는다는 개념, 게슈탈트의 출현과 소멸 사이에 끊임없는 변화가 있다는 개념은 펄스가 처음으로 제안한 것이 아니었다(Clarkson, 1992a). 그것은 계절 및 자연의 순환과 본질적으로 동일하며, 펄스 스스로도 게슈탈트는 사물을 파악하는 자연스러운 방법일 뿐이라고 하였다. B.C. 500년에 헤라클레이토스는 존재의 개념을 끊임없는 변화의 특정 상태라고 하였다. 그는 펄스와 20세기의 다른 실존주의자 같은 사람들의 생각을 예견이나 한 듯, 변화의 주기적인 본성을 다음과 같이 기술하였다. "순환은 영속과 퇴보가 간결하게 경험적으로 조화된 것이다. 신화적인 인물은 주기 안에 또는 온전체 안에 존재한다"(Heraclitus in Guerriere, 1980: 88). 펄스(1978b)도 가끔 헤라클레이토스를 인용하였다.

최근에 스무츠(1987)는 경험을 펄스의 게슈탈트 주기의 요소를 담고 있는 용어로 설명하였다. "경험은 감각(sensation)과 지각(perception)뿐만 아니라, 최종적인 소망 면에서는 감정과 소망, 의도하는 행동 면에서는 자유의지라는 복합적인 성격과도 연관된다. 그리고 이 모든 요소들은 녹아져 어떤 특정한 목적으로 섞이고, 이는 이후에 행동 내지는 실행으로 나타난다"(p. 258, 고딕체가 저자가 한 것임). 인생은 하나의 과정이자 끊임없는 변화라는 해리 스택 설리번(1953/1962/1964)의 신조는 펄스 자신의 생각과 일치하였으며, 이러한 설리번의 신조가 펄스가 설리번 학파와 교류하던 1940년 말에서 1950년 초 무렵에 펄스에게 크게 영향을 미쳤다는 것은 거의 확실하다.

펄스가 창조적 무심과 '공'에 관심을 갖게 된 것은 실존주의자들(예컨대, Sartre, 1958)뿐만 아니라 1920년대에 베를린에서 개인적 친분이 있던 프리들란더(1918)의 덕분이었다. 펄스는 프리들란더에게 깊이 감사를 표하였다(1947/1969a).

개념군집 4: 접촉

접촉과 동화의 중심 이론

펄스, 헤퍼라인 그리고 굿맨(1973)도 기술하였듯이, 접촉은 사람과 사람의 만남 내지는 사람과 환경의 만남이라고 할 수 있다. 그것은 '나' 이외의 모든 것과 관계를 맺으면서 '나'를 경험하는 지점이요, '너'와는 다른, 바로 '나'를 경험하는 시점이다. 접촉은 우리들 사이에서 생겨나는 것이다. 따라서 접촉은 나의 감각뿐만 아니라 접촉하고 있는 사람이나 사물의 감각까지 포괄한다. 접촉은 두 개의 분리된 존재 내지는 실체 사이에서만 생겨난다. "사람은 자신의 환경과 젤리처럼 융합하거나 그 환경과 완전히 동떨어져 사는 것을 시계추처럼 반복하는 것 대신에, 이제는 '접촉'의 차이를 인정하는 것이라는 점을 알고 있다"(Perls, 1948: 585-586).

접촉에서는 모종의 교환이 이루어진다. 그 가운데 자신의 경계를 넘어 무언가를 받고(실제적으로나 은유적으로) 그것을 유용하게 이용한다. 접촉은 유기체와 환경 간의 창조적인 교환 내지는 적응인 셈이다. 접촉은 사람과 그를 둘러싸고 있는 것들과의 상호작용에서 발생하는—접근하기, 먹고 배설하기, 느끼기, 소리 지르기, 웃기, 껴안기, 싸우기, 사랑하기 등—모든 형태의 살아 있는 관계이다.

접촉 과정에서 필수적인 것들은 사람과 환경의 차이 유지, 위험과 해로운 것 막기, 접촉을 방해하는 장애 극복, 음식·사랑·배움·지적 자극과 같이 새로운 것들을 선택하고 적절하게 동화시키기 등이다. "변화와 성장을 통하여 새로운 것을 흡수함으로써 유기체는 존속할 수 있다…… 무엇보다도 접촉은 받아들일 수 있는 새로운 것을 알아차리는 행위이며 나아가 새로움을 향한 행위인 것이다. 새로운 것이 받아들이기 힘든 것이면 접촉을 거부하게 된다"(Perls, Hefferline, & Goodman, 1951/1973: 276).

게슈탈트 치료에 있어서 접촉의 개념이 매우 중요한 이유 중의 하나는 접촉이 사람들을 성장시키고 변화시키는 수단이기 때문이다. 접촉이 활발하고 역동적이면, 나아가 동화가 완전하면, 그것들은 저절로 변화와 성장을 낳는다.[5] 진정한 접촉과 동화의 결과는 기존의 것을 단순히 재정립하는 것에 그치지 않는다. 기존에 가지고 있던 개인의 특성과 환경에서 취득한 것들을 포함하는 생기발랄한 환경의 창조로까지 이어지는 것이다. 다양한 접촉을 경험하고 나면 인간은 자기 자신에 대해서, 새롭고 포괄적이며 이전과는 다른 감

---

5) 펄스(1969b: 178)는 사람은 현재의 그 자신과 충분히 접촉하고, 자신이 아닌 것이 되려고 애쓰지 않을 때 변화한다고 믿었다.

각을 가지게 된다. 이러한 과정을 통하여 인간은 능동적이면서 창조적인 존재가 된다. 그는 "자신을 그저 카드를 다시 섞은 것처럼 생각하는 게 아니라 자기 자신을 새로이 '발견하고 창조'하였다고 생각한다"(Perls, Hefferline, & Goodman, 1951/1973: 281).

접촉은 변화로 이어진다. 그리고 그 결과는 예측할 수가 없다. 자신의 한계까지 나아가 기꺼이 접촉을 수행하는 과정에서 위험이 발생할 수 있다. 그렇지만 그러한 위험을 감수할 때마다 자신의 정체성에 대한 감각, 스스로에게 허용적인 감각은 성장하고 타성(오래된 게슈탈트)은 지워진다. 정체성을 확립하고 제대로 살아가기 위해서는 이렇듯 이전에 정립한 정체성을 없애 버릴 각오를 해야 한다. 타성은 안전하고 편안한 것이지만 알아차림과 접촉은 존재적 불안을 동반한다. 건강한 유기체는 불안을 견딘다. 흐트러진 에너지는 다시 새로운 게슈탈트로 흘러 들어가서 새로운 모험에 대한 흥분으로 관여되기 때문이다. 예를 들어, 30년 이상을 살았던 고향을 떠나기로 결정하면 대부분의 사람들은 불안이나 불면증을 경험한다. 그렇지만 새 집을 사고 나면, 방해받던 그의 에너지는 어떻게 정원을 가꿀까 하는 등의 흥분으로 바뀌게 된다.

접촉 경계

접촉 경계는 고유수용감각, 운동 및 발성 능력뿐만 아니라 민감한 피부와 접촉 수단인 오감도 포함된다. 접촉 경계는 인간을 환경에 포함시키기도 하고 환경과 분리시키기도 하며 동시에 환경과 접촉하는 곳이 된다. 이곳은 그가 삶에 필요한 사물 및 사람과 닿아 있는 곳이기도 하고 그의 삶에 끼칠 잠재적 위험과 닿아 있는 곳이기도 하다. 접촉 경계는 바뀔 수 있다. 접촉 경계는 종종 피부가 되지만 다른 때는 그 개인으로부터 훨씬 멀리 떨어져 있기도 하는 것이다. 사람들은 접촉—실제로나 은유적으로—에 스스로를 노출시키거나 차단하기 위하여 근육이나 피부 혹은 그 자신을 경직시키기도 하고 이완시키기도 한다. 주어진 그 순간에 존재하는 환경이나 사람을 안전하다고 또는 위험하다고 지각하는지에 따라 접촉 경계를 신축적으로 조절할 수 있는 것이다(Kepner, 1987).

펄스는 인간과 환경 사이의 접촉 경계에서 경험이 이루어진다고 주장하였다. 경험은 유기체와 환경 사이에 있는 접촉 경계의 작용이다. "인간이 환경에서 작용하는 방법을 연구한다는 것은 개인과 환경 사이의 접촉 경계에서 무슨 일이 일어나고 있는지를 연구하는 것이다. 이 접촉 경계가 심리적인 일이 일어나는 곳이다. 우리의 생각이나 동작, 행위, 감성 등은 이들 경계에서 벌어지는 일을 경험하고 만나는 방식이다"(Perls, 1976: 17).

접촉에서 공격과 해체의 역할

공격과 해체는 접촉에 내재되어 있는 양상이다. 펄스, 헤퍼라인 그리고 굿맨(1951/1973)은 '공격'이라는 단어를 사람이 환경에 접근하거나 환경과의 접촉을 시작하기 위하여 하는 모든 것이라는 뜻으로 사용하였다고 강조하였다. 흔히 생각하는 이유 없는 공격이 아니라는 말이다. 개인은 동화하고 성장하기 위해 자신이 필요로 하는 다양한 환경에 적극적으로 다가가야 하고, 그것을 손에 넣고 자신의 것으로 만들어야 한다.

세상이 우리에게 주는 심리적 음식—성격 형성의 기반이 되는 사실과 태도라는 음식—은 우리가 실제로 먹는 음식과 똑같이 섭취해야 한다. 씹히고 분해되고 소화되고 흡수되어야 한다. 그런 다음에 가장 가치 있는 형태로 다시 합쳐져야 한다(Perls, 1976: 33-34).

그렇기 때문에 진정한 접촉은 항상 창조적이고 역동적이다. 접촉은 관습이나 고정관념에 얽매이지 않고, 새로움을 수동적으로 받아들이지 않고 적당히 재조정하지도 않는다. 새로움이 동화되기 위해서는 반드시 해체되어야 하기 때문이다.

허기 본능

펄스(1947/1969a)는 프로이트가 성욕과 죽음에 집착하여 허기 본능을 외면한 것을 비판하면서, 허기 본능을 이해하는 것이 인간의 특성을 이해하는 데 필수적이라고 주장하였다. 이에 허기 본능을 접촉의 개념을 뒷받침하는 비유로써 사용하였다.

펄스는 허기 본능의 발전을 태아기(胎兒期), 연유기(吮乳期), 발치기(拔齒期), 저작기(咀嚼期)의 네 시기로 나누었다. 태아기에 배아는 어떤 노력도 없이 탯줄을 통해 영양을 공급받는다. 연유기에 영아는 젖꼭지에 매달려 젖을 빨아 삼키면서 양분을 공급받는다. 첫 번째 이, 즉 앞니가 나면 아이는 단단한 음식물을 앞니로 베거나 물기를 적극적으로 시도하며 음식을 입에 머금기도 하고 원하지 않는 음식을 뱉어 내기도 한다. 어금니가 나면 '씹기'를 통해 음식 덩어리를 분쇄하고 갈아서 삼킬 준비를 한다.

펄스는 유아의 허기 표현이 극히 자연스러운 것임에도 불구하고 자주 간섭을 받는다고 보았다. 특히 발치기의 아이는 자주 문제를 일으켜 벌을 받게 되는데, 이로 인하여 아이들은 깨물고 싶어하는 생리적 충동을 억제하도록 학습한다. 깨무는 충동을 억제하는 것을 배우면서, 많은 아이들과 성인들은 아기들이 젖을 먹듯이 단단한 음식물—환경의 다른 측면—을 액체인 양 그대로 삼킨다. 공격과 파괴 성향은 자연스럽고 건강한 충동이다. 그 충동은 음식물을 찢어서 씹지 않고 넘기면 충족되지 않는다. 음식물을 완전히 부수는 데 치아를 사용하지 않는 사람은 자신의 공격 능력과 접촉하지 못한다. 그래서 그 공격성을 다른 사람에게 투사하여 타인들이 자신에게 공격적이라고 상상하거나 전쟁이나 자기고문과 같이 해리의 방식으로 표출하게 될 것이다.

펄스는 음식과 연관시키는 방식이 삶에 대한 그 사람의 전반적인 태도를 반영한다는 개념을 여러 번 강조하였다. 예를 들면, 사람들은 권위적인 사람이나 원칙을 내사할 때, 갓난아기가 분별없이 빨고 삼키듯이 한다(2장 개념군집 6-'내사' 참조). 펄스(1947/1969a)는 매달려 있는 태도에 대해서도 논하였다. 매달려 있는 태도는 모형 젖꼭지를 물고 있는 것처럼 다른 사람이나 생각에 매달려 있을 때를 말하는데, 단지 매달려 있는 행동만으로도 영양분을 얻고 있다고 생각한다. 이런 사람은 결코 실질적인 만족을 느낄 수 없다. 그는 자신의 관심대상을 의심하거나 해체하기를 두려워하기 때문이다.

펄스가 접촉 이론에 미친 영향

펄스는 유아의 허기 본능의 발전과 관련한 아이디어에서 접촉의 개념을 도출해 냈다. 이 개념화 과정에서 그는 윌리엄 라이히(William Reich, 1952)와 아내 로라 펄스로부터 크게 영향을 받았다. 로라 펄스는 1930년대 초, 첫아이에게 수유할 때 허기 본능과 구순기 저항(oral resistances)에 관심을 갖게 되었다. 프리츠는 구순기 저항에 대한 논문(1936)과 『자아, 허기 그리고 공격성』(1947/1969a, 남아공판본 1942, 영국 초간본 1947)을 출판하기 위해 그녀의 연구를 진전시켰다. 펄스와 로라는 『자아, 허기 그리고 공격성』을 쓰면서 협업하였다. 예를 들면, 로라는 모형젖꼭지 콤플렉스(dummy complex)와 관련한 장(chapter)을 집필하였다. 이 책에서 펄스는 상담자와 내담자의 긴밀하고 진정성 있는 접촉이 무심하거나 거리를 두는 접촉보다 훨씬 효과적이라는 것을 이미 주장하고 있었다. 펄스는 정신적·육체적 신진대사의 상관관계에서도 스무츠로부터 영향을 받았다. "장기의 동화가 동물의 성장에 필수적인 것과 똑같이, 인성의 형성에 있어서 지적·윤리적·사회적 동화는 개성의 발달과 자아실현을 하는 데 핵심 요소가 된다"(Smuts in Perls, 1947/1969a: 105).

기아 본능과 치아 발달이 갖는 중요성과 육체적인 신진대사와 정신적인 신진대사가 지닌 유사성이 『자아, 허기 그리고 공격성』(1947/1969a)에서 모두 깊이 있게 탐구되었지만, 접촉에 대한 개념은 상대적으로 초보적인 수준으로만 소개되었다. 이 책에서 정리한 것과 같은 정교화된 접촉 이론과 과정은『게슈탈트 치료(Perls, Hefferline, & Goodman, 1951/1973)』에서는 면밀하게 다루어지지 않았다. 그래서 십중팔구 폴 굿맨이 이를 주로 고안한 것으로 본다(Wheeler, 1991). 굿맨과 펄스의 접촉 개념은 구순기 역동과 물질의 섭취에 대한 해리 스택 설리번(1964)의 이론, 관계에 대한 부버(1965/1987)의 이론(2장 개념군집 5-'과정으로서의 자기'와 '펄스의 자기 개념에 미친 영향들' 참조)에서도 아이디어를 얻은 것으로 보인다.

개념군집 5: 자기 이론

과정으로서의 자기

펄스의 경우, 최소한 굿맨과 함께하던 시기에는, 자기(the Self)를 실체나 구조, 또는 고정된 체계가 아닌 하나의 과정으로 보았다. 자기는 끊임없이 변화하면서 조직화해 가는 과정이다. 자기란 과정 속에 있는 나다. 자기는 통합자, 즉 삶의 예술가이다. 왜냐하면 자기란 우리가 살아가고 성장해 가는 의미를 찾고, 의미를 만들어 가는 데에 결정적인 역할을 하기 때문이다. 펄스, 헤퍼라인 그리고 굿맨(1951/1973)은 자기의 활동 혹은 기능을 게슈탈트의 형성과 파괴, 즉 전경과 배경의 형성이라고 설명했다. 그러므로 자기는 어떤 사람이 현재의 장에 적응하기 위해 필요한 접촉과 반응의 전반적인 시스템이다. 동화와 성장은 접촉으로 인해 나타나는 피할 수 없는 결과이기 때문에, 당연히 자기는 성장에 주도적인 역할을 한다.

접촉 또는 창조적 적응은 개인과 환경 간의 접촉 경계에서 일어나기 때문에 펄스, 헤퍼라인 그리고 굿맨은 자기를 현재 작동하고 있는 접촉 경계로서 설명했다. 따라서 "자기는 유기체의 경계에 있는 것으로 여길 수도 있다"(p. 427). 펄스(1978b)는 자기란 단지 그 사람과 환경 간의 상호작용 내에서만 존재하거나, 또는 한 사람과 또 다른 사람 간의 상호작용 내에서만 존재한다고 하였다. 다른 사람이 없는 자기는 없다. 어두움이 빛과 대비되어 정의되듯이, 자기 또한 자기가 아닌 것에 의해 정의되고 구별된다. 나는 단지 나를 구별시켜 주는 다른 사람이나 사물이 있을 때만 존재한다. 진짜 고독한 자기는 실체가 없는 것이다. 만약 내가 완전히 혼자라면, 나는 '나'라는 개념을 갖지 못하기 때문에 완전히 고독한 자기란 실체가 없는 존재다. 그래서 나는 내가 아닌 다른 사람이나 사물이 있기 때문에 구별된 자기를 갖는다는 것을 안다. 현상학적으로, '나'라는 존재는 타인이나 '내가 아닌 것(not-I)'과 접촉하고 상호작용함으로써 나 자신을 정의한다.

부버 같은 유명한 실존주의자는 나와 너(thous) 사이를 말하곤 했다. …… 그렇다면 '자기'란 무엇인가? 마치 낮이 밤과 대비되어 이해되듯이, 자기란 장을 통해서만 이해될 수 있다. 만일 영원한 낮, 영원한 밝음만 있다면, 우리는 낮이라는 개념을 모를 뿐만 아니라 알아차릴 것이 없게, 즉 구별할 수 없게 되기 때문에, '낮'을 알아차리지도 못할 것이다. 그래서 '자기'는 반드시 다른 것과 대비하면서 찾아야 한다. 자기와 다른 것 사이에 경계가 있고 이 경계가 심리학의 본질이다(Perls, 1978b: 55).

부버의 철학적인 용어로 펄스, 헤퍼라인 그리고 굿맨은 말하기를, "자기는 그 자체를 추상적으로 알아차리는 것이 아니라, 접촉하고 있는 어떤 것으로 그 자체를 알아차린다." '나'는 '너'와 양극단을 이루고 '그것'과도 양극단을 이룬다(1951/1973: 432)고 했다.

강렬한 상호작용이나 접촉을 하는 순간에 그 사람은 훨씬 더 많은 자기감을 갖게 되지만(자기에 대해 훨씬 더 많이 알게 되지만), 반면에 그가 자기 주변 세계와 상호작용을 거의 하지 못하는 기간 동안에 그는 훨씬 적은 자기감을 갖게 된다(자기에 대해 훨씬 덜 알게 된다). 예컨대, 어떤 여자가 유년기의 경험에 대해 뜻밖에도 자신의 자매와 기억이 다르다면,

자신이 누구인지에 대한 느낌(자신의 정체감)을 뚜렷하게 알게 될 것이다. 그러나 자신의 자매와 편안하게 수다를 떨 때면, 그녀의 자기감은 감소한다.

그래서 펄스는 자기를 매일매일 변하지 않는 영구적인 실체로서 가정하는 것에 대해 이의제기를 하였고, 대신에 자기는 변화하는 환경에 따라, 그리고 만나는 서로 다른 사람들에 따라 다양해지고 변화한다고 하였다. '우리가 걱정하는 것은 심리치료사들이 끊임없이 변화하는 장에 놓여 있고, 그 개인도 끊임없이 변화하며, 그 집단도 변화한다는 것이다. 살아남기 위해서 그는 끊임없이 변화해야 한다'(Perls, 1976: 25). 이것은 현상학적인 개념이다. '어떤 시점에 우리라고 해석하고 믿는 자기는 잠재적으로 무한하게 해석될 수 있는 자기의 잠정적이고 부분적인 표현일 뿐이다'(Spinelli, 1989: 84).

자기는 환경과의 새로운 접촉들 각각이 요구하는 것을 충족시키기 위해 항상 변화하고 있기 때문에, 펄스, 헤퍼라인 그리고 굿맨(1951/1973)은 자기의 서로 다른 측면들, 즉 자아(the ego), 이드(the id), 중간모드(the middle), 그리고 성격 기능들을 구별하고 있다. 그들이 이드와 자아 기능이라는 정신분석학적인 용어로 말했을지라도, 그들은 여전히 자기를 과정으로서 이야기한다는 점을 강조한다. 이드나 자아 없이, 단지 전경의 형성 및 파괴의 과정만 있을 뿐이다.

적극적인 자기와 책임감의 역할

우리의 욕구를 충족시키기 위해서는 그 욕구를 알아차리는 것뿐만 아니라 우리 자신과 우리의 환경을 정교하게 선택하고, 행동하고, 조직화하는 것이 필요하다. 펄스는 자기(self)는 이런 식으로 수동적이 아니라 적극적이라는 사실을 강조한다. 그래서 그는 각각의 성숙한 사람들은 그들의 삶의 대부분의 경우에, 무엇보다도 그 자신이 자신의 삶에 부여한 의미를 위해 스스로 실존적인 책임감을 가질 수 있다고 주장한다. 펄스(1969b/1976)는 이 점을 강조하기 위해 종종 'responsibility(책임감)'라는 단어를 'response-ability(반응하는 능력)'로 쓰기도 했다.

한 사람이 자신의 삶에서 일어나는 사건들을 상세하게 알아차리게 된다면, 즉 그것이 무엇이고 또 어떻게 기능하는지를 알게 되면 "그에 대한 책임감을 갖게 된다. 즉, 이전에는 없었던 짐을 갖게 된다는 의미가 아니라, 그것들이 계속해서 존재하도록 둘 것인지 말 것인지의 여부를 결정짓는 것은 오히려 자신임을 인정한다는 의미이다"(Perls, Hefferline, & Goodman, 1951/1973: 49). 우리가 우리 각자가 가진 책임이라는 실존적 진실과의 접촉을 잃어버릴 때, 우리는 우리의 실존으로부터 멀어지게 된다. 그러면 우리는 우리가 한 것을 가지고 다른 사람을 비난하거나 또는 칭찬하려 하고, 그리고 다

른 사람들이 한 것을 가지고 우리 자신을 칭찬하거나 수치스
럽게 여기려 한다.

펄스의 앞과 같은 주장은 한 개인이 자신이 발견한 모든 상
황에 대해 개인적으로 책임을 진다는 것을 의미하진 않는다.
인종문제로 정치범 수용소에 투옥된 사람은 현재 그가 처한
끔찍한 환경조건이 이루어지는 데 어떤 것도 기여한 바가 없
다. 그러나 그는 여전히 이러한 환경에서 그의 삶을 어떻게
살아낼 것인지에 대해 적극적인 책임이 있다. 예를 들면, 프
랭클(Frankl)[6]은 강제수용소에서 그의 동료 죄수들이 그들에
게 실존했던 고통스런 환경을 변화시킬 수는 없었다 할지라
도, 그들이 자신들의 삶에 부여한 의미를 가지고서 어떻게 적
극적으로 살아남았는지를 기술했다(1973).[7]

책임지는 언어

개인적인 책임을 부정하는 중요한 예들은 '네가 그것을 할
때, 그것이 나를 슬프게 만든다.' 또는 '그녀는 내가 그녀를
때리게 만든다.'와 같이, 우리들의 일상에 상존한다. 첫 번
째 구절의 경우, 추상적인 그것(it)이 나를 책임지게 되었고,

---

6) 펄스는 『쓰레기통의 안과 밖』(1969c)에서 프랭클에 대해 언급한다.
7) 알아차리지 못하고 하는 그러한 고정된 행동 패턴은 고정된 게슈탈트
라고도 불린다(3장 치료와 변화과정-'변화의 과정' 참조).

두 번째 구절의 경우, 나(I) 아닌 다른 누군가가 내 행동에 책임진다. "어떤 사람이 '분노'하는 것이 아니라 그가 '통제'할 수 없는 성질에 사로잡힌다. 생각하는 것이 아니라, 생각이 그에게 '일어난다.' 그는 문제에 '사로잡혀 있다.' 그의 걱정거리가 그를 '걱정하게 만든다.' 실제로는 그가 그 자신과 주변 사람들을 걱정하는 것이다"(Perls, Hefferline, & Goodman, 1951/1973: 259). 이런 식으로 말한다면, 그 사람은 주도성과 책임감을 투사하고 영원히 수동적인 역할을 경험한다. "구체적으로 말하면, 이것은 자신과 자신의 행동을 동일시하지 않으려 하고, 자신의 불운에 대해, 환경의 희생자라고 자신의 운명을 이야기하는 내담자에게 적용될 수 있다. 만일 그의 언어가 '그것(it)'이라는 단어에서 '나(I)'라는 단어로 재조직화된다면, 이 단 하나의 수정만으로도 상당한 통합이 이루어질 수 있다"(Perls, 1948: 583).

펄스가 자기 내담자의 언어에 대해 치료적으로 집중한 이유는(3장 적극적 실험을 위한 창의적인 접근–'음성언어에 주의 기울이기' 참조) 내담자가 자신이 사용한 말의 개인적 의미를 탐색해 보도록 돕기 위해 그리고 그가 자신의 삶의 중심에 적극적으로 서서 자신을 책임지도록 돕기 위함이었다.

자기지지와 자기충족의 개념

펄스(1969b/1976)는 인간 성숙의 과정을 유아기에 필요했던 환경지지로부터 성인기의 자기지지(self-support)로의 진전으로 정의했다. 아동발달은 초기에는 유아와 성인의 자연스런 상호 의존을 수반한다. 그 유아는 성인이 자발적으로 도움을 주기 때문에(환경지지) 고립되지 않고 무기력하지 않으며, 그 성인은 상호 연결된 그 장에서 필수적인 부분이다. 점차 유아는 힘과 지식 그리고 기술이 늘어 가고, 점점 더 잘 움직이게 되고 정교해진다. 그렇게 됨에 따라, 유아는 성인을 점점 덜 필요로 하게 되고 자신의 독립성이 증가되어 가는 것을 기뻐하는 새로운 전체적 존재로 창조된다. 신체적으로 그리고 심리적으로, 그는 자신이 젊은 성인으로서 상당히 자기지지적이게 되고 문자 그대로 그리고 은유적으로도 자신이 두 발로 설 수 있을 때까지, 이후 나타나는 단계들을 거치면서 자신의 외부지지에 대한 의존성을 점진적으로 그리고 자발적으로 놓아 버리게 된다.

건강하고 성숙한 사람은 다른 사람의 지지에 불필요하게 의존적이기보다는 오히려 자기지지적이 된다. 만일 어떤 사람이 무슨 이유로 자기지지가 부족하다면, 그는 자신에게 결핍된 그 지지를 다른 사람이 자신에게 제공하도록 그 사람을 조종할 수 있다. 예를 들면, 건강한 중년의 부모라도 때로는 자녀 중 한 명에게 부모만 남겨 두고 떠나려는 것에 대해 죄책감을 갖도록 함으로써 자녀가 집에서 부모와 같이 살도록 조종하기도 한다. 펄스는 이런 종류의 조종 전략을 신경증의 신호로 보았으며, 신경증 환자는 결국 자신의 습관적 전략 또는 고착된 행동패턴을 사용하여 치료자가 자신의 필요를 제공하도록 조종할 것이라고 하였다(1969b/1976, 3장 적극적 실험을 위한 창의적인 접근-'능숙하게 좌절과 지지 사용하기' 참조).[8]

펄스, 헤퍼라인 그리고 굿맨은 자기지지는 자기의존이나 고립을 의미하는 것이 아니라 사회적 전체성의 한 부분으로서, 다른 성인들과의 건강한 상호 의존성을 말한다고 강조했다. 그들은 또한 놀이에 대한 욕구나 신체적인 탐색에 대한 많은 욕구들이 프로이트 학파의 시대에는 '어린애 같은' 것이라고 불렸지만, 그 욕구들은 정당하며 실제로는 건강한 성인의 생기 넘치는 한 부분이라고 주장했다. 추측건대, 어린애 같은 느낌—"자발성, 상상력, 단순 명쾌한 알아차림—은 성인의 삶에서 반드시 회복해야 하는 가장 아름다운 힘들 중 하

---

8) 클락슨(1992)은 스무츠의 전체론적인 창조적 진화, 펄스의 자기실현적인 삶의 힘, 베르그송(Bergson)의 생의 약동(élan vital), 그리고 그리스 개념인 피지스(Physis) 또는 자연의 힘을 대등하게 다루면서, 성장과 치료를 향한 타고난 경향이 갖는 현상을 탐색했다. 피지스에 관한 더 자세한 논의는 5장을 보시오.

나이기 때문에" 중요하다(1951/1973: 348). 자기지지적인 성숙한 성인은 소위 어린애 같은 욕구를 충족시키기 위해 조종적이지 않은 방법을 찾아낼 수 있다. 내담자에게 그러한 욕구에 관해 말하는 것이 아니라, 그가 그 욕구를 알아차리고, 직면하여 그 환경에서 정직하게 그것을 충족시키기 위해 찾도록 돕는 것이 게슈탈트 치료의 목표이다.

1960년대에 펄스는 펄스, 헤퍼라인 그리고 굿맨이 말한 환경 내에서의 인간적인 자기지지보다는 조금 더 배타적이고 자기충족(self-sufficiency)적으로 보이는 극단적인 자기지지 개념을 갖고 있었다.

> 나는 내 일을 하고, 너는 네 일을 한다.
> 나는 네 기대에 따라 살기 위해 이 세상에 있는 것이 아니다.
> 너도 내 기대에 따라 살기 위해 이 세상에 있지 않다.
> 너는 너고, 나는 나다.
> 우연히 우리가 서로를 발견한다면, 그것은 아름다운 일이다.
> 그렇지 않다면, 그것도 어쩔 수 없다(Perls, 1969b: 4).

종종 인용되는 이 구절을 통해 펄스는 비진정성과 위선적인 이타주의에 도전하고 싶어 했다. 그러나 그의 기도는 결국 공동체 내에서의 자기와 타인을 위한 책임감보다 자기를 위한 책임감과 개인주의를 더 우위에 두는 펄스주의(perlsian)

이론의 무정한 극단을 보여 주는 것이 되었다. 어빙 폴스터는 우리에게 그가 1960년대 말에 펄스가 개인주의를 강조하는 것에 대해 도전했다고 말했다(1989). 자기충족의 양극단을 충분히 탐색한 후에, 펄스는 그것의 제한점을 인정하고 캐나다에서의 공동체 생활을 실험하기 시작했다. 여러 사람들 중에서 폴스터(1974), 엘라인 케프너(Elaine Kepner, 1980), 클락슨(1991c)은 게슈탈트에서의 개별성과 공통성의 주제를 탐색해 왔으며, 클락슨은 펄스가 개별성을 강조할 때마다 공통성은 필연적으로 배경이 되며, 연결성의 욕구가 전경이 될 때는 개별성의 욕구가 배경이 된다고 지적했다. 공통성과 개별성은 서로 공존하고, 서로의 경계를 확정하고, 규정짓는 양극단이다.

우리는 유기체 안에 성격이라고 부를 만한 것이 있기도 전에, 그리고 성격 형성기에 사회적 요인이 극히 중요하다는 것을 보여 주기 위해 애써 왔다. 유기체의 근원적인 사회적 본성 …… 양육과 의존성, 의사소통, 모방과 학습, 사랑의 선택과 친구로서의 사귐, 공감과 반감의 감정, 상호 도움 …… 이 모든 것들은 억누를 수는 있지만 뿌리 뽑을 수는 없다(Perls, Hefferline, & Goodman, 1951/1973: 386).

자기실현

　부적절한 자기지지, 그리고 진짜가 아닌 조종을 통한 환경지지로부터 진짜 자기지지로 성장해 가는 과정으로서의 자기 개념은, 자기실현을 향한 인간의 타고난 추동에 대해 펄스가 가진 신념의 본질적인 측면이다. 신경증적인 사람, 즉 뭔가를 일으키기 위해 나아가는 힘(outgoing power)의 감각이 거의 없는 신경증적인 사람은 현재 상황에, 자신의 과거 업적에, 자신의 습관에, 자신의 안정감에, 실제로는 진짜가 아닌 고정된 자기감에 매달린다. 반대로 건강한 자기는 안전감을 갖고 있지도 않고 필요로 하지도 않는다. 외부로 향한 힘을 가지고 있으면, 건강한 자기는 자신을 끊임없이 발전하는 것으로 받아들인다. 그것은 준비가 되어 있다는 느낌, 새롭고 아직은 알지 못하는 미래를 향해 나아가는 흥분에 대한 수용, 그리고 새로운 상황에서 일어나는 각각의 감각 그 자체를 진정성 있게 실현할 수 있다는 잠재력에 대한 느낌을 가지고 있다. 펄스, 헤퍼라인 그리고 굿맨(1951/1973)은 다음과 같이 가볍고 신선한 이미지로 표현했다.

　그러나 자기(self)가 뭔가를 일으키기 위한 힘을 갖고 있다면, 분명히 안전감은 없다. 있다면 준비가 되어있다는 느낌이 있을 것이다. 즉, 흥분을 수용하는 것, 현실을 바꿀 수 있다는 바보같은 낙관주의, 그리고 유기체는 스스로 조절할 수 있고, 마지막에도 닳아서 못 쓰게 되거나 폭발하지 않을 거라는 평소의 기억 …… "할 수 있겠어?"라는 질문에 대한 유일한 답은 "재밌겠다."가 될 것이다(p. 472).

중요하지만 거의 알려지지 않은 절에서 펄스, 헤퍼라인 그리고 굿맨은 그들의 전형적인 창의적인 글쓰기 스타일로 '자기를 잠재력의 실현'으로 정의한다.

현재는 과거에서 벗어나 미래를 향해 가는 통로이다. 그리고 이것들은 자기가 실제와 접촉할 때 자기가 행동하는 무대가 된다. 실제 상황에 알아차림을 집중시키면, 그 상황이 만들어지기까지의 상황 · 요소 · 특징 등은 유기체와 환경의 상태로 남겨진다. 하지만 즉시, 그 집중하는 순간에, 주어진 불변성은 용해되어 많은 가능성이 되고 잠재력으로 보여진다. 집중이 진행되면서 이러한 가능성들은 변화되어 새로운 전경으로 되고 많은 잠재력들은 배경으로 된다. 다가오는 미래는 많은 가능성들에서 나와 새로운 단일한 전경이 되는 과정과 직접적으로 연결되어 있다(p. 429).

삶의 충만함은 진정성 없는 조종, 타인과 환경에 대한 통제에서가 아니라, 진정성 있는 자기실현에서 생겨 나온다. 사람들은 그들의 전체성 안에서 그들 자신들을 알고 직면함으로써 그들의 충분한 잠재력을 실현한다.

펄스가 자기 개념에 미친 영향들

펄스는 그의 첫 번째 책(1947/1969a)에서, 자아(ego)의 기능에 대한 묘사를 하면서 나중에 그와 그의 동료들이 자기(self)를 묘사한 표현의 전조를 보이기는 하였으나, 자기에 대해서는 거의 논의하지 않는다(p. 139). 이 개념군집에서 기술한 자기 개념은 대부분 굿맨과 펄스의 것이다(Perls, Hefferline, & Goodman, 1951/1973). 그들은 직접적으로든, 간접적으로든 키에르케고르, 하이데거, 부버, 그리고 틸리히의 실존주의 전통, 골드슈타인의 사상, 설리번의 접근 방법, 그리고 게슈탈트 심리학의 지각 원리 등, 수많은 원천으로부터 중복적으로 영향을 받았다.

펄스는 『자아, 허기 그리고 공격성』(1947/1969a)에서 키에르케고르를 언급했고, 로라 펄스는 그녀가 키에르케고르를 연구했고 수년 동안 폴 틸리히와 함께 작업했다고 말했으며, 펄스도 그녀와 같이 실존주의 철학의 발달에 관심이 있었다고 인정하였다(Wysong & Rosenfeld, 1982).

사람이란 가능성이다라는 생각, 사람은 순간마다 자신의 많은 가능성 중에서 선택할 자유가 있다는 생각, 그리고 사람은 이러한 선택들을 통해 자신을 구성해 간다는 생각은 하이데거(1962)로부터 나왔다. 그 선택은 결코 마지막이 아니며, 그래서 사람은 최종적으로 결정되는 것이 아니라 발전해 가고 변화되어 가는 것이다. 특히 사람은 진정성이 있는 실존 양식과 진정성 없는 실존 양식 중에 선택할 자유가 있다. 키에르케고르(1939/1941/1944)는 자기실현에 대한 생각을 소개했다. 그는 자기 삶의 중요한 결정들 속에서 자기 자신을 형성해 가고, 다시 새롭게 해 감으로써 전체적인 사람이 되는 것이 모든 사람의 과제라고 믿었다. 키에르케고르는 또한 개인적인 책임감, 주관적인 경험의 진실, 그리고 개별성을 강조했다. 우리의 선택은 전적으로 모험이며, 최고의 책임감을 가지고 선택한 개인적인 결정들이다. 각 개인은 혼자이며 스스로 존재하도록 요구된다. 현상학자인 메를로 퐁티(Merleau-Ponty, 1962)와 실존주의자인 마르셀(Marcel, 1952)은 특히 상호주의, 그리고 연결되고 싶으면서도 개별화되고 싶은 우리의 동시적인 욕구를 강조했는데, 이는 자기는 다른 사람과의 접촉을 통해 그 스스로를 정의한다는 개념을 포함한다. "자신의 확실성의 근거를 나 자신에서 찾기보다는 …… 나에게 나의 존재에 대한 개념을 시초에 제공한 것은 다른 사람의 존재이며, 나의 존재는 내가 다른 사람의 존재를 믿는 한도 내에서 존재하고, 이는 내가 나 자신의 존재를 확정한다는 믿음에 영향을 미친다"(1952: 66).

성격이란 이미 알려져서 측정할 수 있는 실체가 있는 구조가 아니라 "시간이 지남에 따라 경험과 상호작용들이 정형화되는 일시적인 현상"(Greenberg & Mitchell, 1983: 90)이라는 해리 스택 설리번(1964)의 관점은 거의 확실하게 펄스와 굿맨의 과정으로서의 자기에 대한 관점에 영향을 주었다. 자기란 다른 사람과의 관계 속에서 정의된다는 펄스와 굿맨의 자기에 대한 견해는 마틴 부버의 나-너 관계 탐색에 의해 (로라 펄스를 통해 직접적으로든, 간접적으로든) 영감을 받았다. 부버는 '너(Thou)' 또는 '그것(It)'이 없는 '나(I)'는 없으며, '나'라는 단어를 말하려면 이미 암묵적으로 '나'와 그 자체를 구별하는 '너'를 인정해야 한다고 주장한다. 적어도 한 번은 펄스(1978b)가 부버에게 진 빚을 인정했고, 다른 측면에서는(2장 개념군집 5-'과정으로서의 자기' 참조) 펄스, 헤퍼라인 그리고 굿맨(1951/1973)이 부버의 '나-너 관계' 논문을 연상시키는 단어들을 사용하기도 하였다. 게다가 로라 펄스는 부버를 만났고, 그의 생각이 많은 영향을 주었다고 말했다. 그리고 우리는 그녀의 열정이 프리츠에게 영향을 주었을 거라고 추정할 수 있다.

1926년에 프랑크푸르트에서 펄스와 같이 일했던 쿠르트 골드슈타인이 '자기실현'이라는 용어를 만들었다. 그는 그것이 각 사람이 자신의 독특한 잠재력을 실현시키기 위한 주된 동기이며 다른 많은 인간 추동들도 단지 이 최상의 동기의 표현일 뿐이라고 믿었다. 골드슈타인에게 있어서 자기 실현이란 창조성을 가진 인간 본성이다. 그것을 통해 인간은 자신의 잠재력을 실제 세상에서 발휘한다.[9] 1950년대에 뉴욕에서 펄스와 친밀해져서 함께 일한 모레노(1964, 초판은 1946년) 또한 자기를 치료하고 실현하는 개개인의 능력을 강조했다.

펄스는 골드슈타인과 설리번이 자기의 표현으로 언어를 다룬 것에 영향을 받았다. 골드슈타인은 우리의 언어 사용이 우리가 사고하고 경험하는 방식을 표현한다는 사실을 강조하였고, 우리가 습관적으로 말하는 방식에 주의를 기울이는 것이 우리 삶에 뿌리 깊게 박힌 패턴들을 통찰하는 능력 발달에 중요하다는 것을 강조했다. 삶이란 과정이고 흐름임을 열렬히 믿었던 설리번은 과정을 구조의 용어로 기술한 어떤 말도 미심쩍어 했으며, 과정을 실체(또는 그것들을 '구체화하는') 로 바꾸는 단어들을 비판했다. 펄스는 일상 언어의 중요성에 대한 골드슈타인과 설리번의 아이디어들을 상담에서의 개입과 실험으로 적용했다. 그는 사람들이 말하는 표현을 다르게 변화시켜 보도록 하는 데 대명사 '나'를 사용함으로써 그들의

---

9) 매슬로(1954/1968) 또한 자기실현에 대한 골드슈타인의 개념에 의해 영향을 받았다. 그러나 펄스가 에살렌 시절에 매슬로를 만났다 할지라도, 매슬로가 펄스(1947/1969a)에게 또는 펄스, 헤퍼라인 그리고 굿맨(1951/1973)에게 직접적으로 영향을 주었다는 증거는 없다.

경험에 책임지는 것, 또는 과정을 구체화하지 못하도록 명사 대신에 동사를 사용하는 것과 같은 방식을 사용했다. 또한 그는 언어 사용의 변화가 그들이 자신과 그들의 세계를 형성하는 방식에 어떻게 영향을 미치는지를 보라고 제안했다.

펄스, 헤퍼라인 그리고 굿맨이 자기 이론에 대해 기여한 바는 그들이 인간 실존의 제한 안에서 골드슈타인의 자기실현에 대한 개념과 순간마다 어떤 사람이 될 것인지를 선택하는 자기의 실존적 개념을 연결한 것이었다. 그때 그들은 이 두 가지 개념을 전경/배경 형성의 게슈탈트 원리를 가지고 보강했으며, 그래서 자기가 어떻게 실현되는지에 대한 이론적 설명을 제공했다.

개념군집 6: 심리방해

상대적으로 긴 이 개념군집은 다음 절들로 나누어진다.

> ➤ 펄스의 심리방해에 대한 기술의 개관
> ➤ 펄스가 개인 발달이 방해받을 수 있다고 제안한 주요 과정들에 대한 설명. 즉, 미해결과제, 고정된 게슈탈트, 그리고 반복강박
> ➤ 개인이 고정된 게슈탈트에 대한 부정이나 전치를 유지하기 위해 사용하는 기제인 접촉 방해에 대한 기술

> ➤ 펄스의 신경증의 다섯 가지 수준 모델에 대한 논의
> ➤ 불안과 흥분에 대한 펄스의 개념 탐색

펄스의 심리방해에 대한 기술

펄스의 심리방해에 대한 기술을 이해하기 위해서는 이 장에서 지금까지 집중해 온 심리적 건강에 대한 그의 생각의 배경을 이해하는 것이 필요하다. 요약하자면, 심리적으로 건강한 사람은(Perls, Hefferline, & Goodman, 1951/1973; Perls, 1947/1969a/1976) 자기 조절적이며, 자기 자신을 지지할 줄 알면서도 다른 사람에 대한 상호 의존을 수용하는 사람이다. 그들은 그들이 삶에서 행한 선택과 그들이 그 선택에 부여한 의미에 대해 책임진다. 그들은 그 환경의 형편(때로는 어렵기도 한) 내에서 자신을 실현하는 능력을 경험한다. 그들은 자기 긍정적이며, 그들 자신의 내적 경험 그리고 가치들과 일치되게 행동한다. 그들은 자신의 동료들 그리고 그들의 환경과 적극적으로 관계한다. 그들은 그들 자신의 현상—그들의 감각, 감정, 사고—과 환경의 현상을 알아차리며 접촉할 것이다. 그래서 그들은 그들의 욕구를 인정하고 자신과 세계 간의 접촉 경계에서 창조적인 적응을 지속적으로 해내며, 사회에 의해 삼켜지거나 너무 심하게 침범당하지 않은 채 자신의 욕구를 충족시키기 위해 그 환경에 반응하고, 행동하고, 철회한다.

앞 단락에서 요약한 심리적 건강의 특징은, 물론 이상적인 (ideal) 것이고 펄스는 우리 모두가 이런 이상적인(ideal) 것에 대한 방해나 왜곡을 어느 정도는 가지고 있을 수 있음을 강조 했다. 우리가 이제 다룰 부분은 이상적인 것에 대한 장애들 이다.

펄스는 그의 전문가적인 삶의 과정 동안에, 서로 다르게 상호 연결된 수많은 방식으로, 각각을 약간 다르게 강조하면 서 심리방해를 기술했다. 예를 들면,『자아, 허기 그리고 공 격성』(1947/1969a)에서 라이히의 영향을 받아, 펄스는 신경 증이란 신체를 통제하는 갑옷과 자연적이지만 수용되지 못 한 유기체의 충동 간에 벌어지는 전쟁이라고 말하며 지나친 근육통제의 역할을 강조했다. 펄스, 헤퍼라인 그리고 굿맨 (1951/1973)은 장애란 그 상황이 오래된 태도와 행동을 정당 화해 주지 못하는데도, 그러한 이전의 태도와 행동들을 고집 하는 것이라고 말했다.

『게슈탈트 치료 축어록』(1969b)에서, 펄스는 한 개인이 자 신의 장에서 자신을 지지하지 못하게끔 방해를 받아 무능력 해진 것에 초점을 맞추었다. 그런가 하면『게슈탈트적 접근 (The Gestalt Approach)』(1976b)에서는, 개인의 욕구와 사회의 요구 간의 균형을 맞추는 것과 그 둘 간의 경계를 강조했다. 방해가 있는 사람은 그가 속한 사회집단을 크고 중요하게 보 며 이와 비교해서 자신은 작고 하찮게 여긴다. 그 사람과 집단이 서로 다른 욕구를 가지고 있을 때, 그는 갈등하고 있는 요구들(그 자신의 것이거나 또는 집단의 것) 중 어떤 것이 그 순간에 우세한 것인지 구별하기가 불가능할 수 있다. 그는 망설일 것이다. "그가 결정할 수 없을 때, 또는 그가 한 결정으로 만족할 수 없을 때, 그는 좋은 접촉도 좋은 철회도 할 수 없고, 그와 환경 둘 다 영향을 받는다"(Perls, 1976: 28).

펄스에게 있어 심리방해란 정신적인 것이 아니라 유기체적인 것이다. 그는 정신과 신체의 분리는 인위적인 것이며, 그래서 신경증을 일으키거나 신경증의 한 원인이 되기 쉽다고 믿었다. 게슈탈트적 관점에서, 유기체의 병은 사람이 지나치게 통제적이거나, 불안하거나, 자신의 삶의 의미를 구성할 수 없을 때 발생한다. 그러면 개인은 자신의 환경 내의 새로운 요소들과의 접촉과 동화를 통해 성장하고자 하는 능력이 방해받게 되고, 오래된 행동패턴에 고정된다. 그래서 펄스는 비록 그가 '신경증' 그리고 '신경증적인'이란 용어를 계속 사용하긴 했지만, '신경증'이란 단어는 '성장장애(disorder)'(1969b)란 단어로 대체되어야 한다고 주장했다.

미해결과제, 고정된 게슈탈트, 그리고 반복강박

유기체가 유연하고 창조적으로 자기 조절을 하는데, 앞에서 언급한 행동의 고정된 패턴은 어떻게 생기는 걸까? 개인과 그의 환경 간의 균형에 왜곡이 일어나도록 하는 유기체/환경 장은 어떤 것일까? 펄스는 성장하고자 하는 자연스런 경향을 방해하는 것은 과거로부터 미해결된 상황이 축적되어 습관이 됐거나 알아차리지 못한 채 문제들을 미숙하게 해결해 온 고정된 게슈탈트의 결과라고 믿었다. 미해결과제, 고정된 게슈탈트, 그리고 반복강박의 개념들은 개인의 발달을 왜곡시키는 주요 과정이기 때문에 좀 더 자세하게 설명하겠다.

미해결과제 ◉ 접촉과 철수의 주기를 완성하고자 하는 강한 충동은 자연스럽고, 절박한 것이다. 건강한 사람은 현재 자신의 관심이 무엇이든, 그것이 그가 매혹되어 있는 그림이든, 배고플 때의 식사이든, 그것과 전면적인 접촉을 할 수 있다. 만일 그가 그의 관심 주제와 충분히 접촉할 수 있다면, 그는 만족할 것이고 철수할 것이다. 그러나 만일 어떤 이유로 그 사람이 관심대상 주변의 것만 움직일 수 있고, 매혹시키는 어떤 것에도 접촉할 수 없다면 게슈탈트는 완결되지 않을 것이다. 미완성된 게슈탈트에는 상당한 양의 중단된 힘이나 억눌린 에너지가 있다는 것을 뜻한다. 중단된 주기를 완성시킬 때까지, 그는 그의 세계 안에 있는 모든 것을 미완성된 게슈탈트에 비추어 해석하기가 쉽다. "게슈탈트는 완성되기를 원한다. 만일 게슈탈트가 완성되지 못하면, 우리는 미해결 상황을 남기게 되고, 이러한 미해결 상황은 압박하고, 압박하고, 압박하면서 완결되기를 원한다. 만일 당신이 싸운다고 해 보자. 당신은 그 사내에게 정말 화가 났고, 복수하기를 원한다. 이런 복수에 대한 욕구는, 당신이 그에게 앙갚음할 때까지, 당신을 끈질기게 괴롭히고, 괴롭히고, 괴롭힐 것이다"(Perls, 1976: 121).

물론 일상생활에서 사람들은 자신의 욕구 충족이 방해받는 것을 경험하고, 욕구 충족 주기가 상당히 지연되는 것을 견디기도 한다. 즉각 충족시킬 수 없는 욕구를 괄호 안에 묶어둠으로써, 그들은 다른 일들에 주의를 돌릴 수 있다. 그러나 지금까지 지적해 왔듯이, 완결되지 못한 게슈탈트로 인해 중단된 욕구는 강력한 매력을 갖는다. 그래서 충족되지 않고 남아 있는 한, 욕구는 매번 주의를 끌게 된다. 나중을 위해 괄호치기 하는 데 드는 주의는 상당한 에너지를 필요로 한다. 한 사람에게 자신의 욕구를 중단하도록 강요된 시간이 길수록, 지금 축적되어 있는 미해결과제를 괄호 안에 묶어 두기 위한 에너지는 더 많이 필요하다. 다수의 시급한 미해결 상황들로 인한 긴박함을 무시하는 데 그의 에너지를 써야 하는 사람은 현재 상황에 그의 모든 주의를 쓰지 못한다. 그래서 미해결과제의 축적은 그 개인의 성장장애 또는 신경증을 발달시키는 데 중요한 역할을 한다. 그러나 그 사람이 원래의 욕구와 접촉하고 있는 한, 미래에 언젠가는 자연스럽게 해결될 가능성은 여전히 있다.

고정된 게슈탈트 ◉ 한편, 그 지연이 만성적이 된다면, 그 욕구는 활력을 잃고 왜곡되거나 '고정'된다. "미해결 상황은 해결을 요구하는데, 만일 그것들에 대한 알아차림이 차단된다면, 그 결과로 신경증적인 증상과 신경증적인 성격 형성이 발생할 것이다"(Perls, 1948: 573). 처음에 그 개인은 충족되지 못한 욕구를 충족시키기 위해 또는 완결되지 못한 게슈탈트를 끝내기 위해 그의 모든 힘을 가지고 싸울 것이다. 예를 들면, 어린애일 때 존은 자연스럽게 안아 주고 주의를 기울여 주기를 요구하고, 그의 일상 행동에 감탄해 주기를 원했다. 그의 요구에 반응이 없으면, 그는 먼저 부모의 관심을 끌려는 노력을 더 했다. 다음엔 맹렬한 분노로 소리를 질렀다. 결국에 욕구가 거부되는 상황을 만성적으로 겪게 되었을 때, 그는 모든 희망을 잃었고, 포기했다. 신체적으로는 죽은 것이 아니지만, 그의 안에는 정서적 죽음이라는 한정된 형태의 죽음이 존재했다. 그는 할 수 있는 한, 그 특정한 욕구 또는 게슈탈트를 없애 버리거나 '고정시켜' 버린다.

사람이란 전체적인 유기체이기 때문에, 펄스는 게슈탈트의 고착이 그 사람의 전체적인 것, 즉 신체적·정서적·인지적(또는 의미를 만드는) 과정 모두를 포함한다고 강조했다. 사람은 애정 어린 지지를 갈망할 때마다 겪는 고통을 차단하기 위해, 생리적으로 자신이 숨 쉬는 것을 중단할 수도 있고, 그의 흉근을 딱딱하게 만들어서 단단한 기종성흉곽을 발달시킬 수도 있다.[10] 인지적으로, 그는 몇 개 안 되는 정보를 가지고 그가 할 수 있는 한 최선을 다해 지지가 부족한 것에 대해 설명한다. 그래서 그는 '나에게 뭔가 문제가 있기' 때문에, 또는 '내가 아빠가 없어서' 또는 '내가 엄마를 도저히 감당할 수 없기' 때문에 지지받지 못한다고 자신을 타이를 수도 있다. 욕구에 대한 본래의 감정은 '나는 사람들이 필요하지 않아.' 또는 '나는 모든 사람들을 돌볼 거야.'와 같은 감정으로 대체되며, 그래서 그 아이는 참는 것이 더 쉬우며 그것이 거절의 고통으로부터 그를 보호한다는 것을 발견한다.

너무 어렸기 때문에, 그 아이는 자신에게 무슨 일이 일어나고 있는지 판단을 내리기 위한 필요한 정보가 부족했다. 예를 들면, 그는 아마 그의 엄마가 알코올중독자 또는 어린 싱글맘이어서 그의 엄마 또한 아직 부모의 사랑이 필요하다는 점을 알아차리지 못할 수 있다. 그는 아직도 애정 어린 지지를 받고 싶은 욕구를 가지고 있으나 충족시키지 못하고 있다. 그는 어떻게든 그것을 이해해야 한다. 그래서 그는 그가

---

10) 역주: 가슴이 단단하게 튀어나와 상체가 매우 커 보여 전혀 위축된 느낌 없이 자신감 있게 보이는 모습이 된다.

할 수 있는 최선을 다한다. 그는 미완성된 게슈탈트를 생리적·정서적·인지적 종결로 이끈다. 그러나 그것은 거짓이거나 불완전한 정보에 근거한 성급한 종결이다. 이런 방식으로 게슈탈트를 고정시키는 것이 마음 아픈 욕구를 크게 벌려진 상처 구멍과 같이 한없이 내버려 두는 것보다 더 낫고, 그렇게 함으로써 유기체는 다음에 생겨나는 욕구를 취하려 이동한다. "어떤 한 경험에서 가능한 한 그 상황을 완결시키기 위해 마지막 접촉을 하든 또는 고정이 되든 간에 자기의 모든 힘들이 동원된다"(Perls, Hefferline, & Goodman, 1951/1973: 520). 그러나 실제로는 성급한 종결은 결코 만족될 수 없다. 왜냐하면 그 원래의 욕구가 여전히 충족되지 않은 채로 남아 있기 때문이다.

자연적인 욕구가 충족되지 않고 앞서 언급한 대로 고정될 때, 그 욕구는 왜곡되고, 부정되고, 전치된다. "그 소망이 좌절되었다. 만족하려면 위험한 요소가 있었다. 좌절로 인한 긴장을 참을 수 없었다. 그러면 사람들은 고통을 겪지 않고 위험을 피하기 위해 의도적으로 욕구와 욕구의 알아차림을 억제한다"(Perls, Hefferline, & Goodman, 1951/1973: 345). 원래의 욕구가 부정되면, 알아차림을 몰아내고 잊어버리게 된다. 그래서 존(앞에서 기술된)이 성인이 되면, 그는 어린애처럼 지지를 받아들이지 않고, 심지어 사업이 파산해 그와 가족이 가난하게 됐을 때조차도 여전히 "난 괜찮아, 나는 지지가 필요하지 않아."라고 말한다. 그 대신에 본래의 욕구는 다른 사람에게로 전치되고, 다른 사람들을 돌보고 지지하면서 '충족'시킬 수 있다. 존은 그의 치료집단에서 "난 어떤 위로도 필요하지 않아요. 고마워요. 우리 가족은 서로 많이 위로해 줘요. 아이들과 내 아내는 위안이 필요하면 자주 나를 찾아요."라고 말했다. 그는 지지를 얻기보다는 오히려 주었으며, 그 차이를 알아차리지 못했다.

반복강박 ◉ 미해결 상황에 고정되어 있는 사람은 그가 어릴 때 했던 것과 똑같은 반응을 계속한다. 심지어 그 환경이 이제는 매우 다름에도 그러하다. 존은 그의 치료 집단원들이 본능적으로 그의 묻혀 버린 욕구를 느끼면서 지지를 제공하려고 할 때조차도 오로지 계속해서 지지를 주려고만 한다. 방해가 있는 그의 기능이 과거에 습득한 것이라 할지라도, 그 방해는 현재에도 지속적으로 발생한다. 그가 본래의 욕구를 충족시키기 위한 시도를 몇 번이고 하고 또 해도, 그것은 여전히 미해결된 채로 배경에 남는다. 예를 들면, 존은 지지가 필요해서, 지지해 달라고 여러 번 말했지만, 늘 거절당하던 상황을 겪었다. 지지란 그에게는 반복적으로 나타나는 주제이며, 강력하고 흥미 있는 주제이다.

반복되는 이러한 욕구는 유기체적으로는 건강한 충동이다. 왜냐하면 그것은 어느 수준까지는 계속해서 주의를 기

울여 줄 것을 강력하게 요구하는, 그 미해결과제를 해결하고
종결하고자 하는 기본적인 인간 욕구이기 때문이다. "강박
적인 반복은 결코 자동적인 것이 아니다. 반대로 그것은 삶
과 관련된 문제들을 해결하려는 시도가 활발한 것이다"(Perls,
1947/1969a: 102). 그러나 원래의 욕구는 중단되었고, 알아차
림은 밀려났고, 고정되었기 때문에, 각각의 시도는 그 자체가
실패의 씨앗을 가지고 있다. 근원적인 욕구가 접촉되지 못하
고 여전히 남아 있기 때문에 그 사람은 만족을 경험하지 못한
채, 알아차리지 못하는 가운데, 반복해서 그 왜곡된 욕구 주
기를 만들어 낸다.

신경증적인 긴장은 완결되지 않는다. 그러면 그것은 지배
적이 되며 그것이 완결되어야 다른 것에 주의를 줄 수 있다.
그래서 성공과 동화에 의해 성장하지 못해 온 유기체는 똑같
은 태도를 취하고 똑같은 노력을 하게 된다. 불행히도 이전
에 실패했던 고정된 태도는 변화된 환경에서는 어쩔 수 없이
더 부적절하다. 그래서 완결의 가능성은 점점 희박해진다. 여
기에 참담한 순환성이 생긴다. 한 사람이 어떤 것을 배우고,
새로운 상황을 준비하는 것은 오로지 동화와 완결에 의해 가
능하다. 완성되지 못한 것은 잊혀지고 접촉이 끊어져서 점점
완결되지 못하게 된다(Perls, Hefferline, & Goodman, 1951/1973:
344).

심리치료적 측면에서는, 개인이 어떤 경험에 가까이 갈수록 완고하고 고정된 게슈탈트는 느슨해지고, 다시 생각해 볼 수 있게 되며, 그 사람은 심한 불안을 경험하게 된다. 왜냐하면 그가 고정된 게슈탈트대로 행동하지 않으면, 그는 처음에 욕구를 포기할 때 느꼈던 고통이나 절망을 다시 느껴야만 하기 때문이다. 이러한 불안은 고정된 게슈탈트를 지키려는(그래서 고통스런 감정으로부터 자신을 보호하려는) 욕구와 그것을 취소하고 마침내는 만족스럽게 해결하려는 유기체적인 욕구가 경쟁하는 교착지점(또는 막다른 지점)에서 전형적으로 볼 수 있는 것이다. 게슈탈트의 기술은 내담자를 막힌 지점 또는 교착상태에 다다르게 해서, 그것을 느끼도록 돕는 것이며, 그때에 다른 선택을 탐색할 수 있는 경험을 제안하는 것이다. 펄스는, 특히 이것을 잘하는 재능이 있었다(3장 '저항'과 교착상태-'교착지점에서 작업' 참조).

접촉 방해

고정된 게슈탈트를 유지하거나 인간의 욕구를 부정하거나 전치하는 과정은 개인과 환경 간의 접촉 경계에서 일어나는 능동적인 방해이다. 따라서, 원래의 욕구처럼 비록 그 능동적인 노력이 알아차림 밖에 있다 할지라도, 노력과 에너지를 필요로 한다. 고정된 게슈탈트인 부정과 전치를 유지하기 위해 개인이 사용하는 기제들이 접촉 방해이다. "경계의 방해는 주로 서로 구별될 수 있는 네 가지 기제, 즉 내사, 투사, 융합, 그리고 반전을 통해 작동된다"(Perls, 1976: 31). 비록 펄스(1976)가 네 가지 접촉 방해 기제만을 기술했지만. 펄스, 헤퍼라인 그리고 굿맨은 그 네 가지에 둔감화와 자의식을 더하여 여섯 가지를 기술했다.[11]

내사 ◉ 내사(introjection)는 환경의 요소들을 동화하지 않고 우리 체계로 받아들이는 것이다. 우리가 통째로 삼키거나 내사한 것은 이물질과 비슷하다. 그것들이 우리의 일부분이 아니라 여전히 환경의 일부분일 때, 우리는 성장을 위하여 그것을 사용할 수 없다. 어떤 음식물은 모두 영양분으로 동화된다. 반면에 어떤 음식물은 통째로 삼켜져 위에 무겁게 자리잡고 있어 소화시키기 어렵다. 심리학적인 동화 과정은 신체적인 것과 비슷하다. 사실, 사고, 도덕기준, 그리고 가치 역시 취향에 따라 선택되고 되새겨져야 하며, 좋은 부분은 소화되겠지만 다른 부분은 버려진다.

사람들은 부모, 학교, 그리고 교회와 같은 환경의 힘에 압도될 때, 또는 신체적 · 정서적 박탈 경험에 의해 압도될 때

---

11) 어빙 폴스터와 미리엄 폴스터(1974)는 접촉 방해를 추가하여 소개하고 기술했다(편향). 편향은 이제는 게슈탈트 이론에 충분히 통합되었다.

내사한다. 보통 개인적인 욕구는 집단의 욕구와 상반된다. 예를 들면, 부모는 자녀가 마음이 아플 때 우는 것은 옳지 않다는 메시지를 끊임없이 주었을 수 있으며, 만일 자녀가 그렇게 한다면 사랑과 접촉을 철회시킬 수 있다. 부모와의 접촉을 중요한 심리학적 생존 욕구로서 경험한(Perls, 1976) 그 아이는 자신의 욕구를 물리고 부모의 가치를 취한다. 응급한 갈등 상황에서 그 아이는 자신이 할 수 있는 최선의 적응을 하는데, 우는 것은 어리석은 것이라는 신념을 내사하여 우는 것을 멈춘다.

　불행히도, 내사는 그 자신의 기능을 방해한다. 따라서 그는 자신의 자발적인 행동을 통제하며, 부모의 바람대로 공부한다. 그는 더 이상 울 수 없다. 그의 자연스런 접촉과 철수의 주기는 방해받았고, 성급하게 완결되었다. 울고 싶은 충동은 바로 없어지는 것이 아니라, 자연스러운 해결책을 찾아 어느 땐가 펑 하고 터져 나올 때까지 미해결과제로 남는다. 내사하는 사람은 변함없는 자제력을 유지함으로써 금지된 충동을 참는 데 성공한다. 그는 울고 싶을 때 호흡을 멈추고, "큰 애는 울지 않는 거야."라고 말하고는 자신의 흉곽 근육을 팽팽하게 조이는 법을 배울 수 있다. 그는 둘로 나뉘어 자신과 교전 상태가 되며, 그의 삶의 에너지의 일부는 그 이후로 자신의 원래 바람을 억제하고 잊어버리는 데 쓰인다.

　내사는 사람들이 자기 자신의 성격을 발달시키지 못하게,

그리고 자신의 가치를 발전시켜 가지 못하게 막는다. 왜냐하면 그것은 "우리를 다른 사람의 소유물로 가득 채워 건물 주인을 위한 빈방은 하나도 없는 집과 같은 것으로 만들기 때문이다. 그것은 우리를 주제와 아무런 상관이 없고 쓸데없는 정보가 담긴 쓰레기통으로 만들어 버린다"(Perls, 1976: 34). 그것은 또한 사람의 전체적인 기능을 파괴하는데, 왜냐하면 그때 원래의 충동과 내사한 것 간에 내적인 분열이 일어나기 때문이다. 펄스(1948)는 단지 전면적인 내사만이 병리적 현상이며 부분적인 내사는 자아의 골격을 제공하는 건강한 과정이라는 프로이트의 견해에 동의하지 않았다. 펄스는 모든 내사는, 부분적이든, 전체적이든, 유기체 안의 이물질이며, 그것은 파괴되어 동화될 필요가 있다고 주장했다.

전형적으로, 내사하는 사람은 자신의 사회집단과 가치를 동일시한다. 그래서 그는 권위적인 인물에 의해 쉽게 마음이 흔들리고, 그가 맨 나중에 물어본 사람의 이야기에 동의한다. 그는 그가 '해야만 하는' 것에 관심이 있고, 종종 그가 원하는 것이 무엇인지 질문을 받으면 뭘 말해야 할지 어쩔 줄 몰라 한다. 그는 최근에 열정을 쏟은 일이 만족스러운 결과를 가져오지 못할 때마다 자기 계발을 위한 방법을 잇따라서 삼키듯 무턱대고 들이키는데, 이는 그가 그 방법들을 파괴하지도, 동화하지도, 자신의 것으로 만들지도 않았기 때문에 그렇게 될 수 밖에 없다. "그는 액체 형태로 되어 단숨에 들이키기만 하면 되는 준비된 해결책을 원한다"(Perls, Hefferline, & Goodman, 1951/1973: 235).

투사 ◉ 투사(projection)는 나에게 속하지만 내 것 같지 않은 것처럼 경험하는 자질, 감정 또는 행동이다. 대신에 나는 그 자질, 감정 또는 행동을 다른 사람이나 내 주변의 것으로 돌린다. 선택된 투사는 관찰에 근거하여 정상적이고 건강한 가설일 수 있으며, 엄밀한 의미로 인간관계의 본질적인 부분이다. 계획을 세우고, 예측하고, 공감하는 것은 투사 또는 외부세계에 관한 관찰에 근거한 가설을 포함한다. 내가 공감할 때, 나는 자신을 다른 사람의 상황에 투사시켜 그와 비슷한 것이 무엇인지 상상한다. 예를 들어, 만약 타인의 수줍음이 나의 수줍음과 같은 것으로 보이면, 나는 내 지식을 투사하여, 타인이 비슷한 감정을 경험한다고 가정하고 이해한다. 투사 또는 가정은 가정으로서 인식되고, 나는 잘못 받아들였을 수도 있음을 안다.

그러나 만일 어떤 사람이 어떤 특질이나 감정 또는 행동은 수용할 수 없는 것이거나 위험한 것이라고 배웠다면, 그는 좀 더 알아차림이 결여된 채로 투사할 수 있다. 예를 들어, 그는 다른 사람을 거절하지 않도록 배웠을 수 있다. 그렇다면 그는 거절하고 싶어질 때 알아차림을 차단하고, 다른 사람이 그를 거절한다고 믿는다. 알아차리지 못하는 투사의 과정은 다

음과 같이 진행된다(Perls, Hefferline, & Goodman, 1951/1973
에서 개정함). 거절을 예로 들면, 그 사람은 관련된 충동에 대
해 일부 모호한 개념을 가지고 있을 수 있는데, 자신의 자기상
에 이런 특정 충동(예: 거절)이 없다고 보기 때문에 자신의 밖으
로 나오려는 충동을 방해한다. 그가 이런 충동이 존재한다는
것을 알아차릴 때, 그는 그것이 외부 어딘가에서 왔음이 틀림
없다고 믿고, 그것을 다른 사람으로부터 온 것으로 경험한다.
"투사를 하면 우리는 우리 자신과 나머지 세상 사이의 경계
를 우리 마음에 들게 변화시킨다. 이로 인해 우리는 까다롭
거나 방어적이거나 또는 매력적이지 않은 성격 측면들을 책
임지지 않으려고 부인해 버리고 더 이상 자신과 상관없는 것
으로 치부한다"(Perls, 1976: 37). 펄스, 헤퍼라인 그리고 굿맨
(1951/1973)은 만일 다른 사람이 당신을 거절할 거라고 지속
적으로 의심된다면, 그 과정을 뒤집어서 당신이 그 사람을 싫
어하는 이유를 탐색해 보라고 한다. 비슷하게, 만일 당신이
성적인 질투심에 사로잡혀 당신의 파트너가 외도한다고 의
심한다면, 당신이 사랑하는 사람이 외도를 하고 있다고 가정
하는 바로 그 방식으로 당신 자신이 외도를 하고 싶은 바람을
억누르고 있지는 않은지 고려해 보라고 제안한다.

투사를 알아차리지 못하면 진정성 있는 접촉과 사람들 간
의 관계가 방해받는다. 투사 때문에 상당한 오해와 갈등이
생긴다. 일단 투사하는 사람이 그의 부정된 감정이나 태도를

다른 사람에게 투사하면, 그는 그 상황에 대해 책임지지 않기로 선택하고, 그 자신을 모든 종류의 불친절한 대우의 수동적인 희생자로 간주한다. 만성적으로 투사하는 사람은 종종 의심이 많고 조심스러운 성격이며, 때로는 심지어 피해망상적이고 편견에 사로잡혀 있기도 하다. 그는 다른 사람을 비난하거나 감정에 대한 책임감을 소유하지 못하고 투사하는 말들을 사용하는 경향이 있다. 그는 "나는 그것을 하기 원하지 않아."라고 직접적으로 그의 감정을 분명하게 소유하는 대신 "그것은 중요하지 않아."라고 말하기 쉽다.

융합 ◉ 융합(confluence)은 두 사람 또는 장(field)의 두 부분이 구분되지 않고 함께 흘러가는 것이다. 생생하게 교류가 일어난 후에 실제 접촉이 일어나면, 거기엔 자연스럽고 완벽하게 건강한 에너지의 합 또는 융합이 있다. "접촉이 성취된 후 …… 어떤 성공적인 경험—방해된 것이 아니라 완결하도록 허용하는 것—의 끝에는 항상 에너지 또는 에너지를 생산하는 물질의 융합이 있다"(Perls, Hefferline, & Goodman, 1951/1973: 153). 펄스(1976)는 합창에 참여하는 사람의 예를 든다. 그 사람은 고양감 속에서 경계가 사라지고 자신의 정체성이 집단과 함께함을 느낄 수 있다. "개인이 자신과 그의 환경 간의 경계를 전혀 못 느끼고, 그와 환경이 하나라고 느낄 때, 그는 그것과 융합된 것이다"(Perls, 1976: 38).

융합을 알아차리지 못한 채 접촉을 피하거나 막는 수단으로 사용할 때, 접촉은 방해를 받는다. 만성적으로 융합하는 사람은 그가 끝나는 곳과 다른 사람이 시작하는 곳을 알지 못한다. 그가 자신과 다른 사람 간의 경계를 알아차리지 못할 때, 그는 좋은 접촉을 할 수 없다. 그들로부터 철수할 수도 없다. 융합에 의해 접촉을 방해하는 사람은 관계나 활동을 끝내야할 시점을 모를 수 있다. 예를 들면, 기대할 게 아무것도 없을 때조차도, 그는 성장에 필요한 영양분과 즐거움을 얻기를 기대하며 그 상황에 집착한다. 그는 자신이 욕구를 충족시킬 수 있는 새로운 상황을 만들어 낼 수 없다고 여기기 때문에 놓아 버리는 것을 두려워한다.

알아차리지 못한 융합은 사회적 결과이다. 매우 융합된 사람은 유사성을 요구하고 차이를 견뎌 내기를 거절한다. 예를 들면, 융합된 부모들은 그들의 자녀를 단지 자신들의 확장체로 보고 그들이 자신들의 뒤를 따르기를 기대한다. 만일 그 아이들이 그들 부모의 기대와 동일시하지 않으면, 그 부모는 언어적으로, 또는 더 교묘하게 사랑과 감탄을 철회함으로써 그들의 자녀를 거절할 수 있다.

반전 ◉ 반전(retroflection)은 원래 당신이 다른 사람이나 다른 대상에게 하고자 했던 것을 자신에게 하는 것을 의미한다. 환경에 개입해서 그 환경과 접촉하고 당신의 욕구를 충족시키기 위한 시도로 에너지를 밖으로 나가게 하는 대신, 에너지와 활동을 자신을 향해 안으로 다시 보낸다. "반전은 원래는 그 개인으로부터 세상을 향한 어떤 기능이 방향을 바꿔서 원래의 사람에게 되돌려진 것을 의미한다"(Perls, 1947/1969a: 120). 반전하는 사람은 그의 성격을, 행위를 하는 사람과 행위를 받는 사람으로 나누고, 그가 원래 다른 사람이나 다른 대상에게 대하고 싶었던 바대로 자신을 대한다.

펄스, 헤퍼라인 그리고 굿맨(1951/1973)은 반전이란 어린아이가 그의 욕구나 감정을 자유롭게 표현했더라면 처벌받았거나 처벌받을 거라고 위협받았던, 어린 시절에 습득한 습관이라고 설명한다.

그러나 처벌은 처벌받았던 행동의 욕구 자체를 없애 버리는 것이 아니라, 유기체가 처벌받을 수 있는 반응들을 자제하도록 가르치는 효과가 있다. 자제를 하려면 처벌해야 할 충동을 표현하는 데 쓰이는 것과 반대되는 근육을 긴장시켜야 한다. 이 단계에서, 성격의 두 부분은 서로 다른 반대 방향으로 가려 한다. 유기체와 환경 간의 갈등으로 시작된 것이 성격의 한 부분과 다른 부분 간의(한 행동과 그 반대 행동 간의) '내적 갈등'으로 되어 버린다(pp. 183-184).

밖으로 나가려는 욕구를 충분히 그리고 즉각적으로 표현하는 삶을 살아 낼 수 있는 사람은 없다. 사람들이 때로 자신들의 충동들의 일부를 억제하고 선택할 수 있다는 것은 극히 중요하다. 예를 들면, 성인으로서 자녀를 때리고 싶은 충동을 억제하거나, 또는 살인적인 분노를 느끼는 대상을 죽이지 않는 것은 매우 중요하다. 반전을 알아차릴 때, 대개 억제는 타당하고 필요한 행동이다.

그러나 만성적으로 알아차림이 되지 않는 반전은 접촉을 방해하며, 대부분 공격적이거나 또는 다른 올라오는 감정들이 위험하다고 지각될 때 생긴다. 화가 난 아이는 화나게 한 사람에게 소리 지르고 싶어 한다. 하지만 이런 행동 때문에 처벌받는다면 그 아이는 포기하고, 심지어는 화내고 싶은 욕구에 대한 알아차림을 차단해 버리기도 한다. 분노를 표현하고자 하는 욕구는 사라지지 않고, 어딘가로 움직여야 하기 때문에 그 아이는 자신이 무엇을 하고 있는지 깨닫지 못한 채 분노를 자신에게 돌림으로써 그 게슈탈트를 너무 성급하게 종결해 버릴 수 있다. 만일 그가 환경이 변하고 더 이상 그를 위협하는 사람이 아무도 없을 때조차도 이러한 '해결책'을 고집한다면, 그의 행동은 고정되고, 반전이 만성적으로 되어 못 알아차리게 될 수 있다. 그래서 이제 그가 화를 느끼기 시작하면, 그는 자동적으로 그 감정을 멈추고, 자신을 야단치거나, 어떻게 해서든 마음을 아프게 한다.

반전의 두 번째 형태는 원래 다른 사람이 자신에게 했으면 하고 바라는 것을 자신에게 하는 것이다. 당신은 마치 자신의 일부를 환경인 것처럼 취급하면서 자신이 받았으면 하는 행동을 자기 스스로에게 한다. 그래서 애정을 갈망할 때에는, 당신은 당신 자신을 포용한다. 슬퍼서 누군가의 위로를 찾을 때, 당신은 알아채지 못한 채 자신의 머리를 쓰다듬을 수 있다. "수동적인 반전의 경우, '나'는 그 자리에 없는 능동적인 대상을 대신한다. 나는 아무도 그것을 해 주지 않기 때문에 나 자신을 불쌍히 여긴다. 누군가가 나를 처벌하리라 예측하면서 나 자신에게 벌을 준다"(Perls, 1948: 584).

경직된 자세, 얕은 호흡, 목 메인 소리로 말하는 것, 입술을 깨물거나 입에 손을 대고 있는 것은 모두가 망설이는 신호일 수 있으며 그래서 알아차리지 못하는 반전일 수 있다. 펄스는 특히 그러한 비언어적 제스처에 주의를 기울이는 데 노련했다. 하지만 펄스는 치료자가 그 제스처를 해석하거나 그것이 반전을 의미하는 것이라고 추정하지 않아야 한다고 강조했다. 대신에 치료자는 그 사람이 자신에게 있어서 그것의 개인적 중요성을 탐색해 볼 수 있도록 격려해야 한다.

둔감화 ◉ 둔감화(desensitization)는 우리가 우리 자신의 신체 감각에 무뎌져 가는 과정이다. 고통이나 불편함이 있으면 알아차림을 피한다. 분명히 때로는 이렇게 하는 것이 도움이 된다. 만일 당신이 치통이 있다면, 그 아픔을 차단하거나 치과의사에게 가서 그 문제를 해결할 수 있을 때까지 주의를 딴 데로 돌리고 싶어 할 수 있다. 둔감화는 또한 학대받으면서 다른 선택이 없는 아이에게는 창조적인 적응이 될 수 있다.

펄스, 헤퍼라인 그리고 굿맨은 서구인들이 신체 감각 차단을 도움이 되지 않는 방식으로 학습했다고 생각했다. 펄스는 불면증의 초조감에 머무르지 못해서 불면증의 실존적 의미나 메시지를 발견하는 대신에 수면제를 습관적으로 먹는 사람들의 예를 들었다. 둔감화는 바로 그 우리 자신의 실존까지 마취시키고 다른 것과의 접촉을 무디게 한다. "우리 사회의 거의 모든 사람들은 신체 상당 부분에서 고유수용감각을 잃어버렸다"(1951/1973: 117).

자의식 ◉ 자의식(egotism)이란 신체적으로 위험에 처하지 않거나 급작스럽고 불쾌한 결과가 일어나지 않도록 신중하게 성찰하고 세심하게 주의를 기울임으로써 자발성을 감소시키는 것이다. 정상적으로 어느 정도의 자의식은 중요한 결정이나 장기간의 과정에서는 필수적이다. 예를 들어, 만약 우리가 자발적인 열정을 늦출 수 없다면, 우리는 나중에 후회하거나 힘들게 취소해야 할 행동을 하게 될 수도 있다. 건강한 자의식이 있어야 우리는 우리 자신으로부터, 또는 제공되는 기회로부터 뒤로 물러나, 우리의 전체적인 특성과 현재 자신의 관여도 등을 고려하여 이것이 정말 자신이 원하는 것인지를 차분히 다시 생각해 볼 수 있다.

자의식은 개인이 끊임없이 다른 사람을 의식하고, 행동은 하지 않고 경계만 하면서 자신의 삶에서 통제할 수 없이 갑작스럽게 일어나는 요인들을 통제하고자 할 때 생생한 접촉을 막는 신경증적 장애가 된다. 펄스, 헤퍼라인 그리고 굿맨(1951/1973)은 그 예로 발기상태만 유지하고 자연스러운 성적인 오르가즘까지는 가지 않는 남자에 대해 이야기했다. 그는 자신을 입증하고자 하는 욕구는 만족시키지만 자발성과 있는 그대로 놓아두는 것은 막아 버린다. 만성적인 자아중심주의자(egotist)는 자신을 통제하는 것처럼 보일 수 있지만 자신과 환경이 조화된, 실제에서 존재하는 비자의식적인 편안함은 결핍되어 있다.

접촉에 대한 여러 방해들의 상호 관련성 ◉ 우리가 여기에 기술한 여섯 가지의 접촉 방해는 따로따로 일어나지 않는다. 펄스는 사람들 각자가 어떤 한 가지의 자기 방해 스타일을 선호한다 할지라도, 그들은 불가피하게 모든 종류의 접촉 방해들을 사용하며, 특정 유형의 신경증적 행동은 상호 연관된 방해들의 조합이라고 설명한다. 펄스, 헤퍼라인 그리고 굿맨(1951/1973)은 알아차림 연습을 성공적으로 완수해 냈을 때 만족해하는 대신 불안해지는 남자의 예를 제시했다. 그들은 치료자가 관심을 갖고 봤을 때 그 남자가 자신의 만족을 어떻게 방해하고 있는지를 기술했는데, 그는 처음에는 자신을 비난함으로써 반전하고, 다음에는 치료자가 그를 판단적으로 빤히 쳐다봤다고 지레짐작함으로써 투사하고 있었다. 치료자가 그를 빤히 쳐다보고 있을 때 그에게 무엇을 느끼냐고 묻자, 그는 "사람은 자신을 도우려는 사람을 당연히 사랑해야 하고, 아니면 최소한 호의적이기라도 해야 한다."(p. 521)라는 내사로 답한다. 그리고 그는 그 실험이 지루하고 때로는 고통스럽기 때문에 화가 난다. 그는 입을 다물어 버리고는 포기한다. 그러나 치료자는 노력해야 한다. 그는 치료자에게 자신의 모든 힘을 투사하고 자신의 무력감과 융합하게 된다.

또한 펄스, 헤퍼라인 그리고 굿맨은 접촉 방해가 과정에 대한 묘사이지 고정된 유형이 아님을 강조했다. 이것은 게슈탈트 치료에서 매우 중요한 구분점이며, 3장 치료와 변화과정-'진단에 대한 입장'에서 보다 충분하게 논의된다.

신경증의 다섯 가지 수준 모델

펄스는 그의 생의 후반에 신경증 모델을 개발했는데,[12] 거기에서 그는 신경증적 장해의 수준을 다섯 가지로 제안했다

---

12) 펄스가 '신경증'이라는 용어를 사용했다 할지라도(1969b: 28), 그는 '성장 방해'가 좀 더 정확한 표현이라고 믿었다.

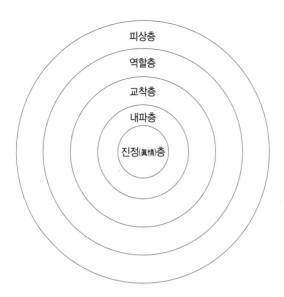

👁 ‥‥‥‥ [그림 2-6] 신경증의 다섯 가지 수준 모델

(1969b/1970). 그것은 심리치료에 실존적인 현상학 개념을 어느 정도 적용한 것이다. 이 행동 모델은 상대적으로 구조화된 자기(self) 개념이 내포되어 있다([그림 2-6]). 그래서 굿맨과 펄스(2장 개념군집 5-'과정으로서의 자기' 참조)가 발전시킨 자기 이론과 어떤 면에서는 중요한 모순점이 있다.

펄스의 수준 모델에서 첫 번째 층은 **피상층**이다. 이 층에는 만남에서 의미 없는 상징들, 예를 들어 진실된 감정과는 상관없는 상투적인 인사말 등이 있다. 이 층에서 사람들은 종종 문화적으로 기대되고 용인된 행동의 내사에 지배받는다.

펄스는 두 번째 층을 **역할층**이라 불렀다. 여기에서 우리는 우리의 역할에 따라, 마치 우리가 무기력한 희생자인 것처럼, 또는 강력한 우두머리인 것처럼 행동한다. 우리는 실제 우리가 느끼는 것보다 더 나은 사람인 것처럼, 더 거친 사람인 것처럼, 보다 예의 바른 사람인 것처럼, 보다 불쌍한 사람인 것처럼 행동한다. 펄스가 글로리아(Gloria)와 작업한 유명한 영상(1964)에서, 그는 여러 번 그녀의 행동을 가짜로 보고 도전한다. 그녀는 '마치' 겁먹은 것처럼 행동하거나 구석에 숨는 등의 역할을 했던 것이다. 많은 사람들은 다른 사람들이나 환경을 주로 피상층이나 역할층에서 이해한다. 실존적으로 보면 그들은 습관적으로 또는 확신 없이 살고 있다.

우리가 역할을 포기하면, 우리는 세 번째 층인 교착층에 도달한다. 우리는 갈등 속에 갇힌 자신의 두 가지 면을 경험할 수 있다. 즉, 미해결과제를 완성하기를 원하는 건강한 측면과 고통을 피하고자 하는 측면이다. 많은 사람들은 자신들의 곤경에 대해 책임지기를 피하고 싶어 하기 때문에 교착층을 경험하지 않으려 애쓴다. 우리는 우리의 자유와 제한을 깨달을 때 불가피하게 경험하는 실존적인 두려움이나 불안을 부정하는 것을 더 좋아한다. 교착은 곤경, 혼란 그리고 불안에 의해 특징지어지며, 보통 매우 불편한 것으로 경험된다.

바로 뒤에 있으면서 교착층에 영향을 주는 것이 죽음의 층, 즉 내파층이다. 이 층에서는 대립하는 힘들이 마비된다. 우리는 되도록이면 정신차리고, 근육을 수축시켜, 내부에서 폭발한다. 만일 우리가 밖으로 폭발한다면, 우리는 살아남지 못하거나 더 이상 사랑받지 못할 것이라고 믿는다.

만일 어떤 사람이 진정으로 교착층에서 곤경과 혼란의 실존적인 불안을 직면하고 내파층의 죽음의 상태에 머무른다면, 그는 결국에는 **폭발층**에서 소생하게 될 것이다. 이 층에서, 그 사람은 진실되게 되어, 자신의 실제 감정을 경험하고 표현할 수 있다. 그는 비탄이나 분노, 기쁨, 웃음, 또는 성적 쾌감을 터뜨린다. 그는 행동한다. 그는 산다. "내 생각에는, 이러한 과정은 진실되게 만드는 데 반드시 필요하다. 폭발에는 본질적으로 네 가지의 유형이 있다. 즉, 기쁨의 폭발, 비탄의 폭발, 성적 쾌감의 폭발, 분노의 폭발이다. 때때로 폭발은 매우 약한데, 그것은 내파층에 투입되어 온 에너지의 양에 달려 있다"(Perls, 1970: 22).

이 모델은 1960년대 펄스의 시연 작업에 상당한 영향을 끼쳤으며 펄스, 헤퍼라인 그리고 굿맨(1951/1973)의 과정으로서의 자기 이론과 일치하지는 않는다. 왜냐하면 이 모델에는 자기의 구조와 핵심이 내포되어 있기 때문이다(McLeod, 1991). 교착층이 변화를 위한 가장 큰 잠재력이 있는 지점이기 때문에, 3장에서는 펄스가 어떻게 가능한 한 빨리 그 사람의 교착층에서 작업하려고 애썼는지를 설명하겠다. 또한 상담 장면에서 신경증의 교착층, 내파층, 폭발층이 어떤 의미인지 보여 주고 싶었던 펄스의 몇 가지 사례들도 포함시키겠다

(3장 '저항'과 교착상태-'교착상태에서 작업하기' 참조).

건강한 기능과 방해가 있는
기능에서의 불안과 흥분

실존철학은 인간의 경험 과정에서 불안의 역할을 강조한다(Kierkegaard, 1944; Heidegger, 1962; Sartre, 1938/1958; May, 1950; van Deurzen-Smith, 1988; Spinelli, 1989). 실존주의적인 관점에서 불안은 사람이 진실되게 살아가는 데 불가피한 부분이다. 불안은 인간이 죽을 운명이고 삶의 궁극적인 의미는 없으며, 스스로 자신이 누구인지, 그리고 매순간 자신의 삶의 의미에 책임져야 한다는 사실을 직면할 때 경험하게 되는, 저변에 깔려 있는 불만감과 두려움이다.

펄스는 불안을 진정한 생기를 느낄 수 있는 잠재력의 단초이자, 개인적 의미를 탐색하는 데 필요한 첫 번째 발걸음이라고 보면서 폭넓은 실존주의적인 입장을 취했다. 예를 들면, 이전에는 '고정되거나' 또는 진실되지 않게 존재하였음을 알아차린 사람은 그의 초기 결정을 검토해 보고 그의 행동을 바꿀 수 있는 전환점(교착상태)에 접근했을 때 종종 불안이나 혼란 또는 절망감을 느낀다. 그는 원래의 사건에서 억압하거나 피해 왔던 감정이 어떤 것이든, 그것을 지금 다시 경험해야 하기 때문에 불안을 느낀다. 또 그는 습관이 된 것이 어떤 것이든 그것과 다르게 행동할 수 있는 선택권을 갖고 있다는 것을 알아차리기 때문에 불안을 느낀다. 그는 지금까지 고정된 또는 경직된 방식으로 행동함으로써 피해 왔던 그의 실존주의적 자유에 직면한다. 펄스는 불안을 치료되어야 하거나 또는 억압해야 할 증상으로 생각하지 않고 내담자가 불안을 직면하여, 그것의 개인적 의미를 탐색하도록 격려했다.

불안해지는 것은 앞으로 나아가는 기초가 된다(Perls, 1978b: 59).

혼란을 경험하는 것은 매우, 매우 불쾌하다. 불안과 같이 ……. 우리는 그것을 없애 버리고 싶은 강한 욕구를 가지고 있다—회피에 의해, 언어적 표현에 의해, 또는 어떤 종류의 방해에 의해. 그러나 신경증에 대항하는 싸움의 상당 부분은 단지 내담자가 그것을 알아차리도록, 견뎌 내도록, 그리고 그의 혼란과 함께 머물도록 도와야만 승리하게 된다(Perls, 1976: 97)

펄스는 원본에서 덧붙이기를, 불안이란 사실은 흥분이 방해받은 것에 대한 표현이며 살아 있음의 생명력이라고 말했다. 건강하고 자기 조절적인 사람은 자동적으로 깊게 숨을 쉬면서 에너지 동원과 접촉에 필요한 산소를 공급한다. 신경증적이거나 방해가 있는 사람은 종종 자신과 자신의 자발성을 통제하려고 애쓰며, 강한 관심이나 접촉이 있을 때마다 발생하는 고조된 에너지와 흥분을 차단하려고 의도적으로 호흡을 고르게 한다. 불안은 가슴을 수축시키고 산소를 한정되게 들이마실 때 나타나는 결과이다. 그러나 만약 방해가 습관적으로 일어난다면, 자신의 호흡을 제한하고 불안을 경험하는 사람은 보통 좀 더 깊게 숨을 내쉬고 들이마시려는 즉각적인 의사결정을 할 수 없으며 불안을 흥분으로 바꿀 수도 없다. 그는 "[그가] 현재 수용할 수 없는 것이 어떤 흥분인지" 탐색해 보면서 자신과 그 장을 현상학적으로 살펴봐야 한다. "[그는] 다양한 형태로 근육을 수축시킴으로써 자신이 어떻게 충분한 날숨을 막고 있는지를 찾아 [내야만 한다]"(Perls, Hefferline, & Goodman, 1951/1973: 167). 그러한 탐색은 펄스의 치료 접근법에서 본질적인 측면이며, 우리는 다음 장에서 자세하게 논의할 것이다.

결론

이 장에서는 프리츠 펄스의 철학적·이론적 사상들의 일부를 제시하였으며, 그것들은 이후 게슈탈트 심리치료의 발전에 상당한 기초가 되었다. 이 장은 우주와 인간에 대한 펄스의 전체론적 개념, 전체적인 유기체/환경 장의 상호 연결성, 그리고 그 장 안에서의 인간 경험의 주기적 성질을 살펴보았다. 펄스의 접촉 이론과 자기 개념도 탐색해 보았다. 마지막으로 미해결과제, 고정된 게슈탈트, 접촉 방해에 대한 그의 개념, 그리고 불안에 대한 그의 견해를 어느 정도는 깊게 설명하면서 그의 심리 장해에 대한 관점을 살펴보았는데, 그 이유는 이것들이 그의 실제적인 임상 작업을 이해하는 데 본질적이기 때문이다. 그것에 대해서는 이제 3장에서 다룰 것이다.

3 상담에 대한 주요 공헌

프리츠 펄스의 독창적인 천재성이 가장 잘 발휘된 곳은 그가 시연했던 실제 상담 장면에서였다. "앨런 와츠(Alan Watts)가 지적인 수준에서 문화적 영웅이었던 것처럼, 프리츠도 지금은 잊혀져 가고 있지만, 생활에 직접적인 영향을 주는 정도로는 마찬가지로 영웅이라 할 수 있다"(Claudio Naranjo in Gaines, 1979: 331). 펄스는 알아차림, 적극적 실험, 심상화, 판타지, 실연, 언어와 모든 측면의 비언어적 행동에 대한 주의, 신체작업, 직관, 그리고 사고를 전례 없이 독특하게 섞어 놓음으로써, 치료에 온전하게 살아 있는 인간이라는, 전체론적인 개념을 가져왔다. 펄스의 실제적인 공헌 중 일부는, 마치 삼투현상처럼 심리치료 전체적인 장에 동화되었다. 그래서 펄스는 항상 자신이 소개하고 대중화한 혁신적인 방법과 개념을 자기 것으로 인정받지 못한다. 실제로 그의 공헌 중 일부는 이제 폭넓게 일반적으로 받아들여져서, 현대의 독자들로서는 그것들을 소개받았을 때 그것들이 얼마나 참신하고 창의적인 혁신인지 충분히 그 진가를 알아보기가 쉽지 않다. 그간 동화되고 재창조되어 온 펄스의 실제적 공헌들에는 신체와 심리치료에 대한 전체론적인 통합, 실질적인 개인 대 개인 관계에 대한 타당화, 지금-여기에 대한 강조, 개인의 실존적 책임감에 대한 주장, 현상학적인 조사 방법의 대중화, 장이론의 심리치료에의 적용, 적극적 실험과 꿈 작업, 그리고 건강에 대한 강조 등이 있다. 5장의 두 번째 부분은 이러한 혁신과 펄스 시대 이후 발전되어 온 인본주의, 대상관계, 정신역동 치료의 실제와 이론의 일부를 비교한다.

펄스는 비범한 직관력이 있었다. 순간에 사람들의 목소리 톤이나 몸짓을 알 수 있어서, 그는 매우 짧은 시간 안에 성격의 핵심에 도달하고, 그들의 막힌 지점이나 허위 또는 방어를 강조하고, 그들이 진실된 알아차림이나 변화를 하도록 도울 수 있었다. 그의 워크숍 참가자들은 종종 그들이 마술 같은 변화를 경험하거나 목도했다고 생각했다. 그러나 말년의 펄스는 그의 치료기법들이 마술이 아니라, 다른 사람들도 자기 나름대로 이해하고, 동화하고, 발전시키고 사용할 수 있는, 기법이라는 점을 가르치기 위해 멀티미디어 교육 교재를 만들려 했다.

이 장은 일곱 부분으로 나뉘어 있다. 첫 번째 부분은 심리치료에 대한 펄스의 관점과 변화의 과정을 기술하고 있으며, 치료자의 역할, 치료적 관계의 성질, 진단에 대한 입장, 치료에서의 성공에 대한 펄스의 기준을 담고 있다. 두 번째 부분은 현재에 대한 알아차림과 현상학적인 조사방법의 개요가 서술되어 있고, 펄스의 게슈탈트 치료에서 과거의 역할을 탐색한다. 세 번째 부분은 펄스의 치료적 도구와 '기법'을 논의한다. 네 번째 부분은 펄스의 실험 중 한 예를 코멘트를 붙여 제공하면서, 혁신적인 적극적 실험을 기술한다. 다섯 번째이자 가장 긴 부분은 적극적 실험 중, 즉 펄스의 판타지 사용, 심상화, 좌절 기법, 언어에 대한 초점, 신체 언어의 활성화, 동작, 춤, 그리고 직관을 포함하여 다양한 창의적인 측면을 기술하고, 논의된 창의적 접근들의 예들을 제공한다. 여섯 번째 부분은 펄스가 치료에서 '저항'과 교착상태를 가지고 어떻게 작업하는지를 살펴보고 예들을 제시한다.[1] 이 장의 마지막 부분은 펄스의 꿈 작업에 대한 펄스의 접근 방식에 대해 논의하고, 그가 창조적인 통합 또는 꿈 세미나 전체에, 어

---

1) 펄스(1947/1969a; Perls, Hefferline, & Goodman, 1951/1973)는 그 당시의 정통 정신분석에서 사용됐던 '저항(resistance)'이라는 용어와 개념의 타당성에 대해 이의를 제기했다. 그는 '저항'은 '지원(assistance)'의 변증법적 반대, 즉 '저항'과 '지원'은 한 연속체의 두 양극단이라고 지적하면서, '저항'은 '지원'이라고 재명명될 수 있다고 제안했다. '저항' 개념은 게슈탈트 이론가들 사이에서 치열한 논쟁거리이다(예컨대, Breshgold, 1989; Laura Perls in Rosenblatt, 1991; Davidove, 1991; Polster, 1991 참조).

떻게 그의 개인적이고 실용적인 기여를 통합하는지를 보여준다. 여기에는 또 펄스의 치료 축어록이 포함된다.

치료와 변화 과정

치료의 정의

40년 이상 상담을 하면서 펄스는 대개 연관은 있지만, 때로는 갈등의 소지가 있을 만하게 심리치료를 정의하고 기술했다. 『자아, 허기 그리고 공격성』(1947/1969a)에서 그는 심리치료에서 환자의 유기체 전체—정신과 육체—를 통합하고 분석할 필요가 있다고 제안하고, 그의 새로운 접근을 유기체의 재조직화 또는 집중 치료라고 이름 지었다. 펄스, 헤퍼라인 그리고 굿맨(1951/1973)은 열정적이며 시적으로 치료 과정에 대해 토론하였다. 그들은 치료에 대한 자신들의 개인적인 정의의 정수를 전달하고자 노력하면서, 게슈탈트 치료는 내담자가 명백한 것에 주의를 기울임으로써 자신의 본질을 재확립하도록 돕는 삶의 모험이라는 것을, 여러 비유와 은유들을 사용하여 말한다. 예를 들자면, 한번 시작된 화학반응은 스스로 지속한다라거나, 현상학에 대한 훈련과 감정에 대한 훈련이라고 말한 것들이 그런 류이다.[2] 치료에서는 내담자의 현재 기능에 대한 지각을 강화하고, 동시에 그의 현재 삶을 지속적으로 방해하는 미해결과제에 재빨리 주목한다. 치료는 개인 내담자의 즉각적인 장에서, 현재 경험을 구성하고 있는 내적 구조에 주목하고 분석하는 것이다. 상호작용하는 과정은 상호작용의 내용만큼 중요하다. 왜냐하면 전체 장의 모든 측면이 서로 연관이 있기 때문이다.

치료는 접촉의 정도가 어떠하든지, 그것을 가지고 그 실제 경험의 내적 구조를 분석하는 것으로 이루어진다. 무엇이 경험되고, 기억되고, 행해지고, 말해지는지보다는, 어떤 얼굴 표정, 어떤 목소리 톤으로, 어떤 문법을 사용하며, 어떤 자세를 취하느냐, 어떤 정서를 보이고, 어디서 생략하느냐, 다른 사람을 어떻게 존중하거나 무시하느냐 등등과, 기억되고 있는 것은 어떻게 기억되는지, 또는 그 말을 어떻게 말하는지 등등을 분석한다(Perls, Hefferline, & Goodman, 1951/1973: 278).

나중에 펄스(1976)는 자신에 관해, 그리고 자신의 방해에 관해 배우는 것이 내담자의 당면과제임을 되풀이해서 말한다. 그러면서 내담자가 자신의 것이 아니라고 단절해 버린 자기(self)의 부분들을 알게 되면서, 성장이 다시 시작되고 좀

---

2) 2장 그리고 3장 적극적 실험을 위한 창의적인 접근-'동작과 춤'의 현상학에 관한 기술을 보시오.

더 온전한 전체가 될 수 있다는 점을 강조한다.

치료의 목적

펄스는 종종 치료의 목적에 관해 매우 규정적으로 이야기하였다. 다시 말하지만 여기에는 다양한 변형이 존재한다. 자세히 설명한 그의 논문들을 보면, 치료의 목적이라고 그가 주장했던 것을 조금 수정한 것처럼 보인다. 그의 첫 번째 책에서, 그는 집중치료의 목적은 "우리 자신에 대한 느낌을 되찾는 것"(1947/1969a: 185)이며 우리의 진행되고 있는 삶의 과정에 집중하거나 또는 매혹되는 것이라고 했다. '성격통합의 이론과 기법'에서는 치료의 목표가 자신의 발달을 촉진할 만큼만 성격통합을 완성하는 것이라는 생각을 점잖게 표현했으며, 그 의미를 분명히 보여 주기 위해 다음의 시각적인 이미지를 예로 들었다. "때로는 쌓인 눈 밑에 조그만 구멍을 내는 것만으로도 그 안에 고인 물을 빼내기에 충분하다. 일단 물이 빠지기 시작하면 그 소량의 물방울은 그 자체만으로도 바닥을 넓혀 간다. 그렇게 스스로 자신의 발달을 촉진하는 것이다"(1948: 572). 펄스, 헤퍼라인 그리고 굿맨(1951/1973)은 치료의 목적이 통합과 알아차림의 강화, 그리고 접촉이라는 점을 강조한다. 왜냐하면 이것들은 반드시 변화와 성장으로 이끌기 때문이다. 그 목적은 내담자를 치료하는 것이 아니라, 내담자에게 자기 자신을 아는 법을 가르치고, 연장통에 연장을 가득 채워 보내는 것이며, 그럼으로써 자신의 현재 문제뿐만 아니라 미래 문제 또한 해결할 수 있도록 하는 것이라고 강조했다. 나중에 펄스는 내담자에게 '자기지지의 도구'를 주는 이미지를 반복해서 말하면서도(1976: 185), 내담자가 자신의 욕구와 사회의 요구 사이에 균형을 맞추도록 가르치는, 좀 더 지시적인 목표도 포함시켰다.

치료자의 역할

『자아, 허기 그리고 공격성』(1947/1969a)에서, 펄스는 상담자를 분석가 또는 정신분석가라는 전통적인 용어로 불렀으며 그가 나중에는 버린 많은 기능들(예들 들면, 분석가의 일은 내담자를 '수리'하고 그녀의 '잘못된 태도'를 고치는 것이라는 생각)을 분석가의 역할에 포함시켰다. 그러나 펄스가 상담자란 이런 것이라고 소개했던 바로 그 생각에 이미 급격한 변화의 기미가 있다. 예를 들면, 펄스는 분석가는 거리를 유지한 채 중립적인 인물이 되는 것을 멈추고 "내담자와 같은 수준의 인간"(p. 231)으로 변화해야 한다고 주장했다(3장 치료와 변화과정-'치료적 관계' 참조).

1951년에 펄스, 헤퍼라인 그리고 굿맨은 그들 자신들을 내담자에게서 무엇이 잘못되었는지를 찾고 치료하는 분석가-

의사의 전통적인 모델로부터 분리시켰다. 그들은 치료자의 일은 내담자가 자신에 관해 배울 수 있도록 내담자를 적극적인 동반자 관계로 초대하는 것, 그리고 그녀[3]가 새로운 행동을 시도해 보고 무엇이 일어나는지를 보는 삶에 대한 실험적 태도를 발달시키는 것이라고 한다. 치료자는 내담자의 현재 기능들 (예를 들면, 그녀가 걷고, 호흡하고, 움직이고, 말하는 법) 중 명백하고 때로는 당연시되는 모든 것에 주의를 기울이고 초점을 맞추어서 내담자가 자기 알아차림을 개발하도록 돕는다. 게슈탈트 치료자는 명백한 것뿐 아니라 빠진 것(즉, 현재 배경에 있는 것)이 무엇인지를 알아차린다.

치료자는 내담자를 이해하는 데에 중립적이거나 또는 객관적으로 있기보다는 오히려 치료자 자신을 합법적인 도구로 사용한다. 치료자는 내담자를 공감한다. "치료자 자신의 경험에 의해 내담자의 경험을 느낀다"(p. 47). 치료자는 그것들이 떠오를 때 자신의 알아차림과 감정 그리고 반응을 공유한다. 왜냐하면 "치료자가 치료 장면에서 그 환자의 치료 진행 과정의 일부가 되기를 거부한다면 그는 치료자가 아니기 때문이다"(p. 19). 치료자는 현재 변화에서 내담자의 긴급한 미해결과제를 찾기 위해 자신의 기술, 훈련배경, 면밀한 관찰

---

3) 역주: 여기에서는 내담자를 '그녀'로 지칭하였는데, 펄스의 저서 자체에서 내담자를 지칭하는 성별이 혼용되어 있다. 한국어 번역에서도 큰 무리가 없으면 그 혼용을 그대로 따랐다.

그리고 직관을 사용한다. 내담자와의 동반자 관계에서, 치료자는 내담자가 이전에 가졌던 고정된 태도를 탐색하고, 자신의 선택권을 확장하고, 그리고 보다 충분히 자기 자신이 되게 할 수 있는 실험상황을 설계한다. "내담자의 습관적이며 미완성된 해결책들이 이젠 더 이상 가장 적절하고 가능한 해결책들이 아니라는 문제점을 내담자에게 알려 주는 것이 과제이다 …… 왜냐하면 그것들로는 더 이상 어떤 것도 성취할 수 없기 때문이다. 그것들은 기술(technique)에서 방해물로 의미가 변화되었다"(p. 509).

나중에 펄스(1976)는 '공감'을 매우 다르게 정의했는데, 치료자 자신의 성격과 반응을 제외한, 그래서 그 장의 절반을 배제한 내담자와의 동일시의 일종이라고 보았다. 그 당시 펄스는 공감적인 치료자는 종종 내담자의 미묘한 조종에 무릎 꿇게 된다고 하였고, 내담자가 원하는 모든 환경적인 지지를 제공하는 것은 잘못이라고 믿었다. 치료자는 연민/지지 그리고 좌절 둘 다를 의식적으로 다룸으로써 이러한 위험을 예방해야 한다(3장 적극적 실험을 위한 창의적인 접근-'상전/하인' 참조).

치료적 관계: 전이에서 접촉으로

펄스는 치료적 관계를 근본적으로 새롭게 정의하면서, 심리치료의 강조점을 전이와 해석에서 지금-여기의 접촉으로 바꾸었다.

『자아, 허기 그리고 공격성』(1947/1969a)에서 펄스는 이미 프로이트 정신분석에서 나타난 관계의 비현실적이고 의례적인 측면을 극단적으로 비평한 바 있다. "정신분석적인 면담은 상담에서, 자연스럽지 못한—거의 종교적인—상태들이 지켜져야 하는 거의 강박적인 의례로 변화되었다"(p. 82). 특히 그는 전통적인 분석적 관계는 과거 프로이트의 고고학적인 콤플렉스, 그의 일방적인 과거에 대한 관심(p. 88)과 전이의 역할을 과도하게 강조했다고 믿었다. "우리는 전이 개념에서 프로이트의 역사적 관점을 볼 수 있다. 정신분석에서 일어난 것은 무엇이든 분석상황에 대한 대응으로 나온 환자의 즉각적인 반응으로 해석되는 것이 아니라 억압된 과거에 의해 촉발된 것으로 추정된다"(p. 88).

대신에 펄스(1947/1969a)는 내담자와 치료자가 인간적인 접촉을 하는, 훨씬 실질적인 관계에 대한 내담자의 욕구를 강조했다. 이러한 관계를 만들기 위해, 펄스는 환자는 카우치에 눕고 정신분석가는 환자의 뒤에 앉는 고전적인 정신분석적 배치를 점차 없애 나갔다.[4] 대신에 펄스는 각 세션의 일부

---

4) 펄스(1947/1969a)는 1940년대에 처음으로 이러한 중요한 변화를 만들었다고 썼다. 하지만 이사도어 프롬(in Wysong & Rosenfeld, 1982)과 제임스 심킨(in Gaines, 1979)은 펄스가 1940년대와 1950년대에도 여전히 가끔씩 카우치를 사용했다고 해명했다.

시간 동안 그의 환자와 서로 얼굴을 마주보고 앉는 최초의 분석가 중의 한 사람이 되었다. 이것은 미래의 치료적 관계 발달에 큰 영향을 미쳤던 근본적이고 중요한 실제적인 혁신이었다. 얼굴을 마주보고 앉는다는 것은 치료자와 내담자가 동등한 수준에서, 그리고 자연스럽게 눈 맞춤을 하며 서로 만난다는 것을 의미했다. 내담자는 "자신의 전이와 자신의 숨겨진 부분을 투사하는 스크린이 아니라 인간을 만나야 한다 …… 내담자는 자신의 투사와의 가짜 접촉 대신에 현실과의 진짜 접촉을 해낸다"(p. 239). 이 구절에서 펄스는 치료적 관계의 주안점을 전이로부터 접촉으로 변화시켰다.

펄스, 헤퍼라인 그리고 굿맨(1951/1973)은 인간적 접촉이라는 개념을 치료적 관계의 핵심으로 개발하고 다듬었다. 그들은 치료적 관계를 만남과 대화, 즉 치료자와 내담자 간의 실존적인 만남으로 보았다. 중립적인 의사의 역할 또는 가면 뒤에 숨어 있기를 거부하면서, 게슈탈트 임상가들은 자신의 반응과 내담자와의 진짜 대화 속에서의 반응을 공유한다. 예를 들어, "내담자는 그 상황에 따라 진심으로, 오해였다고 말하기도 하고, 사과를 하기도 하며, 심지어 화를 내기도 하면서 자신의 분노 감정을 만날 수도 있다 …… 이것은 '부정적 전이'라고 설명해 버리는 것과는 …… 다르다"(p. 297).

30년 이상을 인간 잠재력 회복운동(human potential movement)에 동화되어 온 1990년대 독자들로서는, 가능한 한 내담자와의 관계에서 중립적이고자 했던 프로이트 학파 분석가의 기준으로 볼 때 이것이 얼마나 급진적인 변화인지 상상하기 어려울 수 있다. 펄스는 현상으로서의 전이의 존재를 부정하지 않았으며, 많은 게슈탈트 치료자들은 치료적 과정의 한 측면으로서 전이를 다루는 작업을 훈련받는다. 그러나 두 명의 진짜 사람 간의 살아 있는 만남이 가진, 보다 큰 치료적 가치를 확언한 펄스의 공헌은 특별한 것이다.

내담자와 치료자가 인간적으로 동등하고, 유용하고 창의적인 작업을 하는 동반자 관계를 함께 확립한다 할지라도, 펄스(1976)는 그들이 갖는 동등함이란 진정한 인간 접촉, 즉 사람 대 사람의 만남과 의사소통이 일어날 수 있는 그러한 분위기와 관계를 발달시키기 위해 처음에는 치료자가 좀 더 큰 책임감을 갖는 특별한 종류의 동등함이라고 설명했다.

엘라인 케프너(in Shepard, 1975)는 1950년대 펄스의 대화방식에 대해 기술했다.

50년대 초반에 그의 세션에서 펄스는 해석적인 면을 전혀 보이지 않았고, 그의 뜨거운 의자(hot seat) 기법도 아직은 보이지 않았다. …… 그는 나중에 그랬던 것보다 더 훨씬 환자와 치료자 간의 만남을 강조했다. 만일 당신이 그의 내담자였다면 그는 당신이 생각하기에 그에게 이런 일이 일어나고 있을 거야라는 투사, 즉 당신이 그에게 미치는 모든 영향을 잘

볼 수 있게 다루었을 것이다. 그리고 그는 그가 실제로 경험하고 있는 것을 당신에게 말할 것이다 …… 나는 클리블랜드에서 한번 그와 작업했던 것을 기억한다. 나는 우울했다 …… 나는 그가 좋은 감정 외에는 결코 느끼지 않으려 한다고 주장했다. 내가 말을 마치자, 그는 "그것은 당신의 판타지예요."라고 말했다. 그리고 그는 그 자신의 상태를 공유했는데, 그는 우울하고, 매우 침체되어 있고, 불안한 상태였다(p. 66).

일반적으로 수용될 수 있는 완곡한 사회적 표현 없이 자신의 감정을 그대로 인정해 버리는 펄스의 습관은 때로는 신선할 정도로 단도직입적이었지만, 내담자에게는 거칠고 뚱딴지 같은 것으로 경험될 수도 있었다. 그는 확실히 그의 방식에 대해 비판을 받아 왔다(4장 참조). 그러나 단순 명쾌함 때문에 그는 사회적인 세련성을 관통해서 그 사람의 가슴에 도달할 수도 있었다.

진단에 대한 입장

펄스, 헤퍼라인 그리고 굿맨(1951/1973)은 그 당시에 의학과 정신분석학 분야에서 일반적이던 진단 방법들을 경계했다. 그들은 진단의 낙인이 치료자로 하여금 내담자를 객관화해서, 독특한 한 사람으로 보기보다는 질병의 유형으로 취급하도록 부추긴다고 느꼈다. 진단을 잘못 이해하면 관계는 객관적인 관계 또는 '나–그것' 방식으로 맺어지며, 사람들 간의 만남 또는 대화와 공존할 수 없다. 게다가, 펄스, 헤퍼라인 그리고 굿맨은 그러한 정상 행동 또는 현실 적응에 대한 기준의 경우 각 개인의 게슈탈트 형성 과정이 관찰 가능한 특성을 가지고 있기 때문에 불필요하다고 말한다. 현재 상호작용하고 있는 대상 인물이 멍하게 있거나 에너지가 부족할 때, 우리는 그 사람의 전부가 거기에 있지 않다고 확신할 수 있다. 그는 생생한 무언가를 알아차리지 못하고 차단하고 있는 것이다.

펄스가 가진 진단에 대한 반감에도 불구하고, 펄스와 그의 동료들(1951/1973)은 "치료자는 자신의 태도를 일관되게 유지하고, 어느 방향을 보아야 할지를 알기 위해 자신의 개념을 필요로 한다."(p. 507)는 점을 인정하면서, 우리에게 유형분류체계를 제시하였다. 그들은 어떤 유형분류체계—그들이 제시한 것을 포함하여—를 사용할 때 반드시 주의할 점은 매 순간의 대화에서 그 사람이 가진 독특함을 잃어버리지 않는 것이라고 경고한다. 그들은 그 사람에 대해서가 아니라 그 과정에 대해 진단하기를, 그리고 사람들이 현재 경험과 자신의 접촉을 방해하는 방법—융합, 내사, 투사, 반전, 자의식, 그리고 둔감화—을 기술하도록 제안한다(2장 개념군집 6-'접촉 방해' 참조). 그들은 그들의 유형분류체계가 한 사람에 대해 낙인을 찍는 것이 아니라, 하나의 단일 행동의 구조를 기술하기 위해 사용되어야 한다는 점을 강조하며 책의 그 부분을 마치고 있다.

치료 과정과 성공을 위한 기준

펄스, 헤퍼라인 그리고 굿맨의 치료 과정을 위한 기준은 '사회적 수용성'의 증가 또는 '대인관계' 향상에 달려 있는 것이 아니다. 그들의 접근은 실존적이어서 내담자로 하여금 적절한 행동에 대한 미리 정해진 개념을 따르도록 돕기보다는 내담자 자신의 기준과 가치를 인정하는 것을 더 강조한다. 내담자 자신이 생기가 넘치는지, 또는 보다 효과적으로 기능하고 있는지, 또는 목적과 의미에 대해 좀 더 깊이 느끼고 있는지, 알아차리며 과정을 진행하고 있는지의 여부를 판단한다. 내담자의 치료자와 친구들은 내담자가 느끼는 것이 달라졌다는 것을 알아채기가 쉬운데, 왜냐하면 그녀가 자신의 욕구를 충족하고 삶을 사는 새로운 방법이 눈에 띄기 쉽고 다른 사람들에게 직접적인 영향을 미치기 때문이다. 게슈탈트의 형성 및 파괴는 구체적이고 관찰 가능한 특성이다. 게슈탈트의 전경이 약하면 흐릿하고, 혼란스럽고, 어색하고, 활기가 부족한 반면, 개인이 전경/배경 형성의 역동적인 과정을 다시 확립하여 전경이 강력하면, 흥미롭고, 선명하며, 활기차게 된다. 그래서 그녀 주변의 사람들은 자연스럽게 반응적이 된다. "전경/배경 형성의 과정은 그 장의 긴급성과 자원들로부터 힘을 받아 지배적인 전경이 흥미롭고, 선명해지고, 강력해진다는 점에서 역동적이다"(Perls, Hefferline, & Goodman, 1951/1973: 278). 그래서 그 사람의 친구들은 그녀에 대한 그들 자신의 반응을 보고 그녀가 생기가 증가하고 삶에 더 몰두하고 있다는 것을 직접 경험하게 될 것이다.

만일 치료가 성공적이라면, 그 내담자는 자신의 고유한 삶의 의미와 방향을 더 잘 느끼게 될 것이며, 좀 더 자기지지적이 되고, 더 이상 자신이 통제할 수 없는 방해하려는 힘들에게 휘둘리지 않게 될 것이다. 특히 그 내담자는 자신이 현실과의 접촉에서 벗어나 있을 때 알아차리는 법, 그리고 어떻게 어떤 지점에서 접촉에서 벗어나는지를 확인하고 현재의 진정한 경험과 재접촉하는 법을 배운다.

만일 그녀가 알아차림의 기법, 즉 변화하는 상황과의 접촉을 따라가고 지속적으로 접촉하는 기법을 배운다면, 그래서 관심, 흥분, 성장이 유지된다면, 그녀는 그녀의 문제가 '안에 있는 것이든' '밖에 있는 것이든' 상관없이 더 이상 신경증적이지 않게 된다 …… 응급상황에서 자기가 접촉을 유지할 수 있고 계속 견뎌 낼 수 있을 때, 치료는 종결된다(Perls, Hefferline, & Goodman, 1951/1973: 526).

변화 과정

펄스의 입장에서는, 변화란 노력이나 자기통제, 또는 회피에 의해 얻어지는 것이 아니다. 실제로 의지에 의해 결정된 변화 또는 의도적인 변화는 오래 가지 못하거나 비효과적임을 자주 지적한다. 어린 시절 부모와 교사에 의한 행동 통제는 우리 대부분에게 '자기통제'를 확실하게 가르쳤다. 하지만 이러한 자기통제는 우리에게 막대하고 불필요한 내적 갈등을 창조해 낸다. 내면의 존재는 마치 그 자신과 전쟁을 하는 것 같다. 통제하는 부분은 자발적인 부분의 자연스런 충동을 제한한다. 우리는 끊임없이 '되어야만 하는' 우리와 실제의 우리 사이를 왔다 갔다 하고 있다. 우리는 역할들과 편안한 습관들 뒤에 숨어서 삶의 도전을 피하려고 애쓴다. 급진적인 입장에서, 펄스는 치료자가 그 개인의 어떤 부분으로 하여금 순종하거나, 변화하거나, 또는 행동하도록 회유하기 위해 그 개인의 강압적인 부분—그가 종종 상전(top dog)이라고 부르는 것—과 손잡지 않아야 한다고 주장한다. 마찬가지로, 치료자는 그 개인의 회피하는 부분과도 한 통속이 되지 않아야 한다.

펄스, 헤퍼라인 그리고 굿맨(1951/1973)은 변화와 성장이 자기 자신을 직면했을 때 얻게 되는 자연스럽고 피할 수 없는 결과이며, 온전한 알아차림, 선명한 접촉 그리고 동화를 통해 이루어지는 존재의 본성이라고 믿었다(2장 개념군집 4-'접촉과 동화의 중심 이론' 참조). 실존적인 역설의 정수로서, 변화란 그 사람이 그녀가 아닌 것이 되려고 노력할 때가 아니라, 자신을 직면하고서 이미 자신인 것을 온전하게 이루어 갈 때 일어난다(Beisser, 1970 참조).[5] 게슈탈트 치료는 변화 그 자체를 목적으로 하지 않는다. 치료자가 할 일은 내담자가 자신의 알아차림을 개발하고 현재 어떠한지에 온전히 접촉하도록 돕는 것이다. 변화는 내담자가 최소한 잠시라도 되고자 하는 것이 되기 위한 노력을 단념하고, 가능한 온전하게 현재의 자신을 경험할 때만 일어난다. 펄스는 엘리(Ellie)와의 세션에서 의도적인 변화는 효과가 없다는 사실을 강조한다.

> 엘리: 내 이름은 엘리예요. 그런데 나는 지금 가슴이 두근거리는 것을 느껴요. 긴장을 풀고 싶어요.
>
> 펄스: 그것은 계획이에요.
>
> 엘 : 뭐라구요?
>
> 펄 : 그것은 계획이라구요. 당신이 "나는 긴장을 풀고 싶어요."라고 말했던 거요.
>
> 엘 : 나는 지금 노력하고 있어요.

---

5) 펄스는 변화의 역설적 성질에 대한 언급을 끌어내고 예를 들기도 했는데, 변화에 관한 게슈탈트 사고 발달에 중심이 되어 온 변화의 역설적 이론을 계발한 사람은 바이서(Beisser, 1970)이다.

펄 : "나는 노력하고 있다." 이것 또한 계획이에요. 당신은 당
신이 되고자 하는 것과 현재 상태를 혼동하고 있네요.

엘 : 이제 나는 …… 나는 내 팔을 움직이고 있는데, 마음 편
하게 느끼려고요. 그리고 내가 이야기하고 싶은 것은
…….

펄 : 엘리, 당신에게 이야기해 주고 싶은 게 있어요. 이 작업
의 기반은 '지금'이에요. 당신은 작업 내내 '미래'에 있군
요. "나는 이것에 대해 이야기하고 싶어요." "나는 이것을
노력하기를 원해요." 등등. 당신이 작업하기를 바란다
면, 모든 문장을 지금이라는 단어로 시작해 보세요.

엘 : 지금 나는 펄스 박사, 당신에게 얘기하고 있어요. 나는
편안하지 않다고. 지금, 나는 내 가슴이 올라갔다 내려
갔다 하는 것을 느껴요. 나는 깊은 호흡을 느껴요. 나는
지금 약간 나아졌음을 느껴요.

펄 : 당신이 보았듯이, 미래로 도망가려고 애쓰는 대신에, 당
신은 지금 당신 자신과 접촉했어요. 그래서 당연히 당
신 기분은 좀 더 나아지고요.

펄스는 엘리와의 작업을 다음과 같은 변화에 대한 이야기
로 마치고 있다.

우리는 모두 변화하려는 생각을 하고 있습니다. 그리고 대

부분의 사람들은 계획을 세움으로써 변화하려고 하지요. 그
들은 변화를 원합니다. "나는 이렇게 되고 싶어요." "저렇게
되고 싶어요" 등등. 의도적인 변화는 절대, 절대, 절대, 제대
로 기능하지 못합니다. 당신이 "나는 변화하고 싶어요."라고
말하자마자 계획을 세우는 것이지요. 당신이 변화하지 못하
도록 대항세력이 생겨납니다. 변화는 스스로 일어납니다. 만
약 당신이 현재 있는 그대로의 당신에게 더 깊이 들어간다면,
만일 당신이 거기에 있는 것을 그대로 수용한다면, 그때 변화
는 스스로, 자동적으로 일어납니다. 이것이 변화의 역설입니
다(Perls, 1969b: 175–6, 178).

방법

앞에서 논의한 것처럼 변화에 대한 역설적인 개념의 결과
로, 치료방법은 주로 현재 알아차림과 현상학적 조사에 의존
하게 된다. 펄스(1947/1969a/1976)는 유일한 심리학적 현실은
현재라고 제안했다. 우리는 현재에서, 바로 이 순간, 지금–여
기에서, 우리의 실존을 살아간다(2장 개념군집 2– 현재 '알아차
림'의 개념' 참조).

현재 알아차림으로 작업하기

펄스는 심리치료 분야에서 새로운 것을 도입했다. 그는 개인(내담자, 치료자 또는 일반인)이 주관적인 인간 행동의 자료를 탐색하고, 자신에 대해 온전하게 알아차릴 수 있는 연습 체계를 창안해 냄으로써, 현재 행동을 살펴볼 수 있는 실험적인 방법을 만들어 냈다. "기본적으로 지향해야 하는 바는 당신이 유기체로서 그리고 사람으로서 지금 어떻게 기능하고 있는지를 알아차리게 되도록 돕는 것이다. 당신만이 필요한 관찰을 만들 수 있는 유일한 사람이기 때문에, 우리는 당연히 이전에는 '개인적인 일'로 얘기되었던 것들을 다룰 것이다"(Perls, Hefferline, & Goodman, 1951/1973: 42).

펄스는 이와 비슷한 조사적 접근(investigative approach)이 심리치료에서 핵심적이라고 하였다. 그가 통일적 접근이라고 일컬은 접근법에서, 게슈탈트 치료자는 내담자 존재의 모든 측면—신체, 얼굴 표정, 몸짓, 근육활동, 음색, 습관적인 자세, 걸음 등등—에 주의를 기울이고, 그곳으로 주의를 돌려야 한다. 평범한 일상 행동을 보다 온전하게 알아차리게 되면, 내담자가 자신의 환경에 접근하고, 접촉하며, 조종하고 그리고 자신의 욕구를 충족하는 방법, 다시 말해서 매우 구체적이고 관찰 가능한 방법들이 드러나게 된다. 또한 내담자가 어떻게 자신의 접촉을 방해하는지, 그리고 현재에서 어떻게,

그리고 언제 자신의 욕구를 충족시키는 데 실패하는지를 치료자와 내담자 둘 다에게 보여 줄 수 있다. 또한 치료자는 내담자/치료자 장에서 동등하게 중요한 측면으로서 자신의 과정과 반응에 주의를 기울일 수 있으며, 그것들이 의미가 있을 때는 내담자와 공유할 수 있다.

펄스에게는 과정을 알아차리는 것이 전부였으며, 그는 알아차림 기법만이 가치 있는 치료적 결과를 생산할 수 있다고 주장했다(1976). 엘리와 작업한 첫 부분(208~209쪽)에서 펄스가 어떻게 내담자에게 현재의 알아차림에 머무르도록 격려하는지, 그리고 현재에서 벗어나려는 내담자의 시도를 어떻게 좌절시키는지를 보여 준다.

현상학적인 조사방법

펄스는 현재 알아차림 수준을 높이기 위해 현상학적인 방법을 썼다. 현상학적인 접근의 경우, 치료자는 추론이나 해석을 하지 않고 자신이 지각한 것을 기술한다. 치료자는 내담자의 행동이나 기술에서 무엇이 의미 있는 것인가에 대한 이전의 가정들을 유예하고, 보여지고, 들려지고, 느껴지는 모든 것에 동등한 의미를 부여한다. 겉보기에는 단순한, 그 장에 대한 현상학적인 조사방법은 우리가 실존과 접촉하도록 도울 수 있다. 주체로서의 나는 나다움에 있다. 주체로서의 당신은 당신다움에 있다. 그것이 우주의 중심이며 동력이다. 우리가 사물이나 사람을 보통 말하는 그런 말로 기술할 때, 그 본질을 알 수 있게 된다. 내담자나 치료자 모두 명백한 것의 가치를 평가절하하거나 당연시 여기고, 불가해하거나 복잡한 것을 찾고 있는 경우가 많다.

이미 1940년대에 펄스(1947/1969a/1948)는 기술(description)은 인간과 동물을 구별짓는 강력한 도구이며, 그로 인해 우리는 현재에 접촉하고 경험을 재창조할 수 있다고 주장하였다. 그는 심리치료사들이 표층을 중시하고, 명백한 것에 매달리고, 지금 현재 상태에 남아서 자신이 실제로 보고 들은 것에 주의를 기울일 것을 촉구했다. 왜냐하면 "이상하다 할 만큼, 모든 위대한 진보는 분명하고 뻔한 것을 조사함으로써 이루어졌기 때문이다. 다른 치료자들로부터 성공하지 못한 사례를 인계받은 후에, 나는 명백한 것이 내담자뿐 아니라 치료자에게서도 마찬가지로 대수롭지 않게 여겨졌던 것을 자주 발견했다"(Perls, 1948: 577). 펄스는 명백한 것이 간과되었던 생생한 사례를 보여 주었다. 예를 들어, 진보적인 정신분석가와 작업을 했음에도 불구하고, 일을 못하겠다고 완강하게 버티면서 자신의 아내를 죽이는 강박적인 사고를 가지고 있었던 한 예술가가 있었다. 그와의 한두 회기 후에, 펄스는 그 예술가에게 그의 아내를 죽이는 조각을 만들어 보는 실험을 제안했다. 그 예술가는 열정과 흥미를 가지고 작업에 되돌아갈 수 있었으며 살인 판타지로 괴로움을 겪는 것을 멈출 수 있었다. "그의 사례에서 간과되었던, 분명하고 명백한 점은 그의 표현방법이 언어가 아니라 조형물이었다는 점이었다"(Perls, 1948: 578).

펄스, 헤퍼라인 그리고 굿맨(1951/1973)은 반복적으로 독자에게 선입견을 한쪽에 내려놓을 것을 요구했다. "선입견 없이, 어떤 종류의 모델도 없이, 어떤 종류의 공식적인 지침도 없이 네 자신으로 돌아오라"(p. 116). 사소한 것들로부터 빠져나와 우리 행동에서 드러나는 겉 표면을 보면, 우리의 현재 지배적인 욕구와 미해결과제가 거기에 있다. 현상학적인 접근법을 통해 우리는 다시 어린아이처럼 천진난만하게 그 자체의 것을 보고, 맛보고, 만지고, 냄새 맡고, 느껴 볼 기회를 가질 수 있다.

펄스 자신은 현상학적인 조사에 있어서 천재성을 갖고 있었다. 내담자/치료자 장의 모든 현상을 알아차리는 그의 능력은 놀랄 만한 것이었다. 그는 내담자의 존재방식 또는 그녀가 상담과정에서 언급한 명백하거나 습관적인 측면 중, 아주 작아서 겉으로는 의미 없어 보이는 세부사항까지도 관찰하고 주의를 주었다. 이러한 관찰로 인해, 중요했지만 이전에는 무시되었던 내적 갈등을 알아차리게 되거나, 내담자가 다룰 필요가 있었던 과거의 미해결과제가 표면으로 떠오르기도 했다. 몇 차례나(1장 멘도시노, 샌프란시스코, 로스앤젤레스 그리고 세계 여행' 참조) 그는 신체 자세와 얼굴 표정만 가지고 잘 모르는 사람들을 정확하고도 통찰력 있게 기술하였는데, 사람들이 그가 말한 것에 깜짝 놀랄 정도였다. 이것은 펄스가 현재의 현상에 주의를 기울임으로써 가능했던 것이다. 이 장(chapter)에서는 한 장(field)에서의 몇몇 '명백한' 현상에 내담자의 주의를 끌어내면서 효과적인 치료결과를 내는 펄스의 치료적 대화가 예시된다. 즉, 맥신의 음성의 질에 대해 언급할 때(3장 적극적 실험을 위한 창의적인 접근: '신체언어의 창의적 실연' 맥신 사례 참조) 또는 젊은 여성이 자신의 다리를 사용하기를 싫어할 때(3장 적극적 실험을 위한 창의적인 접근: '직관과 정교한 현상학적 관찰' 다리 움직임이 없는 여성 사례 참조) 같은 경우이다. 종종 작업의 참여자들은 그의 효율성을 직관이나 마술로 치부해 버리는데, 왜냐하면 그들 자신은 그의 예리한 관찰력과 정확한 현상학적인 조사를 따를 수 없기 때문이다.

펄스는 치료자가 "왜?"라는 질문보다는, 오히려 "어떻게?" 그리고 "무엇을?"이라는 질문을 할 것을 권장했다. 왜냐하면 후자는 현상학적인 조사를 격려하고 현 상황의 실제 구조를 기술하기 때문이다.[6] 따라서 "어떻게?"와 "무엇을?"을 묻

---

6) 펄스는 개입으로서 "왜(why)"라는 질문을 사용하는 것을 지속적으로 비판해 왔는데, 그는 "왜?"라는 질문이 내담자로 하여금 그 자신의 현상학을 탐색하기보다는 인지적으로 내적 성찰을 하게 하고, 지적으로

는 질문은 현재의 장에 대한 내담자의 유기체적인 알아차림
과 그 안에서 기능하는 법, 그리고 자신의 현재 상태에 대한
전체론적인 발견을 발달시킨다. 펄스는(1976) 가끔 게슈탈트
알아차림 기법의 정수는 세 가지의 주요 질문, 즉 "뭘 하고 있
나요?" "무엇을 느끼고 있나요?" 그리고 "무엇을 원합니까?"
로 요약될 수 있다고 주장했다. "우리는 정신의학의 관심사
를 알 수 없는 것에 대한 병적인 집착으로부터, 즉 '무의식'에
대한 숭배로부터 알아차림의 문제와 알아차림의 현상으로 돌
려놓아야 한다"(Perls, Hefferline, & Goodman, 1951/1973: 15).

　　다음 예에서, 펄스는 리즈라고 불리는 내담자와 거미가 나
오는 꿈 작업을 했다. 그는 거미에 대한 그녀의 반응을 현상
학적으로 조사하고 묘사하도록 만들기 위해 지속적으로 "무
엇을?" 그리고 "어떻게?"라는 질문을 사용한다.

　　리즈: 거미 같아요.
　　펄스: 당신은 **무엇을** 느끼나요? 당신은 개인적으로 무엇을 경
　　　　　험하세요?
　　리　: 신체적인 것을 의미하나요?

　　처리하며, 합리화를 추구하게 한다고 믿었다. 그것은 내담자가 자신의
　　행동이나 문제가 단일한 원인에 의해 설명될 수 있으며 그 설명이 자신
　　의 현재 문제를 해결하는 데 도움이 될 거라고 믿게 만드는 망상을 갖
　　게 한다.

펄 : 신체적으로, 감정적으로, 지금까지 우리는 대부분 생각
하고 말하고 …… 그것만 해댔죠.

리 : 나는 …… 내 몸 위에 거미가 앉아 있는 거 같아요. 어
떻게든 하고 싶어요.

펄 : 거미가 몸 위에 앉아 있어요. 당신은 **무엇을** 경험하나
요?

리 : 거미가 여기까지 올라오는 것처럼 느껴져요.

펄 : 거미에게 아무런 반응도 안 했나요? 만일 실제로 거미
가 지금 기어간다면 당신은 **무엇을** 경험할까요?

리 : 아드레날린이 나올 거 같고 벌떡 일어서서 소리를 지르
겠죠.

펄 : 어떻게? [리즈는 냉담하게 브러쉬로 거미를 털고 있다.]
다시 한번만 더. 거미가 여전히 거기에 있네요……

리 : 소리를 지르겠지요. 그리고 ……

펄 : 어떻게? …… 당신은 **어떻게** 소리를 지를 것입니까?

리 : 그럴 수 있을지 모르겠어요. 하지만 소리친다면 내가
그 소리를 들을 수는 있겠죠. 그냥 소리가 나오지 않을
까요.

펄 : 어떻게?(Perls, 1969b: 86-7)

펄스(1979)는 후설의 현상학에 영감을 받아 어떻게 내담자
에게 치료에 오게 한 증상과 그 증상을 유지시켰던 과정에 집

중하도록 했는지 기술했다. 그는 그의 내담자 중 한 사람이 그 자신의 본질과 과정에 진짜로 접촉하고 강력한 과거의 미해결과제를 떠올려 작업했던 예를 자세하게 현상학적으로 기술했다.

"…… 내 앞머리가 쑤시고, 내 입은 마르고, 내 머리는 베개에 눕고 싶어 해요. 지금 나는 숨을 쉴 수가 없어요. 나는 거리를 따라 달려 내려가는 나 자신을 봐요. 자동차가 나를 추월해요. 하지만 나와 부딪히지는 않아요. 이것이 실제로 일어난 것인지, 아닌지 나는 모르겠어요. 내 무릎은 매우 무겁고, 내 눈은 감기고, 나는 울고 싶은 것처럼 느껴요. 그러나 나는 그럴 수 없어요. 나는 6년간 울지 않았어요." 그때 그는 자동차에 치어 죽은 그의 아버지에 관해 이야기하기 시작한다. 그는 이것과 그 사고와 죽음의 세세한 부분과 연관시키면서 사실적인 목소리로 말한다. 그러나 다음 순간, 그는 관을 상상하고, 갑자기 크고 강렬하게, 진정한 울음을 터트린다(Perls, 1979: 16-17).

게슈탈트 치료에서 과거의 역할

펄스가 지금-여기의 현상학적인 묘사를 심하게 강조했기 때문에 게슈탈트 심리치료에 대한 일반적인 오해가 생겨났다. 펄스와 다른 게슈탈트 이론가들을 연구하지 않은 사람들은 때로 게슈탈트 심리치료사들이 개인의 과거를 다루지 않는다고 믿는다. 크게 봐서 이것은 진실이 아니다. 만일 내담자와 치료자가 내담자의 현재 상호작용의 내적 구조에 세심한 주의를 기울인다면, 그 내담자의 과거로부터의 미해결 상황들은 결국 그녀의 현재 알아차림이 되곤 한다. 이러한 경우 많은 게슈탈트 심리치료사들은 내담자가 과거로부터의 그러한 경험들을 탐색하도록 작업한다. 펄스는 확실히 일부 과거 장면들과 현재 내담자 삶의 요소들을 가지고 작업했다. 펄스가 지적한 것은 내담자와 치료자는 과거를 재방문할 수 없다는 점이며, 우리는 그것을 바래서도 안 된다는 것이다. 이것은 단지 과거를 반복하게 할 뿐이며 내담자에게 다시 심리적 외상을 경험하도록 하는 것일 뿐이다. 우리는 현재의 변화된 조건 내에서 과거의 요소들을 탐색할 수 있다.[7] 그렇게 함으로써, 내담자는 과거로부터의 미해결상황을 완결하고 그녀가 했던 이전의 결정들과 자신에 대한 이미지를 바꿈으로써 새롭게 그녀 자신을 발견하고 만들 기회를 갖는다.

---

7) 게슈탈트 치료에서 과거와의 관련성에 대한 설명은 2장 개념군집 2-'현재 '알아차림'의 개념', 3장 방법-'게슈탈트 치료에서 과거의 역할', 4장 게슈탈트 치료에 대한 코블의 관점-'펄스는 과거를 경시하고 모든 것이 현재에서 다루어질 수 있다고 주장한다?'와 Polster(1987), Clarkson(1988)를 보시오.

앞서 주어진 예는 현재 과정에 대한 현상학적인 묘사가 어떻게 미해결과제(아버지의 죽음)를 발견하고 작업하게 이끄는지를 보여 준다. 3장의 적극적 실험을 위한 창의적인 접근(직관과 정교한 현상학적 관찰)에 있는 치료회기에서 현재 장의 모든 측면에 대한 현상학적인 조사를 했을 때 강한 미해결상황이 어떻게 자발적으로 떠올랐는지를 보여 주는데, 현상학적인 조사를 통해 이전에는 무시되었지만 그 내담자가 다리를 움직이지 않는다는 '명백한' 사실을 알아차리게 할 수 있었다. 그것은 그 내담자가 비극적으로 장애를 입은 자매에 대해 아직까지 가지고 있던 강한 미해결감정의 표현이었음이 드러난 것이다. 3장의 적극적 실험을 위한 창의적인 접근(두 의자 작업)에 언급된 진의 꿈은 내담자가 과거를 생생하게 가져와 현재 순간에서 과거 상황의 감정적 해결을 찾도록 돕는 펄스의 탁월한 기술의 또 다른 예이다. 이러한 발췌문들은 부득이하게 짧기 때문에 독자들이 펄스가 한 과거와의 작업의 영향을 충분히 감상하기 위해서는 원본을 읽도록 권한다.

치료적 도구

펄스에 의해 개발되고 사용된 도구와 '기법'은 많은 논란거리였다. 펄스와 그의 추종자들은 그가 기법을 사용한 것이 아니라, 개개의 내담자들과 직면했던 각각의 새로운 치료적 딜레마에 대한 답으로서 독특한 반응들, 실험들 그리고 개입들을 창안한 것이라고 주장했다.

> 현재로서, 나의 기법은 기능과 실험에 기반을 둔 것이다. 내가 내년에 무엇을 할지, 나는 말할 수 없다(Perls, 1948: 574).

> 프리츠는 훈련생들에게 "이해 없이 사용되는 기법은 술책이다."라고 말했다. 프리츠는 게슈탈트를 완성하기 위한 도구를 개발했는데, 그것은 자연스러운 과정이었다. 게슈탈트를 완성하기 위한 길은 여러 가지가 있지만, 기본적으로 '기법'을 사용하는 사람들은 프리츠의 정수를 이해하지는 못했다(Barry Stevens in Gaines, 1979: 146).

> 프리츠와 관련한 내 경험으로는, 그는 게슈탈트 치료를 했던 것이 아니라, 게슈탈트 치료를 매번 창조해 내었다. 그는 몇 가지 레퍼토리를 가지고 있었지만, 본질적인 요소는 순간순간, 언제나, 일어나고 있는 것과 함께 있었다는 것이다 (Claudio Naranjo in Gaines, 1979: 298).

펄스의 작업이 극적이고 효과적이었기 때문에 상대적으로 훈련받지 않은 사람들은 그의 작업이라고 그들이 생각했던 것을 모방했다. 그들은 임상적인 경험 없이, 그리고 그가 작업을 했던 전체 맥락에 대한 이해 없이, 즉 게슈탈트 이론과 실제에 대한 지식 없이 펄스가 한 것처럼 보이는 것을 했다. 이러한 방법으로 작업하면, 펄스의 창조적이고 개별적인 치료적 대화가 즉각적인 치료나 즉각적인 흥분을 보장하는 것처럼 보이기 때문에, 단순한 술책들로 축소될 위험성이 있다. "불행하게도, 이러한 워크숍 접근법은 게슈탈트 치료의 본질로서 폭넓게 받아들여지고 있으며, 점점 더 많은 치료자들이 누구에게나 그런 작업을 적용시키고 있다. 그래서 게슈탈트 치료는 오로지 기법적인 양식인 것처럼 변형되어 버린다"(Laura Perls, 1992). 말년이 되어 가면서, 펄스는 에살렌에서 매우 폭넓게 대중화된, 이 같은 기법들이 잘못 쓰일까 봐 걱정되었다. 코위찬 호수에서 그는 『게슈탈트 치료 축어록』(1969b)의 서문을 썼는데, 거기에서 그의 독자들에게 돌파구를 찾는 것이 치료와 등가라는 사고는 위험하다고 경고했다.

이러한 기법들, 이러한 도구들은 감각적인 알아차림이나 기쁨에 대한 세미나에서 매우 유용하다. 그러나 슬픈 사실은 이 새로운 시도가 위험한 대체 활동, 즉 성장을 막는 또 다른 가짜 치료가 될 수 있다는 것이다. 게슈탈트 치료에서 우리는 뭔가 다른 작업을 하고 있다. 우리는 성장과정을 촉진하고 인간 잠재력을 개발하기 위해 여기에 있다. 우리는 즉각적인 기쁨을, 순간의 감각적 알아차림을, 즉각적인 치료를 이야기하고 싶지 않다. 성장과정은 시간이 걸리는 과정이다. …… 치료할 때에, 우리는 역할놀이를 벗어나도록 해야 할 뿐만 아니라, 또한 그 사람을 다시 전체적이고 완전하게 만들기 위해 그 성격에 나 있는 구멍들을 채우기도 해야 한다(Perls, 1969b: 1-3).

그럼에도 불구하고, 나란조와 스티븐스가 지적했듯이, 펄스는 극히 효과적이고 혁신적인 레퍼토리들로 구성된 치료적 접근법과 도구들을 사용했다. 욘테프(1992c)는 펄스 자신이 종종 그 자신의 창의적인 발명품들을 반복적으로 사용했기 때문에, 상반되는 그의 주장에도 불구하고, 오히려 술책 같은 기법이 되어 버렸다고 지적했다.

이 장의 다음 두 부분은 펄스가 그의 치료적 작업, 특히 꿈을 탐사하는 데 사용했던 창의적인 도구들을 살펴볼 것이다. 펄스의 이론적 사상들(2장)과 그의 치료 과정에 대한 전체적인 견해(3장)를 기술했기 때문에, 우리는 독자들이 지금 우리가 탐색할 도구들을 술책으로 바꿔 버리지 않고, 그것들을 실제적이고 이론적인 펄스의 공헌과 통합해서 이해할 것으로 믿는다.

적극적 실험

펄스는 자주 완전한 알아차림(감각, 감정 그리고 이해를 포함해서)이 성장 그 자체라고 주장했다. 그러나 그 당시 그는 알아차림만으로는 변화가 느리다고 말했다(1976). 게다가, 펄스는 적극적 실험이라는 아이디어를 소개했다. 그는 과학실험실의 실험보다는 폭넓은 의미로 '실험'이라는 단어를 제시했다. 그는 내담자가 새로운 행동을 시도해 보고, 무엇이 일어나는지를 보도록 격려 받는 치료적 상황을 묘사하기 위해 실험을 사용하였다. 게슈탈트 치료회기는 그 자체가 대체적으로 실험이다. 왜냐하면 만일 치료자와 내담자가 충분히 인간적이고, 순간순간 알아차림에 집중한다면 그들 중 누구도 상호작용의 결과를 통제하거나 예측할 수 없기 때문이다. 내담자는 자기 스스로를 더욱 온전하게 경험하고, 치료회기의 사건들을 견뎌 내며, 시행착오를 하면서 탐색하는 기회를 갖는다.

치료자가 창의적인 도전을 하기 위해서는 내담자의 현재 흥미와 관련된 것을 찾아내고, 동시에 내담자가 알아차리지 못하거나 억압된 감정을 촉발시킬 수 있어야 하며, 또한 내담자가 기꺼이 시도할 수 있도록 충분히 '안전한' 실험들을 생각해 낼 수 있어야 한다(또는 내담자와 협력하여 설계하는 것이다). 펄스, 헤퍼라인 그리고 굿맨(1951/1973)은 이런 미묘한 균형점을 만들어 내는 것을 '안전한 비상상황'을 촉발시키는 것이라고 묘사했다. 그들은 실험 설계의 정교성을 강조하며, 실험의 과제는 문제 또는 실험을 제공함으로써 반복된 미완성의 해결책이 더 이상 적절하고도 가능한 해결책이 아니라는 점을 제시하는 것이라고 했다. 실험을 통해 내담자는 고정된 행동(또는 게슈탈트)이 더 이상 어떤 것도 이루어 주지 않는다는 것을 깨닫고 그 행동을 포기할 수 있다.

펄스, 헤퍼라인 그리고 굿맨(1951/1973)은 게슈탈트 실험을 어떻게 설계할 것인지에 대해 매우 상세한 지침을 주었는데, 우리는 그것을 다음과 같이 단순화했다.

전제조건 ◉ 어떤 실험을 시작하기 위한 전제조건으로, 내담자는 기꺼이 적극적으로 자신이 느끼는 것, 생각하는 것, 행하는 것, 말하는 것에 주의를 기울이고, 상상, 신체 감각, 비언어적 의사소통, 기술(description), 가능한 동작과 실연을 통해 자신의 알아차림을 확장할 의사가 있어야 한다.

➤ 1단계 실험의 주제는 내담자에게 즉시성이 있는 관심거리라야 한다. 그래야 그녀는 의도적으로 주의를 기울이려고 노력할 필요가 없으며, 자연스럽게 그것에 빠져든다. 그것은 그녀가 모호하지만 충분히 알아차리지는 못한, 그 무엇이어야 한다.

➤ 2단계 치료자는 결과에 개의치 않고 내담자가 현재의 장을 탐색하고 그녀의 알아차림을 증가시킬 수 있는, 실제 행위를 통한 실험을 제안한다(또는 내담자와 협력하여 설계한다).

➤ 3단계 내담자는 현재 행동이나 태도를 과장하거나 증폭시키도록 권유받거나, 그녀의 현재 행동이나 태도를 억제하도록 권유받는다.

➤ 4단계 부정된 행동이나 감정과의 접촉이 보다 강렬해지면, 내담자의 흥분/불안은 불가피하게 각성되거나, 에너지가 동원된다. 그녀는 그 실험을 비상상황 또는 실존적 위기로서 경험할 것이고, 흥분과 두려움 사이에서 꼼짝할 수 없음을 경험할 수 있다. 이 꼼짝할 수 없는 지점이 또한 소위 교착상태라고 불린다. (내담자와 치료자 둘 다 비상상황이라고 느끼는 것이 실제로는 또한 안전하다는 것을 안다)

➤ 5단계 안전한 비상상황에서, 억제되고 알아차리지 못한 감정, 태도, 행동 또는 기억은 충분히 알아차려질 수 있으며, 자신에 대한 또는 자신의 나-경계에 대한 내담자의 경험은 변화될 수 있다.

➤ 6단계 내담자는 이제 '내가 이것을 느끼고 있고, 생각하고 있고, 행동하고 있다는 것'을 느끼며, 자신의 억제된 부분을 자신의 것으로 수용한다.

적극적 실험에서의 불안의 중요성 ◉ 펄스는 이 특별한 치료 접근법의 새로운 점은 불안을 경험하는 것이 과정의 불행한 부산물이 아니라 본질적인 요소라는 점을 강조했다. 왜냐하면 내담자가 불안을 느끼는 경우에만 고정된 게슈탈트를 취소하고 자신의 용기를 유지하면서 자신의 입장을 고수하거나 원하는 것을 말할 수 있는 진정한 기회를 가질 것이기 때문이다(2장 개념군집 6-'건강한 기능과 장애가 있는 기능에서의 불안과 흥분' 참조).

게슈탈트 실험의 예

펄스(1976)는 간략하게 한 가지 실험의 예를 제공했는데, 우리는 앞서 제시한 각각의 지침들이 어떻게 게슈탈트 실험 설계로 실제 적용됐는지 해석과 함께 보여 주도록 하겠다.

펄스의 환자는 아무도 자신을 존중하지 않는다며 고민을 털어놓았다. 회사 식당에서 일어난 일이 그를 괴롭혔지만, 왜 그렇게 화가 나는지, 그는 알 수가 없었다. [1단계: 이 주제는 내담자의 현재 관심사이고, 모호하게는 알고 있지만 완전히 알아차리지 못한 것이다.]

펄스는 내담자에게 그를 괴롭힌 그 일을 상상하면서 현재 시제로 그 경험을 다시 말하도록 요청했다. [2단계와 3단계:

치료자는 내담자가 알아차림을 고양시킬 수 있도록, 실제 행위를 하는 실험을 제안한다. 상상 속에서 현재 시제로 그의 경험을 반복함으로써 환자는 모호하게 화난 것에 대한 현재 태도를 증폭시킬 수 있다.]

환자 : 나는 우리 식당에 앉아 있어요. 우리 상사가 몇 테이블 떨어진 곳에서 식사하고 있어요.

치료자 : 당신은 무엇을 느낍니까?

[3단계(a): 치료자는 현상학적인 조사를 통해 그 환자의 현재 알아차림을 고양시키는 데 집중한다. 동시에 환자의 모호하게 화난 것에 대한 그의 현재 태도와 그 자신의 접촉을 증폭시킨다.]

환자 : 아무것도 안 느껴요. 그는 어떤 사람에게 말하고 있어요. 이제 그는 일어나고 있어요.

치료자 : 지금은 당신은 뭘 느낍니까?

[3단계(a): 치료자는 현상학적인 조사를 계속한다. 그리고 순간마다 변화하는 환자의 알아차림을 고양시키는 데 집중한다. 그래서 그의 현재 태도가 증폭된다.]

환자 : 내 심장이 쿵쾅거려요. 그는 내 쪽으로 움직이고 있어요. 이제 나는 흥분되기 시작해요. 그는 나를 지나쳐 가고 있어요.

[4단계 : 이전에 부정된 태도나 행동과의 접촉이 더 강렬해질

때, 내담자의 불안/흥분은 각성된다.]

치료자 : 이제는 뭘 느끼나요?

환자 : 아무것도 안 느껴요. 전혀 아무것도요.

[4단계 : 환자는 아무것도 안 느낀 상태로 되돌아간다. 이것이
        그가 충분히 알아차리지 않고 어떤 태도와 감정을 붙
        잡고 있는 그 지점일 수 있으며, 떠오르는 감정에 관
        한 흥분과 그것을 인정하고 소유하는 것에 대한 두려
        움 사이에 있는 꽉 막힌 지점일 수 있다.]

치료자 : 당신은 당신이 주먹을 쥐었다는 것을 알아차립
        니까?

[5단계 : 치료자는 그의 알아차림의 장에서 무시된 요소를 가
        져오며, 환자 자신의 비언어적인 행동으로 환자의 주
        의를 끌어들인다.]

환자 : 아니요. 하지만 당신이 말하니까 알겠어요. 사
        실, 나는 상사가 내 바로 옆을 지나가면서 내가
        엄청 싫어하는 어떤 사람에게 말을 해서 화가
        났어요. 내가 너무 과민해서 나 자신에게 화가
        나요.

[5단계 : 이전에는 무시되었던 화난 감정을 이제는 환자가 알
        아차리게 되었다. 그러나 아마 여전히 누군가에 대한
        그의 화를 충분히 확인하는 것이 두려워서, 그의 분노
        를 반전하는 것처럼 보인다.]

치료자 : 그 밖에 또 다른 누군가에게도 화가 났나요?

[6단계 : 치료자는 환자의 화에 대해 폭넓게 탐색해 보도록, 그리고 그 반전을 취소할 가능성이 있도록 권해 본다.]

환자 : 물론이죠. 상사가 멈춰서 말했던 그 녀석이지요. 무슨 권리로 그는 상사를 막는 거지요? 보세요. 내 팔이 떨려요. 지금 당장 그 자식을, 그 더러운 아첨꾼을 쳐 버리고 싶어요.

[6단계 : 환자는 이제 이전에 고립시켜 두었던 화를 자신의 것으로 느낀다.] (Perls, 1976: 89)

물론 펄스의 실험들은 일반적으로 앞의 것보다 더 복잡했다. 그는 위에서 기술한 단계들을 밟아가며 작업하기도 했지만, 자주 되돌아가거나, 옆길로 새거나, 또는 심지어 주 실험 안에 부가적인 실험을 도입하기도 했다.

치료적 상호작용의 공개시연

펄스의 가장 중요하고도 실제적인 혁신 중 하나(욘테프, 1992a)는 치료적 상호작용을 공개시연한 것이다. 그는 정신분석의 신비주의와 그 신비로움을 강조하는 경향 때문에 정신분석을 비판해 왔다. 그와 반대로, 펄스는 그의 이론서에서 그가 의도한 바를 설명하고 그의 이론이 실제에 어떻게 구현될 수 있는지 기꺼이 보여 주었다(1969b). 특히 그의 시연은 적극적 개입과 현상학적인 조사의 의미를 실제로 보여 주었다. 그는 수백 명의 사람들 앞에서 시연을 했으며, 1960년 대의 많은 세션들이 녹음되고 기록되었다. 그리고 이 기록들이 복사되어 책의 형태로 유포되는 것을 허락했다. 또한 그는 자신의 치료 장면을 담은 비디오들과 필름들을 가지고 있었으며, 이것들을 관심 있는 일반인들도 이용 가능하게 했다. 그래서 그의 작업이 관찰과 평가에 폭넓게 사용되도록 만들었다. 치료를 이해하기 쉽게 하기 위해서는 이 같은 용기 있는 헌신이 필요하였으며, 펄스를 비판하는 많은 사람들이 그들 자신의 작업들은 그렇게 공개적으로 연구되도록 허락하지 않았다는 점은 주목할 만하다. 이러한 기록들과 필름들은 훈련 중인 치료자들을 위한 귀중한 자료가 되었고, 일반인의 철저한 검토와 책임을 전제로 치료 과정을 개방함으로써, 이후 많은 내담자들에게 도움이 되었다.

적극적 실험을 위한 창의적인 접근

펄스는 그의 실험에 판타지, 역할연기, 동작, 춤, 그리고 목소리 변형과 같은 창의적이고 적극적인 요소를 포함시켰다. 이것들은 매우 혁신적인 것이었고, 말하는 치료라고도 불렸던 정신분석과는 근본적으로 궤를 달리하는 것이었다. 최소한 펄스가 그의 첫 번째 책을 썼을 그 당시에는, 어떤 형태의 적극적인 표현도 행동화하는 것으로 간주되었고 정신분석 대상자는 자유연상을 하는 동안 수동적으로 카우치에 누워 있도록 요구되었다. 펄스가 치료에서 창의적인 활동을 강조하는 이유는, 신체와 정신이 전체로서의 인간이 가진 두 개의 상호 연결된 측면이라는 그의 전체론적인 신념에 근거하며, 따라서 둘 중에 하나가 없는 채로 나머지 하나만 작업하는 것은 이해될 수 없는 것이다. 그리고 학습 과정에 대한 펄스의 지식에 의하면, 사람들은 뭔가에 관해 말함으로써 배우는 것보다, 어떤 것을 함으로써 보다 효과적으로 배운다. 만일 어떤 사람이 실제적인 이유 때문에, 자신이 배우고자 하는 것을 현재 실제로 실행할 수 없다면, 그것에 대해 말하는 것보다 판타지에서라도 그것을 하는 것이 보다 많이 배울 수 있다(Perls, 1947/1969a)

실험의 개발과 강도 조정

'적극적 실험'이라고 제목을 붙인 이전 절에서는, 펄스와 그의 동료들이 말했던 실험의 의미를 상세하게 기술했으며 해석을 달아 간단한 실험의 예를 제공했다. 펄스는 다양한 방법으로 실험 주제를 즉흥적으로 만들어 내었다. 그는 실험의 강도 조정을 제안하였는데, 이는 다양한 창의적인 접근법을 사용하여 내담자가 현재 감당할 수 있는 위험 수준에 맞는 실험을 만들어 내는 것이다. 예를 들어, 처음에는 내담자가 다른 사람과 함께 있는 한 장면을 상상하도록 하고, 그 다음에는 다른 사람과 대화하는 장면을 상상하게 한다. 그렇게 하고 나서 그 대화를 기록하게 하고 마지막으로 사이코드라마의 한 장면으로 실연한다.

이 절에서는 펄스가 개인의 현재 알아차림을 작업하기 위해 어떻게 다양한 창의적 접근들(예: 마음속에 그려 보기, 실연, 좌절 지지, 음성언어와 신체언어에 주의기울이기, 동작과 춤 등)을 사용했는지를 기술한다. 예를 들어, 적극적 실험의 맥락 안에서 개인의 미해결과제를 해결하거나 개인의 양극성을 탐색하는 것 등이다. 또한 여러 실험들을 보여 주는데, 각각은 그 당시, 적절한 때에, 그 내담자를 위해 특별히 설계되거나 강도 조정이 된 것들이다. 다음 절들에서는 펄스가 어떻게 적극적 실험을 위한 창의적인 접근법들을 사용하면서 저항[8], 교착상태, 그리고 꿈을 가지고 작업했는지를 탐색한다.

판타지 그리고 마음속에 그려 보기

비록 펄스가 현실과의 접촉을 회피하는 방법으로, 판타지

---

8) 이 장의 주석 1을 보시오.

속에서 알아차림 없이 사는 삶의 부정적이고 소모적인 영향을 종종 지적하긴 했지만, 논문의 상당 부분(1978a)을 할애해서 판타지를 탐색하고, 치료에서 판타지를 의도적이고 창의적으로 활용했을 때 얻게 되는 가능성에 관해 열변을 토했다. 그는 자신의 아버지에 관해 애기할 때는 전혀 흔들리지 않다가 아버지를 마음속에 그려 시각화해 보라고 했을 때, 그렇게 하자마자 아버지와 접촉하는 느낌이 크게 증가되어 갑자기 울음을 터트린 한 남자를 예로 들면서, 판타지를 자신과 그리고 현실에서 현재 접촉할 수 없는 사람과의 접촉을 증가시키는 방법으로 사용한다고 말했다(1947/1969a/1978a). 나중에 펄스(1969b)는, 사람들이 압도되는 감정을 느낄 때, 편안함을 느끼는 장소를 상상하고 그 속으로 물러나 생기를 새로 채워 현실로 되돌아오는 것을 배울 수 있다고 하면서, 자기지지의 한 수단으로 상상 속의 휴양지를 고안해 냈다. "섬이나 따뜻한 욕조에 있는 상상과 접촉해 보세요. …… 이렇게 하면 당신이 현실로 돌아올 때 큰 힘이 될 거예요"(1969a: 61).

펄스는 내담자가 공허감을 느낄 때 판타지를 통해 작업하는 방법을 설명했다.

만일 우리가 환자에게 무언가를 마음속에 그려 보라고 한다면, 그는 그의 판타지 속의 상들이 흐릿하다고 말할 수 있다. 그에게 계속 해 보라고 하면, 그는 계속해서 그것들이 마치 구름 속이나 안개 속에 있는 것 같다고 할 수도 있다. ……
그러나 그 환자가 충분히 오랫동안 안개와 머무를 수 있다면,
안개는 걷힐 것이다.

상상속에서 안개가 걷힌 환자에게 희끄무레한 회색을 상상
하게 했더니 환자는 그것을 석벽 같다고 했다. 치료자는 환자
에게 자신이 그 벽을 오르는 상상을 할 수 있는지를 물었다.
그리고 환자가 그것을 해냈을 때, 푸른 목초지가 그 너머에
있는 것까지 상상은 발전했다(Perls, 1976: 99).

사이코드라마 그리고 미해결과제의 실연과 해결

이미 『자아, 허기 그리고 공격성』(1947/1969a)에서, 펄스는
내담자가 상상 속의 다른 사람에게, 그녀가 경험한 것이 사
랑이었던, 증오이었던 간에, 그 사람에 대한 반응을 큰 소리
로 표현할 수 있다는 생각을 제안했다. 이것은 그가 나중에
대중화시켰던 연극 방식의 씨앗이었다. 펄스의 1960년대 시
연들과 그의 후기 저서들(1969b/1969c/1976)은 명백하게 모레
노와 사이코드라마의 영향을 받았다. 그(1976)는 모레노에게
큰 빚이 있다는 것을 충분히 인정한 반면, 또한 그 자신이 사
이코드라마를 얼마나 많이 새로운 방법(1969b)으로 변형시켰
는지 강조했다. 왜냐하면 펄스는 사이코드라마를 치료자로
서 그 자신의 스타일과 그의 이론적 입장에 맞게 상당히 바꾸

었기 때문이다.

펄스는 내담자가 과거 미해결상황이나 꿈의 여러 모습을 연기하기 위해 치료집단의 다른 사람을 초대하는 대신에 (Moreno, 1964에서 제안했듯이), 내담자 자신이 그 모든 역할을 다 연기하도록 요구했다. 그는 내담자가 그 상황의 모든 측면을 탐색해 보도록 돕기 위해, 알아차리지 못한 채 다른 사람에게 투사했던 자신의 부분을 자신의 것으로 확인하는 느낌을 주기 위해, 그리고 그 부분에 대한 책임감을 높이기 위해 이러한 변화를 주었다. "만일 내담자가 그 모든 역할을 다한다면, 당신에 관해 거의 알지 못하는 사람을 끌어들이는 모레노의 기법을 사용했을 때보다 더 선명한 그림이 그려진다"(Perls, 1969b: 121).

두 의자 작업

사이코드라마에 상당히 실질적인 변화를 주기 위해 펄스는 이러한 역할을 표현할 수 있는 수단이 필요했다. 그는 간단하게 소도구—빈 의자—를 선택해서 '두 의자' 작업을 창안했다. 펄스는 내담자에게 처음에는 다른 사람이 그 빈 의자에 앉아 있다고 상상하고, '그/그녀'에게 말을 걸도록 하고, 그런 다음에 역할을 바꿔서 그 다른 사람이 되어 반응하도록 했다. 그래서 다른 사람과의 대화를 실연하여 미해결과제의 모든 측면을 탐색할 수 있도록 했다. 이러한 적극적인 접근법은 미해결상황에 관해 이야기하는 것보다 완전하게, 그리고 직접적으로 내담자 자신을 표현하게 했다.

다음에 나오는 그녀의 '돌아가신 엄마'와 이야기하는 진(Jean)의 사례로 이러한 유형의 대화 실연이 미해결과제의 정서적 해결에 얼마나 큰 도움이 되는지 알 수 있을 것이다.

펄스: 당신의 어머니에게 "안녕! 엄마, 편히 잠드세요."라고 말할 수 있겠어요?

진 : 나는 그녀에게 …… 안녕, 엄마라고 말했다고 생각해요. (울부짖는 것처럼) 안녕!

펄 : (부드럽게) 그녀에게 말하세요. 그녀의 무덤에서 그것에 관해 그녀에게 말하세요.

진 : (울며) 안녕, 엄마. 엄마도 어쩔 수 없었어요. 엄마가 처음에 남자아이 셋을 가졌던 것은 엄마 잘못이 아니었어요. 그리고 그때, 엄마는 내가 또 다른 남자아이일 거라고 생각했죠. 엄마는 나를 원하지 않았고 내가 여자아이라는 것을 알고 나서 기분이 매우 안 좋았죠. (여전히 울며) 엄마는 그걸 보상하려 한 것뿐이죠. 그래도 날 그렇게 죽도록 숨막히게 할 필요는 없었어요. 나는 엄마를 용서해요. 엄마 …… 엄마는 정말 열심히 사셨어요. 엄마는 끔찍한 일을 했어요. 나는 이제 내 길을 갈 수

있어요. 그럼요. 내 길을 갈 수 있어요.

펄　: 여전히 숨을 멈추고 있네요. 진……

진　: (그녀 자신에게) 정말이니, 진? …… (부드럽게) 엄마, 이제
　　나를 놔 줘요.

펄　: 어머니가 뭐라고 말씀하시나요?

진　: 너를 놔 줄 수 없다(고 해요).

펄　: 이제 당신이 그 말을 당신 어머니에게 하세요.

진　: 너를 놔줄 수 없다는 말을요?

펄　: 네, 당신이 엄마에게 매달리고 있어요. 당신이 그녀를
　　붙들고 있어요.

진　: 엄마, 나는 엄마를 놔줄 수 없어요. 엄마가 필요해요.
　　엄마, 나는 엄마가 필요하지 않아.

펄　: 하지만 당신은 여전히 그녀를 그리워하고 있네요. 그렇
　　지 않나요?

진　: (매우 부드럽게) 아주 조금. 꼭 누군가가 저기에 …… 저
　　기에 아무도 없으면 어쩌지요? 텅 비어 있으면, 그래
　　서 캄캄하면 어쩌지요? 텅 비고 캄캄한 게 아니네, 아름
　　답네 …….엄마를 보낼게요 …….(거의 안 들리게 한숨을
　　쉰다.) 엄마를 보낼게요 …… (Perls, 1969b: 153).

　　두 의자 작업에 포함된 이론에 대한 분석은 3장의 적극적
실험을 위한 창의적인 접근(상전/하인)에서 마지막 단락에

있다.

양극성의 실연과 탐색

펄스는 사람은 본능적으로 선하지도 악하지도 않다는 실존
주의적 입장을 취한다. 그는 우리 모두가 어떤 인간적인 특
성도 구현할 수 있는 역량을 가지고는 있지만, 그것들을 우
리가 수용할 수 없어서, 아마도 가족이나 교사들, 또는 친구
들이 그것들을 금지하거나 조롱했기 때문에, 종종 그 특성들
을 단절한 채 자신의 것이 아니라고 여긴다고 믿는다. 자기
의 부분을 무시하거나 부인하기 때문에, 알아차린 부분 또는
주도적인 부분과 부정된 또는 배경에 있는 부분이 서로 투쟁
하는 숨겨진 내적 갈등 또는 교착상태를 야기한다. 알아차림
영역 밖에 있는 부정된 양극성을 유지하는 데 상당한 에너지
가 쓰이지만, 그 에너지는 헛되게 쓰이는 것이다. 왜냐하면
자신의 것으로 소유하지 못한 특성은 예상치 못한 방법으로 튀
어나와 외적으로 지배적인 성격 부분을 방해하기 때문이다.

펄스(1947/ 1969a; Perls, Hefferline, & Goodman, 1951/1973;
Perls, 1969b/1976)는 '양극성'이 변증법적이라고 생각했다. 양
극은 두 개의 종단, 즉 한 연속선상의 극들이다. 아무런 불평
없이 금욕주의자가 될 수는 없으며 거꾸로도 마찬가지이다.
하나가 다른 하나를 정의한다. 반대되는 특성들은 모순되지

않는다. 그것들은 같은 동전의 두 면을 형성하며 상호 보완적이다. 만일 한 특성이 전경이라면(금욕주의를 예로 들면), 그때 다른 극의 성질은(즉, 투덜대는 불평) 틀림없이 그 장의 배경에 있다. 변증법적인 양극성에 대한 펄스의 복잡하고도 역설적인 견해는 반 도이어젠-스미스(Van Deurzen-smith, 1988: 61-62)가 기술한 실존주의적 상담과 비슷하다.

정말 사람들은 복잡하고 역설적이기보다는 단순하고 부분적인 것이 진실이라고 믿으며 양극성 중 한쪽만을 선택한다. 그들은 있는 그대로의 마음을 이런 방식으로 회피하며 모든 에너지를 한쪽으로 치우친 상태로 유지하기 위해 소모시켜 버리는데, 그것은 절망적인 시도일 뿐이다. 어떤 사람들은 양극성을 인정은 하지만 그 영향을 무서워한다. 그들은 그것들을 연마해서 모순을 관리하고자 노력한다. 삶에서 모든 힘이 고갈될 때까지 연마하고 타협한다.

상전/하인

펄스에 의해 논의된 양극성 중, 가장 유명한 것은 상전(topdog)/하인(underdog)의 양극성이다. 펄스는 개인의 우세한 측면을 '상전'이라고 불렀으며 덜 알아차린 또는 배경 부분을 '하인'이라고 불렀다. 상전은 명령하거나, 지시하거나 또는 성가시게 계속 잔소리를 한다. 반대로 하인은 무기력하고 혹사당한다. 그리고 하인은 자신의 수동성과 무기력함을 통해 상전의 해결책을 고의로 방해한다. 펄스(1969b)는 하인이 자기를 내세우지 않는 것처럼 보일지라도, 실제로는 은밀하게 힘이 강력해서, 상전이 효과적인 행동을 취하는 것을 방해함으로써, 종종 하인 자신과 상전 간의 갈등에서 승리한다고 말한다.

펄스는 근본적인 활력이 인간 특성의 한 부분을 부정하는데 묶여 있고, 성격의 우세한(전경의) 부분과 부인된(또는 배경) 부분 간의 투쟁에도 묶여 있다고 믿었다. 그가 양극성을 작업하는 목적은 두 특성을 알아차리게 하는 데 있다. 즉, 양극성이 공존하고 있다는 것을 보여 주기 위해서, 그리고 특정 내담자에게 있어서 그것이 갖는 의미를 탐색하면서 그것들 간의 어떤 숨겨진 갈등을 드러내기 위해서이다. 그는 먼저 내담자를 한 극성(예: 상전)이 되어 보도록 하고, 그다음에 다른 극성(예: 하인)이 되어 보도록 하고서는, 말하지 않는 부분을 대신해서 빈 의자를 사용하여, 상상의 대화를 하도록 했다. 두 부분 또는 두 의자 간에 실연된 접촉과 대화를 통해, 이전에는 분리되었던 양극성에 대해 더 많이 알 수 있다. 다음의 예는 펄스가 리즈(Liz)의 상전 그리고 하인과 작업한 것이며, 그 주제에 대한 펄스의 생각이 포함되어 있다.

펄스: 혹시, 당신은 완벽주의의 저주로 고통받고 있나요?

리즈: 오! 네. (킥킥 웃으며)

펄 : 그래서 당신이 무엇을 하든지 충분하지 않군요.

리 : 맞아요.

펄 : 그걸 그녀에게 말하세요.

리 : 너는 충분히 무슨 일을 해내지만, 결코 제대로 하진 않아, 결코 완벽하게는 아니야.

펄 : 그녀에게 그녀가 해야만 하는 것을 말하세요. 그녀가 어떻게 되어야 하는지를.

리 : 그녀는 …….

펄 : "너는". 사람 있는 데서 다른 사람 이야기를 하지 마세요. 특히 그 사람이 당신이라면 더욱 그렇겠죠. (웃음) 항상 직접 만나세요. 이제 그녀에게 얘기하세요.

리 : 너는 어떤 것도, 그리고 모든 것을 할 수 있어야 하고 완벽하게 해야 해. 너는 능력 있는 사람이야, 너는 타고난 지능을 가졌어. 그리고 너는 너무 게을러.

펄 : 아! 처음으로 감사한 것이 있네요—너는 능력 있어. 최소한 그녀는 그것만큼은 인정하는군요.

리 : 글쎄요. 그녀는 타고났어요. 그녀는 …… (웃음) …….

펄 : 네 ……. 우리는 여기에서 전형적인 상전을 봅니다. 상전은 항상 옳지요—때로 옳은 거겠지요. 너무 자주는 아니고 …… 그런데 항상 옳아요. 그리고 하인은 기꺼

이 상전을 믿으려고 하지요. 그런데 상전은 심판자이고, 약자를 괴롭히는 사람이에요. 하인은 대개 약삭빠르고 내일로 미루거나 "당신이 옳아요."와 같은 방식으로, 아니면 "나는 최선을 다하려고 해요." "나는 정말 열심히 하려고 했어요." "잊어버렸어요."와 같은 방식으로 상전을 통제해요(Perls, 1969b: 85).

한 개인이 자신의 양극화된 특성을 알게 되고, 명백하게 서로 반대되는 자질이 실제로는 상호 보완적이며 공존할 수 있음을 느끼게 될 때, 그 사람은 자신의 존재의 양극 사이를 섬세하게 움직일 수 있는 능력을 높이고 그 범위를 넓힐 수 있다. 그 사람은 자기들끼리 싸우고 있는 분리된 부분으로서 행동하는 것이 아니라, 유연하게 통합된 전체적인 유기체로서 행동하는 능력을 계발한다.

상전과 하인이 펄스 때문에 유명해진 양극성이지만, 개인 내에 있는 양극성의 범주는 그 수가 거의 무한하다. 각 개인에겐 양극성이 끝없이 배열되어 있다. 예를 들어, 독재자/희생자, 성자/죄인, 마녀/마법에 걸린 자, 여교장/상처받은 아이, 천방지축/마음 아픈 아이 등이 있다. 개개인은 그 자신만의 양극성도 가지고 있는데 각자가 이름까지 붙일 수 있을 정도로 독특할 수 있다.

프리츠 펄스의 가장 인기 있고 잘 알려진, 혁신적인 상담

방법 중의 하나는 이전 절에서 기술되고 설명된 두 의자 대화이다. "나는 게슈탈트 기법을 사용한다."라고 말하는 치료자들은 그들이 실연, 상징적인 대화, 서로 다른 측면들 간의 만남, 또는 자기의 구현 등을 사용할 때가 많다는 것을 의미한다. 게슈탈트적 접근으로 훈련되지 않는 한, 그러한 치료자들은 불가피하게 게슈탈트 심리치료의 충분한 함의, 즉 진정으로 동화된 게슈탈트를 맥락과 통합시키거나 현상학적으로 표현하지 않은 채, 기법을 사용한다.

그린버그(Greenberg, 1975/1979; Greenberg & Clarke, 1986)와 같은 저자들은 두 의자 기법을 상당한 수준으로 세련되게 발전시켰다. 그리고 심지어는 친절하게 그것을 연구 결과물로 만드는 것에 성공했다. 그린버그와 라이스(Greenberg & Rice, 1984)는 특히 대인관계 갈등 해결이라는 측면에서 두 의자 작업의 사용에 관해 연구했다. 그들은 두 의자 작업 뒤에 숨어 있는 원리들을 항목별로 작성했으며 그러한 작업이 효과적으로 될 수 있는 방법, 세 가지를 보여 준다.

치료자는 [개인 내적으로] 분열된 두 부분을 분리하기 위해 그리고 그들 간의 접촉을 만들어 내기 위해 두 의자 작업을 사용한다. 게슈탈트적 접근법 중 많은 부분이 치료자의 창의적인 직관에 의존한다 할지라도, 두 의자 기법에는 기본 원리들이 몇 가지 있어서 내담자의 분열된 반대 측면의 해결 또는 통합을 위해 정리하여 가이드로서 활용할 수 있다(Greenberg, 1975). 두 의자 작업의 다섯 가지 원리는 ① 분리 그리고 접촉 만들기, ② 내담자의 책임감, ③ 주의를 기울이는 기능, ④ 고조시키는 기능, 그리고 ⑤ 표현적인 기능이다. …… 게슈탈트 두 의자 작업에서 갈등을 해결하는 방법은 ① 통합의 형태에 의한 해결, ② 이전에 표현되지 못한 감정의 방출에 의한 해결, 게슈탈트 용어로, 폭발(Perls, 1969b), ③ 갈등을 더 이상 상관없게 보이게 만드는 관점의 변화에 의한 해결이다(pp. 71-74).

능숙하게 좌절과 지지 사용하기

펄스는 성숙과정이란 "환경의 지지를 초월하고 자기지지를 개발하는 지속적인 과정, 즉 의존의 감소를 의미한다."라고 믿었다(Perls, 1969: Perls, Hefferline, & Goodman, 1951/1973에서 인용). 건강한 성인은 다른 사람의 지지에 불필요하게 의존하는 것보다, 자기지지를 생성하는 것을 더 선호한다. 많은 사람들이 스스로 이러한 책임감을 갖고 있지는 않으며, 지지를 제공할 수 있는 환경을 조종하고자 한다. 펄스는 아동이나 성인 개개인은 주로 좌절에 부딪히고 극복하면서, 내면의 힘과 자기 스스로를 지지하는 능력을 개발한다고 주장했다. 그래서 치료자는 좌절과 지지를 잘 혼합하면서 작업하는 법을 배워야 한다고 생각했다. 그는 게슈탈트 치료자가 합법적으로 지지를 제공할 수 있는 방법 중의 일부는 치료자의 '전적인 주의집중'과 비난을 하지 않는 것이라고 지적했다 (Perls, 1976: 51).

펄스는 능숙하게 내담자가 속임수로 지지를 얻고자 하는 시도를 좌절시켰으며, 그가 그들의 게임에 빠져들지 않을 거라는 것을 내담자들에게 상기시키면서, 조종하지 않고 자신의 욕구를 충족시킬 수 있는 기회를 제공했다(1976). 만일 펄스가 내담자가 자신에게 결핍된 지지를 제공하도록 책략을 쓰고 있다고 인식할 경우, 그는 종종 내담자의 속임수를 쓰는 노력에 대해 유머러스한 과장법을 사용하였다. 이는 펄스가 클레어(Claire)와 작업했던 다음 대화에서 볼 수 있는데, 클레어는 결국엔 그녀만이 내놓을 수 있는 정답과 자기지지를 끈질기게 펄스에게 달라고 유도하고 있다.

클레어: 그러니까 하는 말인데, 글쎄, 내가 이것을 어떻게 다뤄야 하나요? 나는 아직도 막막해요.

펄스　: 나에게 답을 주세요. 내가 이것을 어떻게 다룰 수 있어요? 자, 어서, 나에게 답을 주세요. 답을 주세요.

클　　: 나는 그러니까 …… 실제로는, 더 이상 답을 바라지도 않아요. 왜냐하면 실제로는 아무도 …… 모든 사람에게 답은 있지만, 나에게는 소용이 없어요.

펄　　: 자, 나에게 정확한 답을 주세요. 진짜로 영양가 있는 것으로, 나를 교착상태에서 빠져나오게 할 답을 주세요.

클 : 그래서 나는 똑같은 문제로 돌아왔네요. 어떻게 교착
상태에서 벗어날지, 그 답을 줘야 하는 사람은 나예요.

펄 : 아니오. 답은 도움도 안 돼요.

클 : 아, 젠장 …… 어떤 게 도움이 되지요?

펄 : 다른 질문. 자, 자……. (Perls, 1969b: 250)

[펄스는 내담자가 어떻게 질문을 계속해서, 그녀 자신의 자기지지를
만들어 내는 대신 치료자가 지지를 제공해 주도록 애쓰는지를 보여 준
다. 그는 그녀의 말을 강화된 형태로 반향함으로써 클레어가 하고 있는
행동을 유머러스하게 과장한다. 펄스가 생각하기에 "자, 자"와 "나에게
답을 주세요. 나에게 답을 주세요."는 클레어의 말 뒤에 숨어 있는 진짜
메시지이다.]

또한 펄스는 도움이나 안내를 주게 하려는 내담자의 시도
를 좌절시켰다. 때때로 그는 내담자에게 내담자 자신이 '프리
츠'가 되어 얻고자 하는 모든 지혜나 지지를 자신에게 주도록
했다. 이를 통해 내담자의 조종을 좌절시키는 동시에 자기지
지를 하는 방법을 가르칠 수 있다.

나, 프리츠는, 당신과 함께 집에 갈 수 없어요. 당신은 나를
영원히 치료자로 둘 수 없어요. 그러나 당신은 성격화된 프

리츠를 가질 수 있고, 그것을 집에 가져갈 수 있어요. 그리고 성격화된 프리츠는 나보다 많은 것을 알고 있어요. 왜냐하면 그것은 당신 자신의 창작물이기 때문이죠. 나는 단지 당신이 경험한 것을 추측하거나 이론화하거나 해석할 수 있을 뿐이에요. 나는 상처를 볼 수 있지만, 그 통증은 느낄 수 없어요. (Perls, 1969b: 109–112)

음성언어에 주의 기울이기

펄스(1947/1969a/1948/1969b)는 언어를 사용하는 방법이 우리의 삶에 대한 전체적인 태도를 반영한다고 강조했다. 그래서 그는 치료자와 내담자 둘 다 문장 구조를 조직하고 단어를 사용하는 방식에 주의를 기울여서, 부지불식간에 자신들과 다른 사람들에게 주고 있는 메시지를 알아차리기를 제안했다.

2장에서 논의한 것처럼, 펄스는 사람은 자신의 감정과 행동에 책임이 있다는 핵심적인 철학적 가정에 게슈탈트의 근거를 두었다. 그는 많은 사람들이 "나는 불쾌하게 느껴요." 대신에 "그것은 불쾌하게 느껴져요." "나는 생각해요." 대신에 "사람들은 보통 그렇게 생각해요."와 같은 고정된 언어 형태와 개인화되지 않은 구절들을 사용함으로써, 어떻게 이러한 책임감을 피하는지를 보여 주었다. 그러한 언어는 투사의 형태를 구현한다. 그 경험이나 과정은 외현화되거나 유기체 밖에 있게 된다. 개인은 부분적으로 그 감정, 사고 또는 행동과 단절된다.

해리 스택 설리번과 쿠르트 골드슈타인에 의해 영감을 받아, 펄스는 먼저 내담자들에게 그들이 언어를 어떻게 자기와는 상관없는 것으로 비인격화하고 무감각하게 했는지를 알아차리고, 그다음에는 이것이 그들에게 무엇을 의미하는지를 탐색하고, 그다음에는 단절되고 투사된 감정, 사고 그리고 행동을 다시 확인하기 위하여 구(phrase)의 차례를 바꾸는 실험을 하고, 그래서 그 살아 있는 것과 접촉하는 것이 고정된 구조가 아니라 과정임을 이해하도록 격려했다. 이러한 주제들은 다음 맥스(Max)와의 대화에서 볼 수 있다.

맥스: 나는 의자를 느껴요. 나는 열을 느껴요. 나는 위와 손에서 긴장을 느껴요.

펄스: 그 긴장. 여기에 우리는 명사를 사용했어요. 그 긴장이 명사예요. 이제 그 명사를, 사물을 동사로 바꾸세요.

맥 : 나는 긴장해요. 내 손이 긴장해요.

펄 : 당신의 손들이 긴장해요. 손은 당신과 상관이 없어요.

맥 : 나는 긴장하고 있어요.

펄 : 당신은 긴장해요. 어떻게 긴장하지요? 당신은 무엇을 하고 있나요? 당신은 일관되게 구체화하는 경향을 보이

네요. 늘 과정을 사물로 만들고 있네요. 삶이란 과정이
예요. 죽음은 사물이구요.

맥 : 나는 나 자신을 긴장시키고 있어요.

펄 : 그거예요. "나는 나 자신을 긴장시키고 있어요."와 "여
기에 긴장이 있어요."라는 말 간의 차이를 보세요. 당
신이 "나는 긴장을 느껴요."라고 말하면, 당신은 책임이
없어요. 그것에 책임을 지지 않는 거지요. 당신은 무력
하고, 그것에 관해 어떤 것도 할 수 없어요. 세계가 뭔
가를 하는 거지요. 당신에게 아스피린 또는 무엇이 되
었든 간에 줘야 하죠. 그러나 당신이 "나는 긴장시키고
있어요."라고 말할 때, 당신은 책임을 감당하는 것이고,
다가올 흥분된 삶의 첫 단편을 엿볼 수 있어요. 그렇게
이 문장에 머물러 보세요(Perls, 1969b: 107).

펄스(1970)는 사람들이 질문을 함으로써 자신과 자신이 실
제하고 있는 말에 대한 책임을 지지 않는다고 느꼈다. 그들
은 문제를 다른 사람이 해결해 주게 하려는 방법으로, 또는
그들 자신의 의견을 말하는 것을 피하는 방법으로 질문을 할
수 있다. 그래서 그는 비벌리(Beverley)와 작업했을 때의 예에
서처럼, 내담자가 의문문을 서술문으로 바꾸는 위험을 감수
하도록 격려했다.

비벌리: 내가 어떻게 당신을 조종했죠?

펄스 : 바로 이거예요. 또 이 의문문, 예를 들어. 이것은 성숙
       을 위해 매우 중요해요. 당신의 의문문을 서술문으로
       바꾸세요. 모든 의문문은 갈고리예요. 그리고 나는 당
       신 질문의 대다수가 당신 자신을 고문하기 위해 그리
       고 다른 사람들을 고문하기 위한 발명품이라고 말하
       고 싶어요. 그러나 그 의문문을 서술문으로 바꾼다면,
       당신은 당신의 배경 중 많은 부분을 공개하는 거예요.
       이것이 좋은 지능을 개발하는 최선의 방법 중의 하나
       예요. 그렇게 당신의 의문문을 서술문으로 바꾸어 보
       세요(Perls, 1969b: 130).

신체언어의 창의적 강화

펄스는 일상적으로 이루어지는 신체와 정신 간의 분열을
현대의 신경증, 또는 장애가 내포하는 불편함의 핵심으로 본
다. 그는 1940년대의 정신분석이 주로 개인의 사고과정과 언
어적 표현을 가지고 작업했다고 생각하였고, 이 해로운 분열
을 강조하기 위해 떠들썩하게 그것들을 비판했다. 1장과 2장
에서 논의했던 것처럼, 펄스는 빌헬름 라이히에게 깊게 영향
을 받았다. 비록 그 당시의 펄스(1947/1969a)는 신체를 지나
치게 강조하는 바람에 환경 내에서의 개인을 이해하기 위한
관심을 희생시켰다고 라이히를 비판했지만, 그는 라이히로

부터 아주 많이 배웠으며 그 자신은 신체언어와 비언어적인 다른 표현 수단을 관찰하고, 그것을 통해 작업하는 특출한 재능을 계발했다.

펄스는 종종 개인의 비음성언어가 음성언어보다 더 중요하다고 주장했다. "좋은 치료자는 내담자가 하는 허튼소리(bullshit)의 내용을 듣는 것이 아니라, 소리를, 음악을, 망설임을 듣는다. 언어적 의사소통은 대개는 거짓말이다. 진짜 의사소통은 단어들 뒤에 숨어 있다. …… 그래서 그 단어들을 듣지 말고, 그 소리가 당신에게 말하는 것, 그 움직임이 당신에게 말하는 것, 그 자세가 당신에게 말하는 것, 그 이미지가 당신에게 말하는 것, 그 자체를 들어라"(Perls, 1969b: 53). 이 단락에서, 흔히 볼 수 있는 것이지만, 펄스는 정말로 그의 수련생들에게 충격을 줘서 자기만족에 빠지지 않게 하려고, 그리고 신체 표현 중 중요하고도 기본적인 것이 얼마나 자주 무시되는지 볼 수 있도록 극단적으로 그의 사례를 과장했다. 치료자는 절대 말을 들어서는 안된다고 한 것은 그가 실제 말하고자 하는 의미가 아니다. 왜냐하면 펄스(1976)는 평소에 치료자들에게 말, 몸짓, 그리고 얼굴 표정에 끊임없이 번갈아 가면서 주의를 주라고 말하곤 했기 때문이다.

펄스의 천재성은 음성언어와 비음성언어를 정교하게 조율하는 것이며, 진정한 전체론적인 방식으로 처음에는 어떤 것 하나와, 그다음에는 나머지 하나와, 그리고 때로는 거의 동시에 모두와 작업하는 능력에 있다. 그는 모든 경험에는 인지적 요소뿐 아니라 신체적 그리고 정서적 요소가 있다는 것을 바로 알아차렸으며, 내담자들이 자기 힘으로 이것을 느끼고 세 가지 차원 모두를 그들의 삶에 통합하게 해 줄 방법을 찾았다. 펄스가 그의 내담자들의 다양한 비언어적 표현에 주의를 기울인 예는 많다(1969b/1976). 사실, 펄스가 신체언어에 주의를 두지 않은 치료적 대화는 거의 없다.

펄스는 사람이 맨 먼저 한 몸짓이나 말들은 특히 의미 있다고 믿었기 때문에, 자주 처음 한 말에 주의를 기울이고, 신체 자세나 움직임에 대한 그의 현상학적인 인상을 관찰하면서, 말로 표현하기도 하였다. 이러한 묘사는 종종 그 사람의 삶의 상황이나 그녀의 표현되지 않고, 가능한 인정하려 하지 않는 감정을 정확하게 나타냈고, 내담자 자신이 원하는 것을 다루기 위해 핵심으로 빠르게 이동하는 것이 가능하게 했다. 펄스와 맥신(Maxine) 간의 다음 대화는 치료회기의 처음 몇 초 안에, 의미 있는 비언어적 표현을 알아내는 펄스의 예리한 능력과 언어적 메시지와 비언어적 메시지 간의 불일치를 작업하는 방법을 보여 준다.

> 맥신 : 내 꿈은 부모님 집에서 편안하게 있는 거예요 그리고 …….
>
> 프리츠: 자, 먼저 당신의 목소리를 연기해 보겠어요? "나는 맥

신의 목소리예요. 나는 목소리가 크고, 부드럽고, 웅얼거리고, 음악적이고, 나는 살아 있어요."

맥   : 나는 맥신의 목소리예요. 나는 활기가 없고 …… 그 안에 감정이 거의 없고, 나는 내 목소리가 나타내는 것과는 다르게 느껴요.

프   : 좋아요. 그럼 당신의 목소리와 만나 봐요. 여기에 당신의 목소리가 있어요. 그리고 저기에 당신이 앉아 있어요. 이렇게 말해 봐요. " 소리야, 나는 너와 아무런 관계가 없어. 너는 나와 달라."

맥   : 목소리야, 너는 나와 달라. 나는 네가 소리 내는 방식과는 음 …… 음 …… 전혀 다르게 느껴. 나는 불안해. 나는 떨고 있어. 그리고 불안해 죽겠어.

프   : 그것이 당신이 느끼는 거예요.

맥   : 내 위가 …… 위가 조이는 거 같아요.

프   : 좋아요. 이제 당신의 목소리가 되어 보세요.

맥   : 나 …… 나는 네가, 후우 …… 네가 어떻게 느끼는지 표현하고 싶어 하지 않는다는 걸 알아. 그래서 나는 네가 숨기는 걸 돕고 있어.

맥   : 하지만 나는 네가 내가 느끼는 것을 숨기지 않길 바래. 나는 …… 나는 네가 내 감정을 풀어 주기를 바래, 그래 주면 좋겠어―

프   : 이것을 다시 말하세요. "네가 내 감정을 풀어 주기

를 바래."

맥　　: (좀 더 생기 있게) 나는 네가 내 감정을 풀어 주기를
　　　　바래, 네가 나를 사람이 되게 해 주기를 바래(Perls,
　　　　1969b: 131-132).

[대화가 계속되면서, 맥신은 더 이상 진짜 자기를 숨기고 싶어 하지
않게 되고, 점점 더 진정성 있고 생기 있게 되어 간다.]

동작과 춤

펄스는 혁신적인 극장 감독 라인하트(Reinhardt), 유럽의 표
현주의 댄서 팔루카(Palucca), 그리고 뉴욕의 Living Theater
와 함께 연구했으며(1장 참조), 동작과 춤을 자기표현의 수단
으로서 적극적인 치료에 통합하는 데 매우 관심이 많았다.
1960년대에 펄스는 창의적인 안무가이자 댄서인 안나 할프
린(Anna Halprin), 표현 동작의 혁신가인 재닛 레더먼과 같은,
그 분야의 전문가들과 작업함으로써 표현 동작을 개발하고
그것을 위한 그의 열정을 충족시킬 수 있었다. 펄스는 안나
할프린의 무용단체를 위해 일련의 게슈탈트 워크숍을 열었
다. "그는 그것을 좋아했는데, 모든 사람이 매우 반응적이었
기 때문이다. 우리는 실제로 댄서로서 그리고 연극인으로서
온전한 게슈탈트 워크숍을 했다. 우리는 춤을 췄고, 실제 행

동으로 옮겨 봤고, 모든 것을 해 보았다. 그는 우리를 무대에 서게 하고 '이제 이것이 되어 보세요. 이제 저것이 되어 보세요.'라고 하면서 게슈탈트 치료를 했으며, 모든 사람이 춤을 춤으로써 그것이 되어 보았다"(Anna Halprin in Gaines, 1979: 200).

두 가지 점에서 영향이 있었다. 펄스는 댄서들을 게슈탈트 치료로 훈련시켰을 뿐 아니라 게슈탈트 치료에 춤을 통합시켰다. 그는 내담자가 자신의 감정이나 어떤 한 부분을 동작으로 표현하고, 무언극을 하고, 또는 춤을 춤으로써 자신의 에너지를 동원하고 자신의 창의성을 불러일으키고, 자신의 활력을 향상시킨다고 자주 말했다. 예를 들면, 한 마리의 개와 한 쌍의 방울뱀에 겁먹었던 꿈을 꾼 맥과 작업했을 때, 펄스는 맥에게 개가 되어 보도록 하고, 방울뱀이 되어 춤춰 볼 것을 요청했다. 다음 축어록에서 펄스의 독특한 스타일, 즉 내담자의 비언어적 과정과 밀접하게 접촉을 유지하면서, 실연, 신체 감각 그리고 표현적인 춤을 혼합하는 작업을 볼 수 있다.

  [맥은 현재 개를 실연하고 있다]

프리츠: 당신의 눈을 감으세요. 당신의 몸 안으로 들어가세요. 당신은 신체적으로 무엇을 경험합니까?

맥　　: 나는 떨고 있어요. 긴장하고 있구요.

프   : 그것을 발전시켜 보죠. 당신 자신이 떨도록, 그리고
       당신의 감정이 떠오르도록 허락하세요. [그녀의 몸
       전체가 조금씩 움직이기 시작한다.] 네. 그것이 일어
       나게 하세요. 그것을 춤출 수 있겠어요? 일어나 그것
       을 춤추세요. 당신의 눈들이 열리게 하세요. 정확히
       당신은 당신의 신체와, 당신이 신체적으로 표현하기
       원하는 것과 접촉한 채로 머무르세요. 네 …… (그녀
       는 걷고, 떨고 그리고 경련하고, 거의 비틀거리고 있다.) 이
       제 방울뱀이 되어 춤추세요. (그녀는 천천히 움직인다.
       그리고 꾸물꾸물 우아하게) 이제 방울뱀이 되어 보니 어
       떻게 느껴지세요?

맥   : 어느 정도 천천히 …… 아주 …… 천천히 무언가가
       가까워지고 있다는 것을 잘 알아차리고 있어요.

프   : 음?

맥   : 어떤 것도 너무 가까이 두지 않으려 한다는 것을 알
       아차릴 수 있어요. 공격할 준비를 하고.

프   : 그것을 말해 주세요. "만일 네가 너무 가까이 오면,
       나는 ……"

맥   : 만일 네가 너무 가까이 오면, 나는 반격할 거야(Perls,
       1969b: 164).

   [맥은 자연스럽게 춤을 통해 그녀 자신을 표현할 수단을 발견했
다. 그래서 그녀 자신의 너무 다른 한쪽—위협받으면 반격할 수 있는

것—과 충분히 접촉할 수 있게 된다. 신체 감각에 대한 탐색이 좀 더 이루어지면서, 그녀는 실제 감정인 따뜻함을 느끼고 자신감을 얻으며 작업을 끝낸다.]

춤, 마임, 그리고 연극은 우리의 우뇌와 관련된 활동일 것이라고 간주된다(Ornstein, 1972). 이러한 창의적인 표현 방식들과 언어적 표현(이것은 좌뇌와 더 관련 있다)을 통합함으로써, 펄스는 사람의 모든 측면들을 향상시키기 위해, 그리고 그 개인이 최대한 감각을 경험하는 자신이 될 수 있도록 하기 위해 전체론적으로 작업하였다(2장 개념군집 1-'전인' 참조).

직관과 정교한 현상학적 관찰

펄스는 매우 직관적이었으며, 치료에서 직관과 예감을 사용하는 것을 시연하고 정당화했다. 그는 갑자기 이야기가 옆길로 새거나 그릇된 결론을 내리려는 것처럼 보이는 치료적 개입을 했을 때, 특히 예감에 근거해서 작업하고 있었음을 종종 인정했다. 그의 많은 직관적인 도약들은 사실은 보이는 것처럼 마술이 아니라, 그 장의 모든 측면에 대한 현상학적인 조사, 특히 비언어적인 표현에 대한 관찰에 근거하고 있었다. "그는 아무것도 놓치지 않았다. 그는 사람들이 그들 자신의 신체의 어디에 있는지를 봤다. 그것이 그가 사람들을 그렇게 또렷하게 볼 수 있던 이유다"(Gabrielle Roth in Gaines, 1979: 263).

아마 직관적인 작업으로 추정되는 다음의 예(Gaines, 1979에서)에서 직관에 있어 정교한 현상학적인 관찰이 얼마나 중요한지 보여 준다. 이 사례는 신체 언어의 관찰, 그리고 전체 장으로부터 놓친 것에 대한 관찰(예: 내담자의 다리에 움직임이 없는 것)이다.

프리츠가 말했다. "당신은 당신의 다리를 사용하지 않네요."
그녀는 그 말을 무시하고 계속 이어 나갔다.
그가 다시 말했다. "자, 당신이 행동하는 데 당신의 다리를 적극적으로 사용해 보세요."
그녀는 말했다. "어떻게요? 나는 어떻게 하는지 몰라요." 그러나 그녀는 일어났고, 두 걸음을 걷고서는 멈췄다. 그녀는 그녀의 다리가 참여하지 않으리라는 것을 알아차리지 못하는 듯 했다.

[프리츠는 그녀에게 그녀의 발을 이용하여 사람들에게 접촉하라고 요청했다. 그녀는 놀랍게도 그녀의 다리가 마비된 느낌을 발견했다. 잠시 동안 마비된 느낌에 머무른 후에, 그녀는 다리의 감각을 되찾았고, 마치 처음인 것처럼 카펫의 질감을 느꼈다. 그녀는 흥분해서 프리츠에게 감사하며, 앉기를 원했다. 하지만 프리츠는 그녀에게 뜨거운 의자로 돌아가라고 격려하면서 조금 더 작업을 했다.]

그가 말했다. "이제 다시 자기 자신 속으로 들어가세요. 뭐가 보이나요?"

그녀가 말했다. "나는 차 뒤에 있어요." 그리고 갑자기 기쁨이 사라졌다는 것이 분명해졌다.

"당신은 거기에 혼자 있나요?"

"아니요. 내 여동생이랑 함께 있어요."

"무엇을 보고 있어요?"

"있잖아요. 한때 내 여동생은 ……."

"나는 당신 기억에는 관심 없어요. 당신이 본 것만 나에게 말하세요."

"싫어요!"

"그녀를 보세요."

"싫어요. 싫어요!" 그녀는 격렬하게 울기 시작했다.

그는 그녀의 팔에 한 손을 얹은 채 그녀에게 말했지만, 그녀는 이렇게 말했다.

"못하겠어요. 못하겠어요."

"말을 못 하겠다고 그녀에게 말하세요."

그녀는 망설이고 나서 이와 같이 말하기 시작했다. "너는 매우 예쁘고 재능이 있어. 네가 다리가 하나인 채로 태어난 것은 끔찍한 비극이야."

다리와 관련 있다는 것을 그가 알아차렸다는 것에 우리 모두는 놀라서 숨이 막혔다. 그가 그녀와 작업을 계속하였을 때, 어린 시절부터 그녀는 자신의 다리를 자유롭게 사용하도록 스스로 허용하지 않았다는 것이 밝혀졌다. 마침내 프리츠는 동생의 아름다움과 재능 모두를 갖기 위해 동생과 처지를 바꾸지는 않을 것이라고, 그녀가 여동생에게 말하도록 했다 (Gideon Schwarz in Gaines, 1979: 253-255).

[내담자가 자기 여동생과의 미해결과제를 극적으로 발견하고, 그것을 (눈물로) 표현하게 하고, 다리 감각을 되찾고, 자신의 개성과 자기 자신으로 존재할 권리를 주장한 작업 끝 무렵의 마지막 진술이 가능했던 것은, 펄스가 그 회기 초기부터 그녀가 다리 사용을 억제하고 있다는 것을 알아차렸기 때문이었다.]

'저항'과 교착상태

저항 작업

치료 초기에 또는 어떤 단일 치료 회기의 초기에, 내담자는 자신의 현재 기능에 대한 주의와 자신이 선택한 치료적 접근의 특징인 적극적 실험을 받아들이기 쉽다. 그러나 게슈탈트 치료의 내담자는 금세 다른 치료 형태에서처럼 어떤 형태의 양가감정, 즉 치료적 탐색에 대해 내적 갈등을 표현하거나 보여 줄 것이다.

'저항' 이론에 대해 펄스가 기여한 바는 그가 그것에 높은 가치를 두었다는 점이며, 그로 인해 우리는 '저항'이라는 개념에 대해 의문을 갖게 되었다. 펄스(1947/1969a; Perls, Hefferline, & Goodman, 1951/1973)는 '저항'은 지지의 변증법적 반대—지지와 '저항'은 한 연속선상의 두 개의 극이다—라고 하였고 독자들에게 지금 '저항'이라고 이름 붙인 것은 언젠가는 삶의 질을 높여 주었던 결정, 즉 그 개인의 삶의 지지였다는 점을 상기시켰다. 그는 '저항'을 지지라고, 다시 이름 붙일 수 있다고 여러 번 제안하였지만, 실제로 '저항'이란 용어를 사용하였으며, 정신분석적인 감각으로 그 용어를 사용하는 것이 아니라는 점을 보여 주기 위해, 지금 우리가 하고 있는 것처럼, 인용부호를 붙였다.[9] 그는 사람들은 유연하고 침투 가능한 방어기제가 필요하며, 그것이 환경조건에 적응적일 수 있다고 설명하면서, 개인이 가지고 있는 '저항하는' 힘을 소멸시키지 않는 것이 중요하다고 강조했다(1947/1969a). 방어기제나 저항을 완벽히 드러내지 않는 사람은 환경과 융합하게 되고, 그 환경의 힘에 의해 압도되거나 매우 충동적이고 위험하게 행동할 수 있다. 반면에 자신

---

9) '저항'은 게슈탈트 이론가들 사이에서 논쟁이 지속되고 있는 개념이다. 이 장의 주석 1을 보시오.

의 '저항'과 매우 동일시되어, 저항 없이 자신의 삶에 어떤 힘이나 관심도 가질 수 없는 사람도 있다. 펄스는 모든 '저항'은 신체적(즉, 근육이 긴장되고, 호흡이 힘들어지는 것으로 나타난다), 지적(정당화, 합리화), 그리고 정서적이라고 하였다.

펄스, 헤퍼라인 그리고 굿맨(1951/1973)은 게슈탈트 실험은 알지 못하는 '저항'을 각성시키는 데 주의를 두도록 설계된다고 설명했다. "만약 이러한 실험들이 당신을 단순히 당신의 문제로 돌려보낸다면, 당신은 그러한 상황에서 갈등을 거의 경험하지 않을 것이다. 왜냐하면 당신은 갈등을 피하는 법을 잘 알기 때문이다. 그 보다 이 작업은 당신을 괴롭힐 목적으로 설계된다. 당신의 성격에 갈등이 되는 것을 알아차리게 하려는 것이다"(p. 73). 개인이 가지고 있는 '저항하는' 힘들은 그 사람이 치료에 가지고 와서 문제를 해결하기 원하는 힘만큼이나 크다. 그래서 '저항'을 무시하거나 공격하는 대신에, 펄스, 헤퍼라인 그리고 굿맨은 치료자와 내담자가 근육수축, 지적인 합리화, 두려움 또는 불안의 목적과 의미를 찾아내기 위해 그것의 신체적·인지적·정서적 측면을 탐색하면서, 그것을 조명하고 그것에 집중하기를 제안했다. 이런 방법으로 집중하면 개인은 실제로 자신의 '저항'이 자신에게 속해 있으며, '저항'하는 것이 무엇이 되었든지 간에, 그만큼 자신의 부분을 차지하고 있다는 것을 경험한다.

그것들, 그 저항들—저항하는 것이 무엇이 되었든지 간에,

그만큼 우리에게 속한 것이고 우리의 것이다. 여기에 어려운 점이 있는데, 우리 자신이 우리 자신의 행동을 방해하고 있다는 것을 발견해야 하기 때문이다—은 간단히 말해서, 저항을 알아차리지 못한다면, 우리는 자기 자신의 노력, 흥미 또는 흥분에 역공을 받는다(p. 70).

펄스는 특히 외부로 말한 음성 메시지와 일치하지 않는, 어떤 양가감정을 보여 주는 신체 자세 또는 목소리 톤을 집어내는 데 능숙했다. 그는 불일치의 의미를 탐색하기 위해 그것을 증폭시키거나 과장함으로써 알아차림을 고양시켰다.

다음 축어록은 펄스가 메이(May)와 작업한 것을 보여 주는데, 메이는 마치 자신과 다른 사람 간에 벽이 있는 것처럼 느낀다고 불편을 호소했다. 펄스는 메이와 환경 간의 그 장애물을 무시하거나 공격하지 않았으며, 그녀에게 그 벽이 되어 보고, 그녀가 이 벽에 투자하는, 또는 접촉에 '저항'하는 에너지와 힘을 구체화해 보고, 탐색하고, 재확인하도록 격려한다.

펄스: 자, 여기 올라와서 작업하길 원했던 메이가 있어요. 그녀는 나에게 그녀가 자신과 세상 사이에 벽이 있다고 말했어요. 물론 우리는 함께 작업할 대상이 있어요. 그녀는 사물처럼 어떤 것이 있다고 말해요. 즉, 외부의 어

떤 것, 메이가 책임지지 않는 어떤 것이지요. 그것은 그
냥 일어나기 때문에, 메이는 환경의 희생양이 되지요.
이제 벽이 되어 보겠어요?

메이: 나는 네가 어느 누구와도 접촉하게 두지 않을 거야.

펄 : 그것을 나에게 말하세요. 당신은 벽이고 나는 메이예
요.

메 : 메이, 나는 네가 어느 누구와도 접촉하게 두지 않을 거
야. 너는 그들을 알 수 있고, 그들을 볼 수는 있지만, 그
들과 인간으로서, 한 개인으로서 결코 온전히 접촉할
수는 없어. 그렇게 놔둘 수 없어.

펄 : 왜 안 되죠? (낙담하며) 내가 어쨌기에, 그런 일을 당해야
하죠?

메 : 자업자득이야. 나는 야비한 벽이야. 나는 너를 바깥으
로 내보내지 않을 거야.

펄 : 좋아요. 이제 역할을 바꿔 봐요. 이제 메이가 되세요.
벽이 그녀에게 이제 막 말했어요.

메 : 아마, 너는 내가 어느 누구와도 완전히 즐기지 못하게
방해할 거야. 나는 하고 싶은 게 있는데 …… 벽아, 나
는 널 뚫고 나가는 길을 찾아야 해. 그리고 벽이 말해
요. 좋아. 나는 조금만 물러날게. 네가 조금 더 편안하
게 느낄 만큼만. 하지만 나는 항상 거기에 있어. 그리고
네가 생각하지도 못할 때, 그때는 나는 진짜로 다시 커

질 것이고 너를 뭉개 버릴 거야.

펄 : 그것을 다시 나에게 말하세요.

메 : (강하게) 오, 언젠가는, 나는 다시 커질 것이고, 너를 뭉 개 버릴 거야.

[메이는 이제 실제로 그 벽과 접촉하기 시작했고, 그 벽에 묶어 둔 힘과 에너지를 되찾았다. 그리고 펄스는 접촉에 '저항'한 그 벽의 힘을 훨씬 더 증폭하고 재소유하는 것을 돕도록 새로운 실험을 제안한다.]

펄 : 마녀를 연기해 보시겠어요? (Perls, 1969b: 100, 102-103)

교착상태에서 작업하기

교착상태는 개인이 치료에서 꼼짝할 수 없다고 느끼는 지점이다. 이것은 펄스가 말한 신경증의 다섯 가지 수준 모델 중 세 번째 층이다(2장 개념군집 6-'신경증의 다섯 가지 수준 모델' 참조). 펄스는 모든 신경증의 핵심에는 이런 꼼짝할 수 없는 지점 즉, 교착상태가 있다고 주장했다. 교착상태는 성격 내에 명백하게 모순된 양극성이 있어 옴짝달싹 못하는 상황에 처했을 때 치료적으로 탐색하는 단계이다. 성장하려는 힘과 '저항'하는 힘들은 투쟁 상태에 빠진다. 여기에서 우리는 끊임없이 고정된 게슈탈트 또는 경직된 행동패턴을 반복한다. 우리는 새로운 정보를 동화할 수도 없고, 성장할 수도 없다. 우리는 정말로 꼼짝할 수 없다. 펄스에 따르면, 우리는 이 층을 경험하는 것을 회피하는데, 이는 우리가 교착상태를 책임지고 다양한 경험을 할 수 있는 능력에 책임을 진다면, 혼란감이나 불안을 느끼기 때문이다. 교착상태는 실존적 절망 지점이 될 수 있다.

> 실존적인 교착상태(이것은 사소한 장애물을 의미하는 것이 아니다)에 다가서면, 내담자는 소용돌이 속에 빠진다. 공황을 일으키고, 들리지도 보이지도 않는다. 강박적인, 회전목마 같은 반복 상태에 그저 머물러 있으려 한다. 키에르케고르가 '죽음에 이르는 병'이라고 했던 절망을 진짜로 경험한다. 실존적 교착상태는 어떤 환경의 지지도 마련되지 않는 상황이며, 내담자는 자신의 삶에 대한 대처 능력이 없거나 또는 없다고 믿는다(Baumgardner & Perls, 1975: 13).

개인의 모든 가용한 에너지는 이러한 반대되는 힘들에 묶여 있고, 내부로 향해 있으며, 교착상태에 묶여 있다. 펄스는 이 단계에서 전형적인, 묶여 있고 내부로 향해진 에너지를 성격의 내파층이라고 불렀다(2장 개념군집 6-'신경증의 다섯 가지 수준 모델' 참조). 내파층에서 개인은 외부로 향하는 충동에 쓰일 가용한 에너지를 갖고 있지 않기 때문에, 교착상태를 풀고 폭발과 진정성을 이룰 수 없다. 개인은 알 수 없음에 대한 두려움 때문에 마비된다. 신체적으로 긴장되거나 과도하게 축 처진다. 마비를 반영하는 은유들이 상상과 꿈에서 보이게 된다.

펄스는 가능한 한 교착상태를 빨리 찾으려고 애썼는데, 왜냐하면 이곳이 대부분의 에너지가 축적된 곳이며, 변화를 위한 가장 큰 잠재력이 있는 지점이기 때문이다. 펄스는 내담자로 하여금 진짜로 교착상태로 들어가서 얼마나 옴짝달싹할 수 없고, 혼란스럽고, 텅 빈 것 같고, 절망적인지를 그대로 느끼도록 했다. 그는 내담자에게 교착상태를 자세하게 기술해 보거나, 그 감각을 실연토록 해 보고, 내담자가 경험하는 신체적 긴장감이 어떤 것이든지 과장해 보도록 제안했다. 내담자가 자신이 가둔 에너지를 증폭시켜 자신에게 돌리면, 내파의 힘이 매우 커져서 마침내는 더 이상 안으로 향할 수 없게 된다. 모든 에너지는 어디론가 향해야 하기 때문에, 그 에너지는 밖으로 폭발하고 진짜 나를 만나게 된다. 내담자는 두려움에 떨고, 웃고, 노래하고, 기뻐서 뛰거나, 이전과는 다른 행동을 하게 된다. 교착층이 해결되고 그 개인은 새롭고 진정성이 있는 방향으로 움직인다. '폭발' 후에는 종종 중요한 통찰과 상당히 창의적인 에너지와 흥분의 시간이 뒤따른다. 펄스가 교착층 작업에서 보여 준 천재성은 메이와의 작업에서 보여 준 '내파'의 증폭, '교착상태'의 해결, 그리고 작

업 끝 무렵의 '폭발'을 보면 잘 알 수 있다.[10]

[이 축어록의 시작 부분은 펄스가 메이의 끊임없이 지속되는 꼼짝할 수 없는 느낌, 그리고 자신과 다른 사람 사이에 있는 벽에 대한 이미지에 대해 오래 작업하고 난 후부터이다.]

펄스: 계속하세요. 당신은 자신을 어떻게 완전히 뭉개 버릴 수 있나요?

[여기서 펄스는 내파층을 증폭하도록 메이를 초대하고 있다(2장 개념 군집 6-신경증의 다섯 가지 수준 모델 중 '내파부분' 참조).

메이: 모르겠어요. 내가 무엇을 하고 있는지 모르겠어요.

펄 : 거짓말이에요. 당신은 당신이 무엇을 하고 있는지 매우 잘 알아요. 당신은 당신 자신을 어떻게 뭉개 버리고 있나요?

메 : 난 아니에요. 벽은 계속 거기에 있어요. 그런데 난 거길 뚫고 갈 수가 없어요.

[메이는 여전히 교착상태에 있지만, 다시 한번 자신과 다른 사람들 사이의 벽이 있는 느낌에, 얼마나 꼼짝 못하고 있는지를 알아차리게 된다.]

펄 : 당신은 당신 자신을 어떻게 뭉개 버리고 있나요? 당신 은 당신 자신을 어떻게 뭉개 버리고 있나요?

---

10) 메이와의 상담의 앞부분 축어록은 3장 '저항'과 교착상태-'저항 작업'에 인용되어 있다.

[펄스는 현상학적으로 조사한다.]

메 : 나는 마음의 문을 닫고 말을 하지 않아요.

[메이는 교착상태에서 내파하고 있는 에너지를 더 알아차린다.]

펄 : 당신은 자신을 어떻게 뭉개 버리고 있나요? 네? 바로 지
금 어떤 일이 일어났나요?

[펄스는 비언어적인 표현에서의 변화를 알아차린다. 그는 그것을 해
석하지 않고 그것의 의미를 현상학적으로 조사한다.]

메 : 나는 날 뭉개 버리고 있지 않아요.

[교착상태가 해결되어 가는 것 같다. 메이는 더 이상 신체적 내파, 그
리고 그녀 자신을 뭉개 버리는 긴장에 갇혀 있지 않다. 그녀는 새롭고
진정성 있는 방향을 향해 움직이며, 갑작스럽게 통찰한 것을 소리 내어
말한다.]

펄 : 당신은 당신 자신을 전혀 뭉개 버리고 싶지 않아요. 당
신은 게임을 했어요.

메 : 네.

펄 : 지금 기분이 어때요? 나는 당신이 당신의 게임으로 나
를 고문하지 않는다는 걸 알아차렸어요.

메 : (생기 있게) 음, 지금이요? 난 모르겠어요. 바보 같은 느
낌이 들어요.

펄 : 청중을 보세요. (메이가 웃는다) 그들을 보세요.

[펄스는 메이가 교착상태를 통과했으며, 현재 접촉이 가능하다는 것
을 알아차렸고, 접촉을 증진시키는 방법을 제안한다.]

메 : 모두 저기에 있네요.

펄 : 그것을 그들에게 말하세요.

　[펄스는 다시 메이가 다른 사람들과 직접적인 접촉을 하도록 제안한다.]

메 : (흥분되게, 거의 울면서) 당신들은 모두 거기에 있네요. 그
　　리고 나는 나를 보고 있는 여러분의 눈과 표정을 볼 수
　　있어요. 그리고 여러분 모두 얼굴이 아름다워요.

　[메이는 에너지와 흥분을 보여 주고 있는데, 이는 펄스가 폭발을 진정
한 성격 층으로 연결시켰기 때문이다.]

펄 : 내려가서 당신이 본 사람을 만져 보세요.

메 : 나는 여러분 모두들 모두 만질 수 있어요. (메이는 가서
　　사람들을 만지고, 안고, 울기 시작한다.)

　[메이는 완전히 '진짜 자기'가 되어, 그녀 자신의 감정과 접촉하고, 다
른 사람들과도 생생하게 접촉을 한 것 같다.](Perls, 1969b: 105-106)

　펄스의 시연 작업의 축어록에는 한 회기에 교착상태를 고
조시키고, 해결하는 예들이 많다. 그러나 생의 딜레마를 해
결하는 것이 일반적으로는 그렇게 빨리 되지 않는다. 긴 치
료기간 동안 내담자는 많은 회기들에 걸쳐 교착상태, 또는 꽉
막힌 지점에 있기 마련이다. 이것은 내담자와 치료자 둘 다
에게 편안하지 않다. 여기에서 다시 치료자가 해야 할 일은
내담자의 꼼짝 못함, 혼란 그리고 절망과 함께 머무르고, 내
담자가 교착상태를 탐색하도록 격려하는 것이다—쉬운 과

제가 아니다. 심지어 펄스의 시연에서도 즉각적으로 해결되지 않은 교착상태가 많이 있으며, 그때 그는 보통 실제적인 교착상태를 분명히 보여 주는 것으로 만족한다―그것이 그 순간에 그가 할 수 있는 최선의 치료 작업이다. 왜냐하면 그는 현재의 실체를 강조하고 있으며, 내담자의 알아차림이 고조되기를 바라기 때문이다(3장 치료와 변화 과정-'치료 과정과 성공을 위한 기준' 참조).

> 펄스: 음, 나는 여기서 마쳤으면 해요. 내가 말할 수 있는 것은, 당신이 꽉 막힌 상태의 좋은 예라는 것뿐이에요. 당신은 결혼에 꼼짝할 수 없이 갇혀 있어요. 당신은 당신의 판타지에 갇혀 있어요. 당신은 당신의 자기고문에 갇혀 있어요(Perls, 1969b: 157).

꿈, 통합에 이르는 왕도

펄스는 특히 꿈 작업을 즐겼다. 1960년대 그의 시연 작업 중 상당 부분이 꿈 작업에 관한 것이며, 개별 회기의 대부분이 내담자의 꿈을 가지고 시작한다. 펄스는 자기이해와 자기실현을 향상시키는 도구로서 꿈을 사용하는데, 그에 탁월한 재능을 가지고 있었다. 그의 꿈에 대한 탐색을 보면, 이미 이 장에서 논의된 모든 혁신들이 통합되어 있고, 그의 최고의 지각 능력과 창의성 그리고 직관을 보여 준다.

펄스는 꿈이 매우 중요하다고 믿었다. 그는 꿈이 인간 실존의 가장 자연스러운 표현이라고 말하면서, 어떤 개인이라도 그가 가진 실존의 문제는 자신의 꿈에서 가장 분명하게 나타난다고 주장했다. 그는 꿈을 '통합에 이르는 왕도'이며, '실존적인 메시지'로 묘사했다(Perls, 1976).

투사로서의 꿈

펄스는 꿈을 여러 다양한 방법으로 묘사했지만, 꿈에 대해 가장 잘 알려진 그의 관점은 꿈의 각 부분이 성격의 각각 다른 투사(projection)된 부분과 단절된 부분들을 나타낸다는 점에서 꿈꾸는 사람의 자연스런 표현이라는 것이다. 꿈 작업에 대한 그의 급진적인 공헌은 해석이 중요한 분석적 방법을 실연이나 사이코드라마를 통해 꿈의 의미를 적극적으로 탐색하는 것으로 대체한 것이었다. 그는 치료자는 내담자가 스스로 자신의 꿈의 의미를 발견하는 것을 절대로 방해하지 말아야 하며, 사람이 배우고 경험의 의미를 만드는 것은 적극적인 발견을 통해서만 이루어진다고 강조했다. "경고하지만, 당신이 저지를 수 있는 커다란 실수가 하나 있는데, 그건 바로 해석을 하는 거예요. 당신이 해석을 시작하면, 당신은 길을 잃어버릴 겁니다. 해석을 하면 실제에서 벗어난, 지적이고 프로이트적인 게임을 하는 거예요. 그리고는 기껏해야, 매우 흥미로운 통찰들을 어떤 지적인 서류들을 정리해 놓은 캐비닛에 쌓아 두겠죠. 그러면 틀림없이 실제로는 아무 일도 일어나지 않게 될 거예요. 해석하지 마세요. 그냥 그것이 되어 보세요. 그 접시가 되어 보세요. 그 주전자가 되어 보세요. 당신의 일부분인 그 친구가 되어 보세요"(Perls, 1976: 184).[11]

내담자의 꿈을 작업하는 펄스의 목적은 내담자로 하여금 꿈에 나타난 자신과 자신의 장의 모든 부분들을 동일시하고 탐색하도록 하는 것이다. 그의 꿈 작업의 주된 방법은 내담자에게 현재시제로 꿈을 다시 얘기하고, 그다음에 차례로 그 꿈의 요소들 각각이 되어 보도록 요구하는 것이다. 펄스는 내담자에게 인간뿐 아니라 사물, 동물, 초자연적인 힘들을 실연해 보도록 요구하는데, 왜냐하면 그는 그 꿈의 모든 측면들이 꿈꾸는 사람의 투사된 부분이라고 보았기 때문이다. 현상학적으로 작업하는 동안, 그는 어떤 측면이 가장 중요하다는 사전 판단을 유예하려고 애썼다. 역할극은 종종 내담자로 하여금 꿈의(또는 자신의) 어떤 부분에 대해 기대하지 않았던 발견을 하게 했다.

여기에서는 펄스가 내담자에게 꿈의 여러 부분들을 가지고

---

11) 펄스가 치료자는 해석하지 않아야 한다고 주장했음에도 불구하고, 그는 내담자의 꿈과 다른 과정에서 때때로 해석하는 상담을 했다.

역할극을 해 보도록 초대하는 방법을, 실제 예를 가지고 보여주며, 펄스가 어떻게 실연, 춤, 동작, 음성언어와 비음성언어에 주의를 기울이는지, 그리고 내담자와의 신선하고 창의적으로 펼쳐지는 대화 가운데 어떻게 알아차림을 강화해 가는지를 보여 준다. 마지막 개입에서 보이는 펄스의 생각을 본받아서, 우리는 이 축어록에 어떤 코멘트도 달지 않고, 그 작업 자체로 말하도록 하겠다.

프리츠: 기다려요. 여기서 멈추세요. 당신의 눈을 감으세요. 계속 꿈을 꾸세요. 자, 정신을 차리는 것은 꿈의 해결을 방해하는 그럴듯한 술책이랍니다.

매들린: 그 …….

프　　: 당신은 우리에게 돌아왔군요. 당신은 꿈을 계속해서 꾸고 있었나요?

매　　: 같은 꿈이요? 꿈을 다시 꾸게 되기까지 오래 걸렸어요. 나는 내 눈에서 빛을 보았고 매우 바쁘다는 것을 느꼈어요.

프　　: 그것을 몸짓으로 해 봐요. 계속하세요.

매　　: 매우 바빠요. (팔을 이리저리 움직이며 웃는다.)

프　　: 그것을 춤으로 추어 봐요. (그녀는 주로 팔 움직임으로 춤을 춘다.) 좋아요. 자, 그 인물조각상의 이야기를 만들어 봅시다. 당신은 이제 조각상이에요.

매　　: 나는 호수 가운데 있는 조각상이에요.

프　　: 당신은 누구와 이야기하고 있나요?

매　　: 나는 헬렌과 이야기하려 하고 있어요. (웃음) 나는 회색이고, 일종의, 어, 나는 꽤 고전적으로 보여요. 나는 아주 작은 소년 조각상처럼 보여요. 나는 물병 하나를 들고 있어요. 그것은 목은 작고 바닥은 큰 물병이에요. 나는 그것을 들고, 내가 물속에 있긴 하지만, 그것을 비스듬히 기울여 붓고 있어요. 나는 이 물을 호수에 붓고 있어요. 물이 어디에서 왔는지는 몰라요. 하지만 그 물은 아주 순수해요. 그래서 이 물을 마시면 진짜로 좋을 거예요. 내가 가운데 자리 잡고 있는 호수에서 나온 물로 당신의 피부를 씻으면, 당신은 몸 전체가 기분 좋아질 거예요. 그 물은 정말로 당신 피부에도 좋아요. 하지만 나는 정말 당신이 내가 주는 물병에서 나온 그 물을 마셔 보았으면 좋겠어요. 왜냐하면 그것은 당신 속도 기분 좋게 해 줄 것이니까요. 왠지 모르겠지만, 가끔씩은 당신은 물을 마실 수가 없어요. 당신은 그저 와서 물을 마시면 돼요. 그러면 당신은 진짜 행복할 거예요. 그리고 당신은 수영을 하겠죠. 당신은 물을 마시기를 원해요. 그런데 당신은 물을 마실 수 없어요. 나는 당신 쪽으로 팔을 구부릴 수 없어요. 나는 그냥 내 물을 계속 따르는 것만 할 수 있어요. 그래서 나는 당신이 와서 그 물을 마실 수 있기만, 계속 바라고 있어요.

프　: 그 마지막 문장을 우리에게 다시 말해 주세요.

매　: 나는 내려와서 당신에게 물을 줄 수 없어요. 나는 그냥 계속 물을 붓고 있으면서, 당신이 와서 물을 마시기만 바라고 있어요. 나는 그냥 물을 붓는 것만 할 수 있어요.

프　: 좋아요. 자 이제 물이 되어 보세요. 우리에게 말하세요. 당신은 이제 물이에요.

매　: 물병 속의?

프　: 네, 그 물은 물병 속에 있어요. 당신의 이야기 대본은 어떻게 되지요? 당신의 이야기가 뭐예요? 물?

매　: (잠시 멈춤) 나는 나 자신에 대해 많이 몰라요.

프　: 또, 그러네요.

매　: 나는 나 자신에 관해 많이 몰라요. (잠시 멈춤. 울기 시작함) 나는 내가 어떻게 나오는지 모르겠지만 내가 좋다는 것은 알아요. 그것이 내가 아는 전부예요. 나는 내가 좋다는 것을 알기 때문에 당신이 나를 마셨으면 좋겠어요. 나는 내가 어디에서 왔는지는 몰라요. 나는 그 큰 물병 안에 있어요. 그것은 검정 물병이에요.

프　: 자, 일어나세요. 이것을 우리 모두에게 일일이 말하세요. 일어서세요. 우리들 각자에게 가서 이것을 말하세요. 당신은 물이예요.

매 : (울면서 코를 훌쩍이며) 나는 물병 안의 물이에요. 그리고 나는 내가 어디에서 왔는지 몰라요. 그러나 나는 내가 마시면 좋다는 것을 알아요. 나는 물병 안의 물이에요.

프 : 이제 당신 자신의 말을 사용하여 말하세요.

매 : 나는 물인 것 같아요. 사람들은 나를 물이라고 부르고 나는 그냥 물병 안에 있어요. 그리고 그 물병에는 구멍이 없어요. 내가 어디서 왔는지, 몰라요. 아무도, 몰라요. 나는 그저 내내 거기에 있었어요. 나는 그저 쏟아져 나오고 있어요. 그리고 나는 당신이 나를 마시면 좋겠어요.

프 : 다음 사람에게 계속하세요.

매 : 나는 저기에 있고 깨끗하고 순수해요. 그리고 당신이 나에게 내가 어디에서 왔는지 묻더라도, 나는 몰라요. 하지만 이건 기적이에요. 나는 끊임없이 나와서, 당신은 마시기만 하면 돼요. 다른 물은 먹으면 안 돼요. (다음 사람에게 가서, 울며) 나는 물병이에요. 그리고 나는 내가 어디에서 왔는지 모르지만 끊임없이 나오고 있어요. 그리고 당신은 나를 마셔야만 해요. 전부 마셔야 해요.

프 : 지금, 당신은 무엇을 하고 있나요?

매 : 내 자신을 팔로 안고 가만히 있어요.

프 : 그것을 나에게 해 보세요. (매들린이 그에게 가서 그의 팔을 문지른다). 좋아요. 앉으세요. 그래서 지금 당신은 어떤 경험을 하시나요?

매 : 뭔가를 발견한 것 같아요.

프 : 네? 뭘요?

매 : 나는 그 꿈에 대해 생각하곤 했어요. 나는 물병 안의 물에 영성이 있다고 생각하곤 했어요.

프 : 음 …….

매 : 아름다움, 탄생, 그리고 …… 그런 것은 나에게는 정말 신비한 것들이었어요. 삶의 아름다움 같은 거요. 그리고 물병이 어떤 비밀이라고 생각했어요. 그런데 나는 그 물을 마실 만큼 크지 않았죠. 그게 내가 잠을 깬 이유예요. 내가 어려서 아주 작았을 때는, 그게 괴롭지 않았어요—나는 수영을 하면서 그냥 행복했어요. 깨어났을 때 그 물을 마시지 않은 것을 걱정하지 않았어요. 하지만 나이가 들어가며 나는 그 물을 마시지 않았던 것을 점점 후회했어요.

프 : 좋아요. 여기까지만 하고 싶군요. 다시, 당신은 전에 했던 꿈 작업과 똑같은 것을 봤어요. 해석은 없습니다. 당신은 모든 것을 알고 있어요. 당신이 나보다 더 많이 알고, 나의 해석은 단지 당신을 잘못 인도할 뿐

이에요. 다시 한번 말하지만 이것은 단순한 앎의 문
제이고, 진정한 자기를 드러낼 수 있느냐의 문제예요
(Perls, 1976: 192-194).

악몽

펄스는 꿈 중에서도 특히, 우리가 가장 혐오하거나 두려워
하는 꿈의 측면들을 실연해 보도록 격려했다. 왜냐하면 그것
들은 우리가 가장 소외시켜 버린 우리 자신의 부분들을 나타
내기 쉽기 때문이다. 이렇게 두려워하는 부분들에는 대개 엄
청난 활력과 힘이 있다. 그것들은 대개 강한 힘을 가진 생물
들로, 즉 마법사들, 마녀들, 고문하는 사람들, 집단따돌림 가
해자들, 사람을 잡아먹는 거인들, 끔찍한 동물들로 우리의 악
몽에 나타난다. 하지만 우리는 흔히 우리 자신을 악몽에 나
온 유령의 희생자로 본다. 전체성을 유지하고, 세상에 맞서
우리의 필요를 충족시키기 위해, 우리는 우리가 차단했던 도
깨비나 괴물의 힘을 되찾아 올 필요가 있다. 그래서 악몽을
가지고 작업할 때, 펄스는 내담자에게 그 '악역' 부분을 연기
해 보라고 제안했다. 펄스는 만일 악몽 속의 무시무시한 부분
을 자주, 그리고 철저하게 실연한다면, 내담자는 결국 소외되
고 자신의 것이 아니라고 했던 힘을 온전하게 재통합할 것이
며, 악몽은 멈추게 될 것이라고 장담했다. "만약 당신이 꿈에

서 사람을 잡아먹는 거인에게 쫓기는데, 당신이 그 거인이 되면, 그 악몽은 사라진다. 당신은 그 악마에게 투여된 에너지를 재소유한다. 그때 그 거인의 힘은 더 이상 밖에 소외된 채로 있지 않고, 당신이 그것을 사용할 수 있도록 안에 있게 된다"(Perls, 1969b: 164). 이전에 언급했던, 맥이 꿈에서 그녀를 놀라게 했던 방울뱀 춤을 췄던 예가 이 생각의 실제 예이다.

실존적 메시지로서의 꿈

펄스(1970/1976)는 또한 꿈을 실존적 메시지, 또는 꿈꾸는 사람이 세상이나 삶과 관계하는 방식의 표현이라고 보았다.

나에게는 이것이 꿈의 의미 즉, 실존적 메시지이다. 그것은 딱히 미해결된 상황도 아니고, 현재의 문제도 아니며, 증상이나 성격유형만도 아니다. 그것은 실존적 의미, 메시지이다. 그것은 완전한 실존에 관한 것이고, 인생 각본에 관한 것이다. 그리고 만일 반복되는 꿈이 있다면, 그것은 정말 중요하고, 지금 필요한 실존적인 주제라고 확신해도 된다(Perls, 1976: 186)

그는 자주, 이미 기술한 방법으로, 내담자의 꿈 작업을 격려했는데, 앤(Ann)의 기차와 기차역 꿈의 탐색 끝부분에 보인 것처럼, 내담자 자신 그리고 세상과 관련된 자신의 입장에 대한 실존적 메시지를 얻을 때까지 작업했다.

> 앤   : [그녀 꿈에 나오는 기차역의 역할을 한다] 왜 너는 …… 너
>   는 계속 움직이는지 이해가 안 돼. 또 다른 기차를 타
>   고, 어딘가에 내리고, 그리고 넌 어디 갔었는지도 모
>   르고, 어디 갈 건 지도 모르잖아. 여기에 친구들이 있
>   는데도, 그들을 남기고 떠나잖아.
> 프리츠: 음, 이것은 벌써, 실존적 메시지로 들리네요. 좋아
>   요. 여기까지 하지요(Perls, 1976: 188).

잃어버린 또는 잊혀진 꿈

펄스는 꿈의 조각들, 잊어버린 꿈들, 그리고 사람들이 절대
꾸지 않았다고 느끼는 꿈들을 가지고 작업하는 여러 방법들
을 개발했다. 펄스는 아주 작은 꿈 조각이나 심지어 완전히
잊어버린 꿈이 남긴 분위기만을 가지고도 꿈 작업이 가능하
다는 것을 보여 주었다. 그는 내담자가 그 자신과 꿈 조각이
나 꿈의 분위기 간의 대화를 실연하도록 초대했다.

내담자가 현실에서 자신이 꾼 꿈에 대해 어떤 것도 기억할
수 없을 때, 펄스는 그 내담자에게 도망간 그 꿈을 빈 의자에
앉히고, 상상으로 꿈에 대해 또는 그 분위기에 대해 어떻게
느끼는지를 얘기하도록 했다. 그런 다음 내담자를 빈 의자에

앉게 하고, 자신의 꿈이 되어 반응하도록 했으며, 내담자와 꿈 간의 대화를 유지하게 했다. 이것은 내담자에게 잊어버린 꿈의 개인적인 의미에 대해 통찰을 주는 강력한 방법이었다.

결론

이 장에서는 치료의 정의와 변화의 특성에 대한 탐색에 펄스가 중요하게 덧붙인 것들을 살펴보았다. 그리고 치료자의 역할, 치료적 관계에 관한 그의 혁신적인 공헌을 개관했다. 여기에 현상학적인 조사와 적극적 실험을 통한 현재 알아차림을 강조하는 펄스의 치료방법을 기술하고 그 예들을 제시했다. 마지막으로, 그의 실험연습과 시연에서 보여 줬던 판타지, 마음속으로 그려 보기, 실연, 동작 그리고 직관과 같은 창의적 접근들에 대해 개인적으로 통합했던 것들을 설명하고 보여 주었다.

펄스의 개인적인 가치와 윤리뿐 아니라, 그의 이론적이고 실제적인 공헌들은 긍정적인 감탄과 혹독한 비평, 모두를 불러일으켰다. 4장에서는 펄스의 작업, 인간성 그리고 스타일을 둘러싼 논란들을 다룰 것이다.

4 비판과 반박

들어가기

이 장에서는 프리츠 펄스의 이론과 시연에 대한 평가와 비판을 검토해 본다. 우리는 폭넓은 독자층을 갖고 있어서, 펄스의 이미지에 가장 큰 영향을 끼쳐 온 저자의 견해들을 검토하기로 했다. 주로 코블(Kovel, 1976, 1991에 재판됨)과 메이슨(Masson, 1989), 더블린(Dublin, 1977), 얄롬(Yalom, 1980/1985)의 논의가 평가와 비판의 근거가 되었다. 코블과 얄롬은 널리 읽힌 참고 서적의 저자이며, 메이슨은 프리츠 펄스와 게슈탈트 치료를 포함한 심리치료 전반에 공격적인 글을 쓴 저자이다. 많은 심리치료를 공부하는 학생과 대중들이 이러한 자료를 통해 펄스의 작업에 대한 인상을 형성한다.

우리는 펄스의 작업 중 많은 것이 게슈탈트 치료와 동의어가 아니며, 그것이 더블린이 게슈탈트 치료 전체와 구분하기 위해 정의한 '펄스-이즘(Perls-ism)'이라는 것을 보여 줄 것이다. 그럼으로써 1960년대 에살렌에서 펄스가 한 상담 시연이 게슈탈트의 유일한 혹은, 주된 형식이며 스타일이라는 대중의 오해가 불식되기 바란다. 비록 우리의 논의를 펄스에 대한 특정 비판에 국한하고, 게슈탈트 치료 전반에 대한 비판을 검토하지는 않았지만, 우리는 예외를 하나 두려 한다. 코블과 같은 몇몇 비평가들은 그들이 게슈탈트 치료라 부르는 것을 기술하고 비판했지만, 사실 그것은 전체로서의 게슈탈트 치료에 대한 기술이 아니라 1960년대에 펄스가 했던 작업이나 저작에 대한 것이었다. 그런 경우에는 펄스에 대한 비판이라고 할지라도, 게슈탈트 치료에 대한 비판으로 규정하고 조사하였음을 명확히 하고 싶다.

펄스는 말과 행동과 글에서 은근하게 도발적이었다. 그는 원래부터 다채롭고, 때로는 극단적이면서도 다중적이고 강인한 성격의 사람이었다. 게다가, 의학 분야와 정신분석 분야에서 인정한 이론과 상담에 대립하였으며, 공인된 사회적 권위를 의심하고 사회적이고 전문적인 전통을 전복시키려 하였다. 그러면서도, 놀라운 일은 아니지만, 무심하게 사람들에게 등을 돌리고 있지는 않았다. 프리츠 펄스와 그의 저서를 객관적으로 본 사람은 없었다. 단지 한정된 범위의 주관적인 인상만 갖고 있을 뿐이다. 그와 그의 상담은 자극적이었고 지금도 여전히 자극적이어서, 강한 반응을 일으킨다. 그는 자신이 도전적이었던 만큼 떠들썩하게 도전받았고, 자신이 다른 사람을 무시하고 배척했던 만큼 대놓고 무시당했다. 이 장에서 우리의 과제는 가능한 한 솔직하게 비판을 제시하고 그 비판의 어떤 측면이 정당하고, 정당하지 않으며, 또 가치가 있는 것인지 논의할 것이다.

펄스에 대한 게슈탈트 치료자들의 비판은 5장 게슈탈트 치료의 발전에 대한 펄스의 영향 부분에서 더 자세하게 다루어질 것이다. 게슈탈트 이론가와 상담자는 펄스란 사람, 그리고 상담과 이론에 미친 그의 영향에 대해 격렬히 논쟁했다. 많은 경우 펄스에 대한 비판으로 인해 새로운 이론적 시각과 참신한 게슈탈트 상담기법이 생겨났고, 나중에는 펄스의 원래 생각과 기법을 대치하거나 첨가하게 되었다. 게슈탈트 학파 내에서의 이 비판과 진화 과정은 탄생 초기부터 진행되었고, 지난 20년간 더 풍부하고 다양해졌다.

우리는 먼저 게슈탈트 치료와 펄스의 저서에 대한 코블의 글을 검토한 후에, 펄스에게 향했던 메이슨의 공격을 검토할 것이다. 다음으로 펄스의 저서와 게슈탈트 치료를 동의어로 보는 이론적인 오류를 논의하고, 더블린이 구별한 게슈탈트 치료와 '펄스-이즘'을 설명할 것이다. 마지막으로, 얄롬이 펄스의 저서에 대해 전반적으로 동조한 것에 대해 탐색해 보고 그의 구체적인 비평을 알아볼 것이다.

게슈탈트 치료에 대한 코블의 관점

코블(1976)은 정신분석적 관점에서 심리치료 분야에 대한 소비자 지침서를 썼다. 그 안에서 여러 심리치료 형태를 간략하게 기술하고 각 접근법의 강점과 약점을 안내하려 하였다. 코블은 주로 프리츠 펄스가 한 상담과 연관된 제한적인 게슈탈트 치료를 게슈탈트 치료로 기술하면서, 이것이 단지 그가 한 상담일 뿐이라는 것은 인식하지 못하였다.[1] 그러므로 우리는 게슈탈트 치료에 대한 코블의 언급은 프리츠 펄스에 대한 언급으로 간주할 것이다.

먼저, 코블의 정수를 축소시키는 일이 되겠지만, 합당하다고 생각되는, 펄스와 게슈탈트 치료에 대한 그의 평가를 요약할 것이다. 그런 후에 코블의 비판을 논의해 보자.

---

1) 이러한 흔한 오류는 이 장의 세 번째 절에서 충분히 다루어질 것이다 (4장 더블린과 게슈탈트 치료와 '펄스-이즘'의 잘못된 동일시 참조).
2) 코블이 기술한 게슈탈트 치료 양식은 이 책에 제시되어 있으며, 그가 사용한 참고문헌 4개 중 3개도 이 책에 있다(문서 내 주석 2 표기가 누락되어 주석 1에 이어 이곳에 덧붙임).

코블의 기술에 대한 요약

코블(1976)은 글을 긍정적으로 시작하는데, 이는 펄스의 공헌이 혁신적이라는 것을 인정한다는 점에서 통상적인 것은 아니다. 특히 펄스가 주요 의사소통 수단인 언어 사용에 도전한 점과, 전체적인 유기체로서의 개인에 대립해서 정신에 초점을 맞추는 정신분석을 거부한 한 것에 대해 긍정적으로 평가한다. "게슈탈트 치료는 …… 완전히 언어를 배제하는 것은 아니지만 비언어적 경험으로 단번에 들어간다. 특정한 정신 상태를 부인함으로써 …… 게슈탈트 치료는 생각의 도구인 언어를 잘라내고 명백하게 유기체적인 접근 방법을 찾아낸다"(p. 165). 다시 특이하지만, 긍정적으로, 코블은 게슈탈트가 미서부 해안 지역에서 대중화되는 바람에, 현대의 심리학 그리고 프로이트 정신분석과 같은 전통적인 심리치료에 굳게 자리 잡고 있는 이론체계가, 게슈탈트 치료에도 존재한다는 점이 잊혀지게 됐다고 평가한다. 나중에 코블은 알아차림이 유기체와 환경 간에 의미 있게 조직화된 전체를 구축하도록 이끌고, 프로이트는 간과하였지만, 치유적 가치가 있는 능동적 치료 과정이라는 펄스의 핵심적인 생각을 공정한 마음으로 평가하려 하였다. 코블은 게슈탈트 치료의 실존적인 접근을 긍정적으로 언급하고, 명백한 것에 주의를 두는 단순함에 대해 펄스를 긍정적으로 평가하고 있다.

코블의 비판

코블은 펄스와 게슈탈트에 대해 긍정적인 기술을 한 후에 몇 가지 비판으로 그 장을 마무리하는데, 다음과 같이 요약할 수 있다.

➤ 펄스는 과거를 경시하고 모든 것이 지금-여기에서 다루어질 수 있다고 주장한다.

➤ 게슈탈트 치료는 거의 집단치료에서만 이루어지고 단기 워크숍 형식에 알맞다.

➤ 게슈탈트/펄스는 집단 과정에 대한 이론이 없다.

➤ 게슈탈트/펄스는 전이 이론에 대한 언급이 없다.

➤ 게슈탈트/펄스는 언어적 설명을 과소평가한다.

➤ 펄스는 자기와 타인 간의 혼란된 의사소통 형태 중, 거의 투사에만 주의를 기울인다.

➤ 게슈탈트(또는 펄스) 치료는 거의 히스테리 상태를 일으킬 만큼 정서적으로 요구적이다. 지적인 경험에 비해 정서를 강조하기 때문에 혼란과 히스테리 상태에 빠지게 만들 수 있다.

코블의 이런 주장이 정당하다면, 특히 마지막 것이 그렇다면, 그의 비판은 게슈탈트 치료에 심각한 것이 된다. 코블의 진술을 정당화하거나 논박할 수 있는 증거는 무엇인가? 우리는 앞의 진술을 하나하나 조사해 볼 것이다.

펄스는 과거를 경시하고 모든 것이 현재에서 다루어질 수 있다고 주장한다?

코블은 게슈탈트 치료자의 과제가 다른 문제에 대해 이야기하거나 설명하는 것을 참지 않음으로 인해서, 과거를 배회하거나 즉시적 치료 상황에서 벗어나는 것을 차단하는 것이라고 말한다. 펄스의 어떤 말들은 그러한 태도를 나타내는 것처럼 보인다. 예를 들어, 그는 유일한 심리적 실재는 현재이고, 인간 행동은 현재 장의 현상학적 조건에서만 설명될 수 있다는 장이론을 반복해서 강조했다. 그러나 펄스가 과거를 경시했다는 주장은, 펄스가 현재의 알아차림을 강조한 것을 과도하게 단순화한 것이다.

게슈탈트 치료에서 과거의 중요성을 부인했다고 한 것과는 달리, 펄스, 헤퍼라인 그리고 굿맨(1951/1973)은 게슈탈트 치료자의 목표 중 하나가 현재에서 주의를 필요로 하는 끈덕진 과거의 미해결된 상황을 찾아내고 작업하는 것이라 하였다. 펄스와 그의 동료들의 가장 중요한 공헌 중 하나가, 과거의 미해결과제를 현재의 치료적 실험으로 완결시키는 방법을 개발한 것이다(2장 개념군집 2-'현재 '알아차림'의 개념'과 3장

방법: '게슈탈트에서 과거의 역할' 참조). 펄스는 분명히 현재에 중심을 둔 과거를 다루는 방면에 거장이긴 하지만, 초기 생의 경험을 재활성화시키는 기술도 그 만큼 좋았다. 그는 현재의 장에서, 생생한 방식으로 내담자의 과거 경험을 탐색하였고, 그것만으로도 정서적 해결이 이루어지기도 했다. 3장에 있는 펄스의 작업 중 많은 예에서, 내담자의 과거로부터 미해결과제가 떠오르는 것을 볼 수 있다(3장 적극적 실험을 위한 창의적인 접근-'두 의자 작업'과 '직관과 정교한 현상학적 관찰' 참조).

게슈탈트 치료가 과거를 경시하고 어떤 것에 대한(about) 이야기나 설명을 인내하지 못한다는 코블의 서술은 우리의 관점에서, 펄스의 이론이나 상담 작업에 대한 정확한 기술이 아니다. 그렇지만 펄스는 특정한 말을 반복함으로써, 코블을 비롯한 다른 평가자들이 그의 작업과 전반적인 게슈탈트 치료에서 과거의 역할을 곡해하도록 만들었다.

코블의 관점은 특히 현대의 게슈탈트 치료를 왜곡하고 있는데, 오늘날의 게슈탈트 치료는 현재의 배경으로서의 과거를 충분히 인정하고 존중하며, 훨씬 더 유연한 태도로 개인사에 대한 이야기적 접근을 개발하였고(Polster, 1987), 과거 배경과 지금-여기의 전경에 대한 통합능력을 증진시켰다 (Clarkson, 1988; Yontef, 1987/1991).

"게슈탈트 치료자는 때로 과거를 드러내도록 격려하고, 때로는 중립적이며 때로 그것을 막기도 한다. 예를 들어, 특히 반복된 과거 경험으로의 퇴행이 지금-여기의 좋은 접촉을 피하는 경우가 있다"(Clarkson, 1988: 75).

게슈탈트 치료는 집단치료에서만 이루어지고 단기 워크숍 형식에 알맞다?

코블은 게슈탈트 치료가 보통 집단에서 행해지기 때문에 시간을 두고 만남이 이루어지지 않고, 집중적으로 진행되는 워크숍 장면에서 이루어진다고 한다. 그러나 코블이 글을 쓴 당시에도, 일반적인 게슈탈트 치료가 집단이나 단기 워크숍에서 행해진다고 말하는 것은 정확한 말이 아니다. 이는 1960년대 후반의 펄스에 대해서만 진실이고, 펄스조차도 워크숍 때의 시연과 게슈탈트 치료는 구분을 했다(1969b). 이전의 펄스는 직접 개인 장기치료로 내담자를 보아 왔다.

그리고 지금은 많은 게슈탈트 치료자들이 각기 다른 양식의 게슈탈트 치료를 해 왔고, 하고 있는데, 단기치료, 장기치료, 개인치료, 가족치료, 개인 클리닉에서부터 정신병원에 이르는 다양한 장면에서의 집단치료까지 매우 다르다. 코블의 책이 재판(1991)되었을 즈음에는 게슈탈트 치료의 양식은 다양하고, 기록도 잘 되어 있었다(Fagan & Shepherd, 1970;

Polster & Polster, 1974; Kempler, 1973; Zinker, 1978; Feder & Ronall, 1980; Frew, 1983; Hill et al., 1983; Harman, 1984; Nevis, 1987 등).

펄스의 작업 또는 게슈탈트에서는 집단 과정에 대한 이론이 없다?

펄스는 집단 과정에 대해서 글을 쓰거나 말을 한 적이 없다. 또한 우리가 아는 한, 집단 과정 작업을 적극적으로 한 적도 없다. 실제로 1960년대에 에살렌과 다른 지역에서 한 공개 시연 워크숍에서 집단원들의 자발적인 참여를 간혹 제지했었다. 그가 선호하는 작업은 청중들 중 자원자가 한 명씩 '뜨거운 의자'에 올라와 타인들 앞에서 개인 작업을 하는 것이었다. 펄스는 분명히 작업의 효과를 높이고 어떤 일이 일어나는지 보여 주기 위해서 집단을 이용했다. 때로는 집단원들과 얽혀 있는 내담자를 초청하거나 집단원들로부터 피드백을 받기도 하였다(Perls, 1969b). 워크숍에서는 정신분석에서 이해하는 것과 같은 집단 작업이나, 오늘날 게슈탈트 집단에서 하는 일반적인 집단 작업은 없었다.

이미 말한 바와 같이 코블은 게슈탈트 치료를, 1960년대 후반에 펄스가 기술하거나 행한 치료라고 가정한 것 같다. 그 가정이 옳다면 그 당시(1976) 게슈탈트 치료가 집단 과정에 대한 이론이 없었다는 것이 옳을 수 있다. 그러나 지적한 바와 같이, 그의 가정은 틀렸다.『현대 게슈탈트 치료(Gestalt Therapy Now)』(Fagan & Shepherd, 1970)는 일레인 케프너와 어빙 폴스터, 로라 펄스, 제임스 심킨과 같은 당대의 주도적인 게슈탈트 치료자와 심리학자, 정신과 의사가 쓴 논문들의 모음집이다. 이 저자들 중 일부는 펄스의 뜨거운 의자 방법을 집단 상호작용과 통합하였고, 또 일부는 상호작용적인 치료집단에 대해 기술했다. 어빙 폴스터와 미리암 폴스터(1974)는 이미 게슈탈트 이론과 치료에 대해 깊게 탐색한 저서를 출간하였는데, 집단과 집단 과정에 대해 한 장(chapter)을 할애하였다. 그들은 집단에서의 뜨거운 의자 방식이 펄스의 스타일이지, 그의 스타일을 지지하는 이론은 아니라고 적시하였다. 그들은 뜨거운 의자를 지지하는 이론을 제공하기는 하였지만, 실제적으로나 이론적으로 게슈탈트 집단치료에서 할 수 있는 다른 방법들을 기술해 주었다.

코블이 그의 비판을 저술했던 1976년과 그의 책이 재판된 1991년 사이에는 사정이 급격하게 달라졌다.『뜨거운 의자를 넘어서(Beyond the Hot Seat)』(Feder & Ronall, 1980)는 게슈탈트 집단 과정에 대한 이론적 토론 모음집이며, 그 중 일부는 이 책의 '5장 펄스를 넘어서-게슈탈트에서 집단 과정의 발달 이론'에 기술되어 있다. 그러므로 유명한 파간과 셰퍼드(1970)의 모음집과 폴스터 부부의 책(1974)을 제외한다고 하더라도, 코블의 가정은 1976년에만 부분적으로 정당화될 수 있고, 재판된 1990년대에는 전적으로 옳지 않았다.

게슈탈트 치료가 통상적으로 집단에서 이루어지고 집단 과정을 활용하지 않는다는 잘못된 생각은 불행하게도 여전히 반복되고 있다(Brown & Pedder, 1991의 예에서처럼).

펄스의 작업이나 게슈탈트에서는 전이 이론이 없다?

코블은 게슈탈트에서 전이 이론이 없다고 한다. 펄스의 작업이나 저서에서 이 진술을 반박하거나 지지하는 증거는 있을까? 우리는 그의 작업을 먼저 살펴보고, 그 후에 이론을 볼 것이다.

펄스는 1950년대의 다른 게슈탈트 치료자들처럼 정신분석가로서 충분한 훈련을 받았기 때문에 상담에서 전이 현상을 인지하고 다루는 데, 완벽한 능력을 갖추고 있었다. 그러나 펄스는 1960년대에 인색한 설명만 하고는 전이 개념을 버렸다. 불행하게도 그 당시 몇몇 게슈탈트 워크숍에 참석했던 일부 사람들이 자신을 게슈탈트 치료자라 부르기 시작했다. 그러나 그들은 충분한 임상적 배경도 갖고 있지 않았고, 게슈탈트 이론이나 현재의 치료적 관계의 중요성, 전이와 역전이 현상의 중요성에 대한 지식이 없었다. 그래서 코블이 초판을 썼을 당시(1976)에는 일부 소위 게슈탈트 치료자들이 상담 실제에서 전이를 인지하지 못하거나, 전이를 다루는 방법을 알지 못한다는 믿음은 상당히 정당화될 수 있었다. (물론 1960년대에도 로라 펄스나 어빙 폴스터, 개리 욘테프 같은 게슈탈트 치료자들은 전이에 대한 정신분석 이론과 게슈탈트 이론 모두를 충분히 알고 있었다.)

그렇지만 게슈탈트에서 전이에 대한 이론이 없다는 코블의 가정은 조금 이해하기 힘들다. 펄스의 후기 출판물(1969b/1976)에서 전이에 관한 어떠한 논의도 찾을 수 없다는 것은 사실이다. 또한 펄스의 초기 저서에서조차 전이에 대한 정신분석 이론을 설명하지 않은 것도 사실이다. 그는 당연히 독자들이 그러한 지식을 갖고 있다고 생각했다. 펄스의 초기 출판물에서(Perls, 1947/1969a; Perls, Hefferline, & Goodman, 1951/1973), 그는 전이 개념에 상당한 관심을 기울였다. 그는 전이의 존재를 부정하지 않았고, 다만 내담자의 반응을 현재 교환되는 행동으로서의 가치보다는 단순한 전이로 환원시키는 그 당시의 정통 정신분석가들을 비판했다.

코블의 비판은 펄스가 전이와 치료적 관계 이론에 대해 크게 공헌한 것을 완전히 무시하는 것이다. 그는 진정한 관계, 혹은 치료자와 내담자 간의 접촉이 전이적 관계만큼이나 타당하며 중요하다는—그 당시로서는 새로운—개념을 도입하였다. 펄스는 내담자의 반응을 단순한 전이로 해체시키는 것은 내담자의 진정성과 인간성을 폄하하는 것이라고 하였다. "정신분석에서 일어나는 모든 것을 분석적 상황에 대한 환자의 자발적 반응으로 해석해서는 안 되며, 억압된 과거의 지배를 가정할 수 있어야 한다"(Perls, 1947/1969a: 88). 그는 그 대신에 (전이요소의 가능성은 부정하지 않은 채) 심리치료사는 내담자의 감정을 그 자체로 타당한 것으로 수용하고 그들에게 인간 대 인간으로 진실하게 반응해야 한다고 제안했다. "치료자는 오해를 풀면서 화와 맞닥뜨리거나, 때로는 사과도 하고 심지어는 상황에 따라 화를 내기도 한다"(Perls, Hefferline, & Goodman, 1951/1973: 297).

욘테프가 지적한 바와 같이(1991), 정신분석은 인본주의 심리학의 공헌 중 많은 부분을 통합해 왔기 때문에 1940년대와 1950년대의 정신분석이 얼마나 엄격했는지, 특히 전이에 관해서는 어떠했는지 상상하기는 어렵다. 그러므로 펄스가 왜 그리 고집스럽게 정신분석의 과도한 전이에 대해 강조하고 비판했는지 이해하기가 쉽지 않다. 그리고 진정한 접촉이란 혁신적 개념이 치료적 관계 이론에 어떤 역할을 했는지도 파악하기 힘들다. 1950년대에 게슈탈트 이론은 더욱 정교화된 이론으로 주목을 끌며 이론들이 더욱 발전되고 세련되어 갔고, 1960년대부터는 한때 유행하는 가벼운 치료방법이라는 오해에서 벗어나기 시작했다. 게슈탈트에는 전이 이론이 없다는 코블의 주장을 반박할 만한 게슈탈트 논문 자료는 최근에 출판된 게슈탈트 이론과 실제에서의 전이에 대한 탐색(Mackewn, 1991)을 포함하여 아주 많다(Polster & Polster, 1974; From, 1984; Yontef, 1988/1991; Clarkson, 1989). 욘테프는 다음과 같이 썼다. "전이 현상을 능숙하게 다루지 못하면 좋은 치료를 할 수 없다. 발달 주제를 무시하는 것도 마찬가지이다. 그러나 게슈탈트 치료에서는 우리가 논의한 대화적 조망과 현상학적 조망을 활용하여, 두 가지 모두를 다루고 있다"(1991: 18). 현재의 게슈탈트 훈련 프로그램은 전이와 역전이에 대한 훈련을 포함하거나, 사전에 수련 가입 조건으로 이 훈련을 요구한다.

펄스는 언어적 설명과 언어적 지식을 과소평가한다?

코블은 게슈탈트에서 언어적 설명과 언어적 지식이 과소평가된다고 말한다. 이는 펄스의 후기 출판물을 보면 분명히 사실이다(특히 Perls, 1976). 그 책에서 그는 말은 거짓말일 경우가 흔하고 비언어적인 표현이 훨씬 더 솔직하다고까지 이야기하였다. 그러나 펄스, 헤퍼라인 그리고 굿맨(1951/1973)이 이론적으로 깊이 탐색한 것을 보면, 이것은 사실이 아니다. 그들은 개인과 장(field)의 모든 측면에 초점을 맞추는 전체적인 치료방법을 강조했다. 그들이 지지하는 치료 방법에

서는 내담자의 언어적 의사소통과 목소리의 강약, 몸짓, 치료
자 자신의 반응 등등 각기 다른 요소가 치료자/내담자의 전
체 장에서 전경이 될 때마다, 치료자는 그에 따라 주의를 기
울여야 한다(2장 개념군집 2-'장 접근법' 참조).

펄스는 혼란된 의사소통의 주요 형태로서
투사에만 주의를 기울인다?

코블은 펄스가 자기와 타인 간의 혼란된 의사소통의 형태
에서 투사에만 초점을 맞춘다고 비판했다. 펄스는 분명히 투
사가 잘 적중한다고 하였지만, 배타적으로 그것만 사용한 것
도 아니고, 더 좋다고 한 것도 아니었다. 그와 공동 저자들
은 접촉이나 의사소통을 방해하는 여섯 가지 주요 방법들을
기술했다. 즉, 내사, 융합, 반전, 투사, 자의식, 둔감화이다.
그의 저서 전체로 보아서는, 투사만큼이나 내사에도 주의
를 기울인다(Perls, 1947/1969a; Perls, Hefferline, & Goodman,
1951/1973; Perls, 1969b/1976). 그가 투사만큼 융합이나 자의
식, 둔감화 그리고 반전 등을 이야기하지는 않았지만, 그는
이것들을 충분히 설명하고 있고 그와 그의 동료들은 투사뿐
만 아니라 반전과 내사를 각각 한 장씩을 할애하고 있다. 또
한 그들은 접촉을 방해하는 다양한 요소가 따로 이해될 수
없으며 서로 연관되어 있다는 점을 강조했다. 코블의 오해

는 꿈을 투사로 보는 공개시연 방식 때문에 일어난 것 같다 (Perls, 1969b).

펄스는 히스테리 상태를 유도했다?

10페이지에 이르는 게슈탈트 평가 중, 마지막 페이지에서 코블은 "게슈탈트 치료가 정서적으로 지나치게 요구적이기 때문에 히스테리에 가까운 상태를 일으킬 수 있고, 지적인 경험과 대립하는 정서적 경험을 너무 강조하기 때문에 혼란과 히스테리를 유발할 수 있다."(Kovel, 1976: 174)라고 하였다. 이것은 조금 놀랍다. 왜냐하면 앞의 글에서는 그런 심각한 비판을 받을 거라고 생각할 만한 치료적 접근이 기술되지 않았기 때문이다. 틀림없이 코블은 게슈탈트는 전체적인 개인 중에서 정서적 삶에 주의를 기울인다고 설명했다. 그러나 그는 펄스가 치료자는 지적인 것 대신에 정서에 주의를 기울여야 하고 지적인 것뿐만 아니라 정서에도 주의를 기울여야 한다고 말한 점은 제시하지 않았다. 그는 상전과 하인의 대립이 극화되고 활성화되는 것을 이야기하고 나서, 그것이 많은 시연 방법 중의 하나가 아니라 마치 그 자체가 게슈탈트인 것처럼 이야기했다(Laura Perls, 1992). 그리고 그는 게슈탈트가 주로 집단 상황에서 강한 감정 경험을 고무시킴으로써 치유한다고 하는데, 이는 정확한 말은 아니다. 그렇더라도 이 중에 어떤 것도 히스테리나 히스테리에 가까운 것도 없다.

프리츠 펄스의 작업 중에 이런 말을 정당화시킬 만한 것이 있을까? 우리는 있다고 생각한다. 1960년대에 프리츠 펄스에게는 에살렌 연구소와 '어떤 것도 좋다'는 정치적·사회적 태도가 새로운 게슈탈트 치료를 대중화시키는 데 중요한 역할을 했다. 욘테프는 이러한 게슈탈트 스타일을 '붐붐 치료(boom-boom-boom therapy)'라 칭하고 "보여 주기 식이고, 매우 정화(catharsis) 지향적인 접근이며, 거만하고 극적이고 단순하고 빠른 변화를 약속하는" 특징이 있다고 하였다(1991: 8). 펄스의 작업 몇몇 예에서도(축어록을 보면) 알아차림과 이해와 대화보다는 주로 극적인 정화에 목표를 둔 것 같다(예: Baumgardner & Perls, 1975: 147, 156; Perls, 1969b: 80, 139). 이런 종류의 치료는 섬세한 현상학적 탐색과 내담자의 안전과 자연스러운 성장경향성에 대한 존중보다는 카리스마적이고 최고 또는 극적 경험을 좋아하는 치료자에게 매력적이다. 많은 수련생들이 펄스의 배경지식이나 섬세한 관찰을 하는, 그의 천재성을 모르고 펄스의 극적인 작업을 모방하거나, (의미상으론 큰 차이는 없으나 원문을 살리면) 펄스가 한 것처럼 보이는 것을 따라 했다. 여러 다른 집단치료를 연구한 리버만, 얄롬 그리고 마일즈의 연구(Lieberman, Yalom, & Miles, 1973)에서 이러한 범주에 꼭 맞는 게슈탈트 치료자가 하나 나온다(5장 게슈탈트 상담에 미친 펄스의 개인적 영향 참조). 펄스는 그의 극적이고 때로는 단순화한 게슈탈트 시연이 이 접근법에 해가 된다는 것을 뒤늦게 깨닫고, 그 자신이 보급한 스타일에 반대한다고 발표하였다(1969b). 불행하게도 그는 너무 늦게 말했다. 이미 상처는 깊었다. 코블과 같은 많은 사람들이 게슈탈트 치료와 미서부 해안에서 프리츠 펄스가 시연을 보인, 극적이고, 적극적이고, 때로는 짜증나게 하고, 직면하는 스타일을 같은 것으로 보았다(지금도 같게 본다). 욘테프(1991)는 1960년대에서조차 적어도 두 가지 대조적인 게슈탈트 스타일이 발전했다고 하였는데, 하나는 극적이고 정화적인 스타일이고 다른 하나는 성실하며, 인간 대 인간으로, 대화적이고, 동등하게 주도적인 스타일이다. 그는 후자의 스타일과 변화의 역설적 이론을 강조하는 스타일이 정화적인 양상의 게슈탈트 치료를 대체하고 있다고 하였다.

그러므로 코블이 '히스테리적인' 인상을 받았던 정화 지향 작업의 근간을 볼 수는 있지만, 우리는 정화와 히스테리를 구분할 수 있고 펄스의 작업에서 그러한 말을 지지할 수 있는 증거는 없다고 생각한다.

메이슨의 비판

제프리 메이슨(Jeffrey Mason)은 1970년부터 1980년까지 토론토 대학의 산스크리트어 교수였다. 그 기간 동안에 그는 토론토 정신분석 연구소에서 정신분석 임상수련을 하고서는, 1978년에 정신분석가가 되고 국제 정신분석협회(International Psychoanalytical Association)의 회원이 되었다. 그의 책 『심리치료에 반대하며(Against Therapy)』(1989)의 서문에서 그는 정신분석의 타당성에 대한 의심 때문에 정신분석가로서 상담을 하지 않았다고 말했다.

메이슨은 펄스가 그의 내담자와 성적 접촉을 하면서 비윤리적인 행동을 했다고 주장한다. 펄스가 지극히 자기를 중시하고 그 자신과 게슈탈트 치료에 대해 과대한 주장을 한다고 하였고, 펄스가 전통적인 정신적 스승의 힘을 사취하였다고 하였으며, 그 힘에는 다른 사람을 아프게 하고 파괴시키는 힘도 포함되어 있었다고 하였다. 이런 것들은 많은 독자들에게 영향을 미치는 지극히 심각한 비난으로, 조심스럽게 살펴보아야 하는 것들이다. 이제부터 하나하나 자세히 살펴볼 것이다.

펄스는 내담자와 성적 접촉을 하는 비윤리적인 행동을 했다?

메이슨이 말한 대로 펄스는 내담자와 성적 접촉을 했다는 사실을 숨기지 않았다. 그는 이에 대해 자서전에 공개적으로 썼다. 에살렌을 간 많은 사람들이 그가 성적으로 접근한 것에 대해 말을 하거나 글로 썼고(Gaines, 1979) 마티 프롬(Marty Fromm)은 펄스와의 꽤 지속적인 관계를 자세하게 말하고, 글로 썼다(Gaines, 1979; Shepard, 1975).

1장에서 이미 우리는 펄스의 이러한 측면에 대한 개인적인 태도를 분명히 했다. 우리는 이러한 측면에서 펄스가 비윤리적이고 무책임하게 행동했다는 메이슨의 주장에 전적으로 동의한다. 치료자와 내담자 간의 성적 접촉은 현재의 게슈탈트 치료 윤리 강령에 어긋나는 것이고, 현재 영국에서 자격이 있는 게슈탈트 치료자와 수련생은 이 윤리 강령을 준수하며 일하고 있다. 그러므로 펄스의 비윤리적 행동은 1990년대의 대부분의 게슈탈트 학회 안에서는 허용되지 않는다. 그러한 행동에 대해 그 당시의 많은 치료자들도 혐오했다(예: Alexander Lowen in Gaines, 1979).

우리는 어떤 식으로든 펄스를 변호하지 않지만, 그의 행동의 맥락을 보았으면 한다. 그와 폴 굿맨은 무정부주의자였기 때문에 원칙상 기존 질서에 도전하려 하였고, 이 때문에 아쉽게도 치료자와 내담자 간에 필요한 경계와 금기를 노골적으로 경시했다.

메이슨은 그가 철면피하게도 환자와의 성적 관계를 인정했다고 비판한다. 우리는 그가 인정한 사실이 그 죄를 더 악하게 만들었다는 메이슨의 말에는 동의하지 않는다. 치료자와 내담자 간의 성적 관계를 공개적으로 인정한 것이 죄에 대한 변명이 될 수는 없다. 그러나 이러한 경계를 몰래 어겨 왔던 모든 학파의 많은 심리치료사들의 죄보다 더 심각한 것으로 여길 수는 없다(Rutter, 1990). 실제로 어떤 사람들은 정직과 상처의 정도에 따라 개방하는 것이 그 죄를 훨씬 덜 심각하게 한다고 주장한다.

펄스는 게슈탈트와 그 자신에 대해 과대한 생각을 가졌다?

펄스는 그가 발전시키고 있던 치료적 접근법의 중요성을 열성적으로 믿었다. 그리고 새로운 접근법이나 새로운 통합적 접근법의 지지자 대부분이 그렇듯이, 때로는 게슈탈트의 탁월함에 대해 극단적으로 언급했다. "그러나 우리는 어떻게 세상에 대해 귀와 눈을 열 것인가? 나는 우리 인류의 생존 가능성이 걸려 있을지도 모르는 이 문제에, 내 작업이 조금이나마 공헌한다고 생각한다'(Perls in Masson, 1989: 254). 가능할지는 모르겠지만, 게슈탈트에 대한 그의 생각이 어디까지인지 연구로 증명할 수 있을까?

서로 다른 심리치료 간의 비교 우위 또는 상대적인 '깊이'에 대한 논란이 지속되어 왔다. 반면에 피들러(Fiedler)의 연구(1950)에 의해 어떤 한 접근법 내에서의 경험이 많은 치료자와 경험이 부족한 치료자의 차이보다, 서로 다른 치료적 접근을 취하는 능숙한 치료자들 간의 차이가 더 적다는 것이 점점 더 알려지고 있다. 세계적으로 보아도 최근의 임상가들의 연구에서, 효과적인 치료의 결정적인 요소는 내담자의 특성과 도움을 주는 관계이지, 심리치료 체계의 선택이 필수적이지는 않다는 관점을 지지한다. 어떤 경험적 증거나 포괄적인 리뷰를 보아도 하나의 치료적 접근이 다른 것보다 우수하다는 것을 보여 주지는 않는다(Bergin, 1971; Frank, 1979; Landman & Dawes, 1982; Luborsky, Singer, & Luborsky, 1975; Smith, Glass, & Miller, 1980). 그러한 객관적인 증거의 비중을 고려해 보면, 하나의 상담 또는 심리치료를 다른 것과 비교할 때 응당 상당한 주의를 기울여야 한다(Clarkson, 1988).

펄스가 게슈탈트의 특출함을 주장한 것에 대해 연구 자료들은 지지하지 않는다. 그러므로 펄스가 게슈탈트에 대해 과대한 주장을 한다는 메이슨의 비판은 정당하다.

펄스의 개인적인 과대함과 자기중시

메이슨은 펄스가 자기중시적이라는 그의 주장을 뒷받침하기 위해 펄스의 자서전으로부터 광범위하게 인용했고, 우리는 이러한 비판이 너무 과다할 때도 있겠지만 최소한 어떤 때는 타당하다는 것을 인정한다. 우리는 또 펄스의 특정한 과대 주장이 자기애적으로 들리기도 하지만 유머러스한 면도 있다는 메이슨의 주장에도 동의한다. "나는 미국에서 어떤 종류의 신경증에도 최고의 치료자라고 생각한다. 아마 세계 최고일지도 모르겠다"(Perls in Masson, 1989: 254).

많은 다른 사람들이 펄스가 자기중시적이라는 메이슨의 비판을 확인해 주었다(예: Enright, Naranjo, & Hall in Gaines, 1979). 심지어 에살렌에 있었던 동안 펄스를 애정 어린 시선으로 본 묘사에서도, 관심의 초점이 되어 숭배되는 사람의 이미지가 확인되었다. 그는 쇼맨이나(Yalom, 1985), 곡마단장, 감독(Gaines, 1979)으로 묘사되었다. 1960년대에 펄스와 몇몇 훈련을 같이 진행한 욘테프(1991)는 최근에 "프리츠는 과시적이고, 난폭하며, 자기애적이고 뉴욕 게슈탈트 치료자 집단의 영향은 받지 않은 채, 과시하고 흥분을 쫓는 경향과 …… 보여 주기를 좋아하는 그의 성향이 모두 전면에 떠올랐다."(p. 7)라고 기술했다.

그러나 욘테프가 간략하게 말했듯이, 펄스는 사람들을 화나게 만든 만큼 사람들과 관계를 맺었고, 그의 자기애에 대해 말하는 사람들만큼이나 그의 사랑과 부드러움, 심지어는 겸손함에 대해 이야기하는 사람도 많았다. 예를 들어, 조지 브라운은 펄스와 자신의 부인인 주디스(Judith) 사이에 있었던 화기애애한 순간을 언급하면서, "그는 때로는 매우 사랑스럽고 온화하며 배려심 많은 사람이다. 프리츠에 대해 그런 종류의 이야기가 많지 않은 것은 슬픈 일이다."라고 기술했다

(Gaines, 1979: 230). 가브리엘 로스 또한 그의 사랑스러운 온화함에 감동했다. 『강물은 억지로 흐르지 않는다(Don't Push the River)』(1970)의 저자인 배리 스티븐스는 그의 겸손함과 유연함에 대해서 이야기했다.

> 나는 그가 죽기 전 마지막 3년 동안 그와 어울렸는데, 그는 그 시간 동안에도 변하고 있었다. 그는 항상 배우고 변화하고 있었다. 프리츠에게도 진정한 겸손함은 있었고, 다른 방법으로 그것이 나타났다. 그는 그가 틀렸다는 것을 발견하면, 그 자리에서 바로 말했다(Gaines, 1979: 362).

펄스(1948/1979)가 1940년대 후반에 출판하거나, 제출했던 논문들은 그 당시 그의 작업에 대한 개방적이고 겸손한 능력을 예시하고 있다. 1946~1947년에 윌리엄 앨런슨 화이트(William Alanson White) 연구소에 제출한 논문의 사례 이야기에서, 그는 주제의 묘사에 실수를 했다고 느꼈으며, 심리치료 발전 협회(Association for the Advancement for Psychotherapy)에 제출한 논문의 말미에는 청중의 발전적인 회의론을 온건하게 받아들이면서 결론을 내리고 있다.

만약 내 논문이 여러분들의 확신과 지금의 내 확신에 발전
적인 회의를 불러일으키고, 실험적이고 안전감은 없지만, 어
떠한 강박적인 독단론으로부터, 프로이트의 용기로 이룬 본
보기 외에는 찾아볼 수 없었던, 창조적이고 개척적인 태도를
불러일으킬 수 있다면, 나는 정말 기쁠 것이다(Perls, 1948: 586).

펄스는 다른 사람들을 파괴하고 고통을 준 정신적 스승이었는가?

한편, 메이슨은 펄스에 대한 비판을 더 이어서 하고 있다.
그는 펄스가 자기애적인 것 이상이라고 느꼈다. 그는 펄스가
다른 사람들을 고통스럽게 하고 파괴하는 힘을 포함해서, 전
통적인 힘을 가진 정신적 스승이라고 스스로 자임하고 있었
다고 주장한다. 우리는 먼저 펄스가 다른 사람에게 고통을
주었다는 의미를 논의할 것이다. 그런 후에 그가 정신적 스승
이었는지, 어느 정도나 그랬는지의 문제를 생각해 볼 것이다.
　펄스가 그 자신의 가족에게 큰 고통을 준 것은 의심할 여지
가 없다. 메이슨은 그의 딸의 아버지에 대한 아픈 기억을 인
용한다. 많은 사람들이 그가 로라를 자주 경멸하고, 무례하
면서 매우 비일관적인 태도로 대했다고 한다. 그러나 그들의
관계를 판단하는 데 있어서, 버지니아 사티어가 말한 것을 명
심해야 한다. "그가 로라를 대하는 방식은 때로는 끔찍했다.

그러나 나는 이러한 것들이 일방적인 것이 아니라 상호 교환적이라는 것을 충분히 알고 있다'(Gaines, 1979: 235) 즉, 프리츠뿐만 아니라 로라도 그들이 함께 만들어 낸 장(field)에 어느 정도 책임이 있었다. 우리는 1장에서 그의 아이들과의 관계를 잠깐 살펴본 적이 있는데, 이 관계와 그와 로라와의 관계는 셰퍼드(1975)와 게인즈(1979)의 책에서 방대하게 기술되어 있다.

메이슨(1989)은 또한 펄스가 그의 워크숍에서 "직접적으로 공격하거나 집단을 흥분시켜, 집단원 중 하나를 공격하고 잔인하게 대함으로써" 고통과 파괴를 일으켰다고 말한다 (p. 257). 펄스의 시연 워크숍(Perls, 1969b/1976; Baumgardner & Perls, 1975)의 축어록에서, 우리는 후자의 증거를 찾지 못했다. 우리가 아는 한 펄스는 집단원들을 자극하여 다른 집단원들을 흥분시키거나, 공격하거나, 잔인하게 대하도록 하지 않았다. 실제로는 다른 집단원들이 그러는 것을 막았다. 하지만 이들 워크숍들에서 그의 치료 스타일은 지극히 도전적이고, 직면적으로 보일 수 있다. 내담자가 그의 말을 듣지 않거나, 속이며 협조하지 않는 것처럼 보이면, 펄스는 갑자기 모욕적인 이야기를 하거나 뜨거운 의자에서 쫓아내기도 하였다. 많은 참여자들이 공포와 당혹스러움을 이야기하였고, 펄스의 날카로운 이런 행동 때문에 자극이 되어 통찰이 왔고, 그로 인해 감사한다고 이야기하는 사람도 많았다. 슈츠

(Schutz)³⁾는 프리츠에게 많은 것을 배웠다고 인정하면서도, 몇몇 그의 극단적인 직면 행동은 불필요하게 상처를 주는 것이었다고 비판했다.

펄스의 모델(Fritzian model)은 과시적인 면이 있다. 한편으로 나는 그로부터 중요한 것을 얻었지만—네 자신에 대한 책임이 네 자신에게있다는 개념— ······ 나는 그가 그것을 다룬 방법을 좋아하지는 않는다. 나는 그가 그것을 극단적으로 끌고 갔다고 생각한다. 누군가가 뜨거운 자리(hot seat)에 있으면서 어떤 것도 안 하려고 할 때, 프리츠는 잠을 자거나 내쫓거나 매우 극적인 행동들을 했는데, 보통은 효과적이었다. 그러나 내 생각에는 사람을 취약하게 만드는 것이었다(Gaines, 1979: 179).

이번에도 펄스를 변호하면서, 그가 오해받고 있다고 하는 사람들이 있다. 배리 스티븐스는 상호 교환적 관계에서 다른 사람들의 역할에 주목했다. "그를 잔인하다고 생각하는 사람들은 그를 그런 방식으로 지각한다"(Gaines, 1979: 307). 한편, 『알아차림(Awareness)』(1989)의 저자인 존 스티븐스와 실존주

---

3) 『기쁨(Joy)』(1967)의 저자인 슈츠는 참만남 운동의 주창자 중 하나로 펄스와 동시대에 에살렌에 거주하는 지도자였다. 많은 사람들이 슈츠와 펄스는 경쟁관계에 있었다고 말한다.

의 심리치료사이며 저술가인 롤로 메이는 펄스가 다른 사람과 다른 이유가 그 직면 방법 때문이라고 강조했다. 가족 치료자로서 광범위한 저술을 한 버지니아 사티어는 1960년대에 펄스의 친구이자 동료였는데, 이 논란을 이렇게 요약했다. "그 사람은 여러 가지 면이 있었다. 프리츠가 게슈탈트를 하고 있을 때는 굉장했고, 그가 프리츠 방식을 쓸 때는 무뢰한이기도 했다"(Gaines, 1979: 267).

그래서 메이슨은 펄스가 큰 고통을 야기했다는 주장을 정당화한 것 같다. 그러나 메이슨은 펄스의 전체적인 모습을 보여 주지는 못했다. 펄스는 치료자로서 매우 다양한 여러 면을 가졌는데, 매우 주의 깊고, 존중하는 태도를 갖고 있으며, 현재적이고, 온화하며, 회화적이고, 지지적이고, 부드러운 유머도 갖고 있고, 매우 수용적이기도 했다. 이는 그의 시연 축어록에서도 볼 수 있고, 3장에서 상담에 대한 그의 공헌을 논의할 때도 볼 수 있었다. 많은 내담자들이 자신들에게 다가와 돕는 그의 능력에 대해 이야기 했다.

나는 그가 절대적으로 믿을 만하고, 치료자로서 절대적인 천재라고 느꼈다(Sam Keen in Ganies, 1979: 288).

프리츠는 매우 주의 깊고, 즉시적이며, 단순명료하고, 집중력이 있었다(Erving Polster, 1992).

그는 내가 아무런 생각도 하지 않고 전적으로 놀 수 있었던, 생애 최초의 사람 중에 하나였다. 우리는 마임이나 연극에 몰입하거나, 같이 바보짓도 했다. 프리츠는 내가 처음으로 집단원과 함께 움직이기 시작했을 때, 바로 거기에 있었다. 나는 함께함에 대한 어떤 생각도 할 수 없었기 때문에 매우 불안해했다. 그 점에 대해 교육받은 것이 없었다. 그런데 프리츠는 정말로 그렇게 하도록 나를 격려했다. 그는 분명히 그것을 지지했다(Gabrielle Roth in Gaines, 1979: 262-263).

1960년대의 펄스와 그의 추종자들과 관련된 직면적인 스타일은 이제 많은 게슈탈트 치료자들에 의해 게슈탈트 치료 중에 하나의 제한된 스타일이라고 여겨지고, 펄스가 일생 동안 사용한 유일한 스타일이라고는 여겨지지 않는다. 오늘날의 게슈탈트 치료는 현상학적 알아차림과 장이론의 게슈탈트 원칙을 기반으로 한 창조적 직면뿐만 아니라, 대화와 현전, 지지를 체득하고 있다. 게슈탈트 치료에 대한 배경과 심리치료 환경 자체가 변화함에 따라 게슈탈트도 상당히 유연하게 변하고 있다(Yontef, 1991; Clarkson, 1991b).

메이슨(1989)은 펄스가 긴 하얀 수염과 머리 구렛나루를 기르고 샌달을 신고, 길고 치렁치렁한 예복을 입었다고 해서, 틀림없이 그 자신을 정신적 스승(guru)으로 생각했다고 고집

한다. 펄스가 에살렌에 있을 동안에, 그리고 코위찬에 잠깐 머무를 때, 앞서 묘사한 대로 옷을 입었다는 것은 분명하다. 그러나 동시에, 이것이 꼭 정신적 스승의 스타일이 될 수는 없으며 히피의 전통적인 모습이거나 화동의 스타일이 될 수도 있다. 또한 펄스는 그의 전문가로서의 삶 대부분에서 이렇게 보여 주지 않았다. 독일과 남아프리카의 사진에서 그는 상당히 전통적인 분석가의 모습을 보여 준다. 그러나 1960년대 후반에 펄스를 스승인 체 하는 것으로 본 사람은 메이슨만이 아니다. 심킨 역시 펄스가 정신적 스승처럼 행동하는 경향이 있다고 말했다.[4]

펄스의 자기중시를 비판하는 데에는, 다른 사람들도 동의한다. 욘테프(1991)는 펄스와 그의 극장적인 스타일을 차용한 치료자들이 대화를 통한 접촉과 현상학에 초점 맞추기보다는 카리스마적으로 지도한다고 말한다. 벤자민 프랭클린 상을 수상한 펜실베이니아 대학의 필립 리프(Philip Rief)와 솔 쿠르트(Sol Kurt)는 펄스가 병적으로 자기중심적이고 과대망상적이라고 말했다(Gaines, 1979에서 인용). 어빙 폴스터(1992)는 다음과 같이 말했다. "나는 프리츠의 관점이 게슈탈트 치료 발전에 지대한 영향을 미쳤다고 생각한다. 그래서

---

4) 메이슨과 심킨, 모두 제한된 서방세계의 감각으로 '정신적, 스승(guru)'이라는 말을 부정적으로 쓴 것처럼 보인다. 원래 그 말은 모욕이 아니라 고명한 정신적 지도자를 의미하는 말이었다(Albery, 1992).

시간이 흘러도, 그의 성격적인 부분을 뛰어넘어, 그가 영향을 미쳤던 새로운 개념만을 강조하는 것은 쉽지 않았다."

그러나 이들 증언 중에 어떤 것도 메이슨(1989)이 한 펄스에 대한 뜬금없는 평가에 근접한 것은 없다. "펄스는 전통적인 정신적 스승의 힘과 권한을 자칭할 만한 어떤 근거도 만들지 못했다. 모든 정신적 스승은 존스타운[5])과 같은 비극과 유사한 결말을 맺을 수 있다"(p. 257). 짐 존스(Jim Jones)의 사교는 배타적이고 은밀했다. 그는 1978년에 오백만 달러에서 일천만 달러를 벌어들였다. 그는 미 의회 조사원들을 죽이고, 그와 그의 수행원들은 그 자신을 포함한 약 900명의 집단 자살을 준비하고 실행했다. 펄스와 존스를 똑같이 보는 것은 말도 안 된다. 그의 잘못이 많을지라도, 그의 개인적 스타일이 어떨지라도, 펄스는 치료 과정을 녹화하도록 허락한 첫 번째 심리치료사 중의 하나이다. 어떤 다른 심리치료들(Rogers는 제외하고)의 작업보다도, 그의 작업은 대중의 연구가 가능하다. 존스타운의 폭력적인 대량 살상과 프리츠 펄스 개인과

---

5) 역주: 1978년 남아메리카 가이아나의 사교집단인 인민사원에서 이 사교집단의 창설자인 짐 존스를 비롯해 총 914명에 달하는 신도들이 집단 자살한 사건. 존스는 감리교 교리를 비틀어 미국 인디애나 주에서 인민사원을 만들었는데, 처음에는 사회개혁을 내세우며 좋은 목적으로 출발하는 듯하였다. 그러다 근거지를 가이아나의 밀림으로 옮겨 신앙촌을 건설한 뒤에는 제2의 예수, 진정한 사회주의자, 최후의 인도주의자 등으로 자처하며 사설 왕국의 제왕이자 군주로 군림하였다.

작업을 뜬금없이 연결시킴으로써, 메이슨은 그 자신의 주장을 지지한 것이 아니라 폄훼한 셈이 되었다.

이 장에서는 계속해서 안타깝게도 현재의 게슈탈트 이론가들과 상담가들도 알지 못하는 게슈탈트에 대한 근거 없는 주장을 펼치는 사람들이 코블과 메이슨만은 아니라는 것을 보여 줄 것이다. 왜 게슈탈트는 축소되고, 하찮게 되고, 그러한 비판을 유인하는가? 우리는 이미 펄스 스스로가 때로는 그의 이론적 작업뿐만 아니라 게슈탈트의 소개를 잘못 설명했다고 지적했다. 우리는 어떻게, 그리고 어떤 방식으로 펄스가 환원주의와 오해를 불러일으켰는지 깊이 있게 살펴볼 것이다.

더블린 그리고 게슈탈트 치료와 '펄스-이즘'의 잘못된 동일시

더블린(1977: 141)은 분명하게 게슈탈트 치료와 그가 지칭한 '펄스-이즘'을 구별하고 있었다. 그는 펄스-이즘을 게슈탈트 치료도 아니며, 실존적 게슈탈트 치료도 아닌, 프리츠 펄스의 '생리학적 쾌락 실존주의'라고 불렀다(Clarkson, 1991c). 더블린은 1960년대의 펄스의 사상과 상담에는 좋은 특징들이 많이 있으나 게슈탈트 치료 본연의 것은 아니라고 지적했다. 많은 사람들(메이슨, 그리고 덜하기는 하지만 코블까지 포함한)은 펄스-이즘과 게슈탈트 치료가 동격이라고 잘못 생각했기 때문에, 그의 논문은 중요한 위치를 점하고 있다. 그들은 펄스의 워크숍이나 축어록을 통한 경험으로 펄스를 기술하고 평가했으며, 그럼으로써 그들이 게슈탈트 치료를 기술하고 평가하고 있다고 생각했다. 그렇지가 않은 것이다. 우리는 이 책의 4장과 5장에서 처음부터 게슈탈트 치료에는 다른 중요한 전형들이 있었으며, 20년 이상 전에 펄스의 죽음 이래로 펄스의 워크숍과는 매우 다른 치료가 발전하고 변화했다는 것이 설명되길 바란다. 불행하게도 이 말은 많은 대중적인 '게슈탈트 치료' 요약본(예: Kovel, 1976; Brown & Pedder, 1991)에 오류가 있으며, 어떤 면에서는 진정한 게슈탈트 치료를 평가하기보다는 펄스-이즘을 묘사하고 있다는 것을 의미한다.

더블린이 말한 펄스-이즘의 면면들이 본래 게슈탈트 치료의 본래 모습이 아니라는 것은 펄스의 작업에 대한 직접적인 비판이 될 수 있으며, 그것은 다음과 같다.

- 그의 반지성적 태도
- 게슈탈트 기도문으로 대표되는 극도의 쾌락주의적 고립을 성숙으로 보는 관점
- 치료자로서 비지지적인 자세

우리는 차례로 이 비판의 특징을 살펴볼 것이다.

펄스의 반지성적 자세

더블린은 펄스가 지적 과정을 단순히 축소하거나 경시한 것이 아니라, '엿 같은 생각'이라고 부르며 그의 게슈탈트 치료 스타일에서 범죄로 치부했다고 주장한다. 펄스가 이지화와 합리화, 그리고 대부분의 이론적 토론을 이렇게 기술한 것은 사실이다. 실제로 그는 더 나아가서 자질구레한 이야기와 통상적인 사회적 언어를 교환하는 것을 '닭똥(chickenshit)' 같다고 경멸했다. 합리화와 설명은 '소똥(bullshit)'이라고 하였으며, 유명한 사람의 지적인 토론이나 이론화(치료에 대한 자신의 이야기 같은)는 '코끼리똥(elephantshit)'이라고 하였다 (Perls, 1969b/1970). 많은 사람들이 프리츠 펄스(그리고 당연히 '게슈탈트'도 역시)의 반지성적인 자세를 비판하는 더블린의 대열에 합류했다(Corey, 1991; Rooth, 1987). 이러한 비판은 프리츠 펄스가 학위가 없다는 이유(Wysong & Rosenfeld, 1982: 12, 15; Dublin, 1977: 133, 141; Yontef, 1982: 23), 학계 형성을 싫어하는 경향, 생의 후반부에 지적인 노력을 가차 없이 무시하는 태도 때문에 더 불이 붙었다.[6]

---

6) 욘테프(1982)는 이렇게 썼다. "펄스 스타일은 자주 비학문적이고 경솔했다. 그의 게슈탈트 심리학에 대한 지식은 적었다. 그의 선동적이고 상투적인 표현은 관심을 끌게 되고 많은 사람들이 그것을 게슈탈트 치료로 생각했다. 이러한 스타일은 전통적인 게슈탈트 치료자를 위한 세

반지성주의에 대한 비판은 펄스를 만나 본 사람들뿐만 아니라, 펄스의 말로도 충분히 정당화될 수 있다고 우리는 믿는다. 그러나 모든 측면에 혐의를 두는 것은 진실은 아닐 것이다. 그러므로 맥락을 볼 필요는 있다.

펄스는 1960년대까지는, 논란거리인 반지성적 자세를 보이지 않았다. 실제로 그의 경력의 초기에는 지적인 공헌을 하는 데, 상당한 노력과 에너지를 들였다. 예를 들어, 프리츠는 그의 아내 로라와 함께, 학문적 논문을 공동 저술했고 1936년 국제 정신분석 학회에 발표했으며 남아프리카부터 유럽까지 이러한 지적인 논쟁을 위해 열심히 돌아다녔다. 그는 로라와 함께 1940년대 초반에『자아, 허기 그리고 공격성』(1947/1969a)을 저술했으며, 돌이켜 보면 그것은 게슈탈트적 접근의 태동으로 볼 수 있다. 욘테프(1992b)는 그 책을 "잘 조직화되지는 않았지만, 명백히 장이론에 대한 설명"이라고 하였다(p. 102). 1940년대 후반에 펄스는 뉴욕의 유명한 학문 단체인 윌리엄 앨런슨 화이트 연구소와 심리치료 발전 협회에 논문(1979, 1946-7 제출/1948)을 준비하고 제출했다. 특히『성격 통합의 이론과 기술(Theory and Technique of

---

심한 과학적인 접근을 포함한 어떠한 훌륭한 학문에도 반하는 것이다. 게다가, 상세한 정의나 적절한 정의가 없다면 전체적인 게슈탈트 치료적 관점에서, 이들 진술문 중 일부는 게슈탈트 심리학과 차이가 있을 뿐만 아니라 근원적으로 모순된다.

Personality Integration)』(1948)에서 그의 생각을 심도 있게 정리해서 표현하였으며, 그의 임상상담을 적절한 실례를 들어 설명하고 있다. 언급한 논문들은 심리치료사의 철학이나 이론적 입장이 상담으로 나타나는 것을 잘 보여 주고 있다. 펄스는 그의 생애에 걸쳐 지속적으로 논문을 쓰고 강연을 하였으며(1978a/1978b/1970), 많은 원고들이 현재 출판되지 않은 채 남아 있다(Joe Wysong, 1992).

펄스는 또한 『게슈탈트 치료(Gestalt Therapy)』(Perls, Hefferline, & Goodman, 1951/1973)를 공저하였는데, 이 책의 두 번째 권은 게슈탈트 치료에 대해 실질적인, 이론적 보고서이다. 이 책의 문학적 스타일로 보아 굿맨이 발전시키고, 다듬고, 글의 마지막 대부분을 쓴 것으로 보이지만, 프롬(in Wysong & Rosenfeld, 1982)은 펄스가 초기 원고를 주었다고 말했다. 『게슈탈트 치료』(1951)와 『자아, 허기 그리고 공격성』(1947/1969a), 『성격 통합의 이론과 기술』(1948)을 비교하면, 펄스가 나중의 책의 몇 가지 예와 이미지뿐만 아니라, 많은 아이디어를 제공했다는 것을 알 수 있다. 나중의 책이 더 기본적인 내용을 다루고 있기도 하다.

펄스가 지성화와 이론적 토론을 조롱했던 1960년대에조차, 그는 자신의 상담 시연을 예시하고 설명하기 위하여, 지속적으로 간단하나마 이론적인 이야기를 하였다. 그러면서 그렇게 하는 자신을 조롱하기도 했다. 그가 다른 사람들이 게슈탈트 이론을 이해하지 못하고 그의 기술만 따라 한다는 것을 깨달았을 때, 그들의 성급하고 과도하게 단순화된 주장들을 담은, 인스턴트 음식 같은 치료에 공공연하게 반대하였다(Perls, 1969b).

펄스의 태도를 볼 때, 지성화를 공격하는 그의 목적과 맥락을 이해하는 것이 중요하다. 정신분석은 많은 경우에 경직되어 있었고(Yontef, 1991), 펄스가 느끼기에는 숨 막힐 정도로 건조하게 이론적이었다. 그는 사람들에게 충격을 주어 그의 관점을 공유하게 만들고 싶었다. 치유는 실제에서 즉시적인 인간적 접촉으로 이루어지는 것이지, 박학다식한 이론적 설교로 되는 것이 아니라는 것을 깨닫게 만들고 싶었다. 어빙 폴스터(1989)에 의하면, 펄스는 사람들의 일상적인 지각을 흔들어 놓는 슬로건을 만들어 내는 데 재주가 있었다. 그는 자주 이런 짓을 했다. 프리츠 펄스가 '생각을 버리고 감각으로 돌아오라'는 말은 지성화를 평가절하하는 슬로건이었을 것이다. 그러나 펄스는 지성화를 평가절하하려 하지 않았다. 분명히 그는 지적인 사람이었으며, 다른 사람의 지성을 높게 평가하였다.

그러나 그 시대의 학문에 대한 펄스의 도전 때문에, 그 반대 방향으로 반작용 또는 불균형이 일어나서, 그의 죽음 이후 십여 년 간에 게슈탈트 치료자는—유명한 사람을 제외하고는—일반적으로 글을 쓰는 데 열심이지 않았고, 이론적인 공헌도 상대적으로 부족했다(Yontef, 1991)(6장 펄스가 게슈탈트 이론에 미친영향 참조). 펄스는 그 당시의 정신분석이 과도하게 지적으로 발전한 것을 변화시키고 싶어 했다. 그러나 1960년대에 사고보다 신체와 감정을 강조한 것은, 그 자신의 초기 이론적 변혁에 모순되는 것이다. 즉, 전체성과 유기체/환경 장의 유기적 통일성을 강조하는 게슈탈트 심리치료의 전체론과 위배된다. 어떤 장에 있더라도 가슴과 신체의 정열은 사고와 떼어놓을 수 없고, 그래야 전체론을 주장할 수 있다(Clarkson, 1988/1991b). 현대의 게슈탈트 치료는 감각적 생생함과 정서적 표현뿐만 아니라 사고와 이론, 지적인 창조성으로 귀환하고 있다.

자율성을 성숙으로 보는 펄스의 관점

펄스(1969b/1976; Perls, Hefferline, & Goodman, 1951/1973의 서문)는 성숙을 환경적 지지를 초월하고 자기지지를 발전시키며 지속적으로 의존을 감소시키는, 연속적인 과정으로 보았다. 더블린(1977)은 '게슈탈트 기도문'에서 분명히 볼 수 있는 성숙의 정의에는 지독한 외로움이 존재한다고 말한다.

나는 내 일을 하고, 너는 네 일을 한다.
나는 네 기대에 따라 살기 위해 이 세상에 있는 것이 아니다.

너도 내 기대에 따라 살기 위해 이 세상에 있지 않다.

너는 너고, 나는 나다.

우연히 우리가 서로를 발견한다면, 그것은 아름다운 일이다.

그렇지 않다면, 그것도 어쩔 수 없다(Perls, 1969b: 4 in Dublin, 1977).

더블린은 펄스가 다른 사람들에게 자주 써먹었던 것처럼 '그것'을 '나'로 대체한다면, 펄스에 대한 중요한 의미가 내포되어 있다고 세련되게 지적하고 있다. 그렇게 되면 '기도문'의 마지막 줄은 다음과 같이 된다. '우연히 우리가 서로를 발견한다면, 나는 아름답다. 그렇지 않다면, 나는 무력하다.' 더블린은 터브(Tubb)의 펄스 '기도문'에 대한 급진적인 개정판을 인용하여 사회적 상호 의존성을 잊지 않게 만들었는데, 이는 사실상 사망선고가 내린, 극단적인 '펄스주의(Perlsian)' 게슈탈트 스타일을 제외하고는 모든 상담 학파에 내재되어 있는 것이다.

내가 나의 일만 한다면, 너는 너의 일을 하라.

우리는 서로를 잃을 위험에 처해 있고,

우리 자신을 잃을 위험에 처해 있다.

나는 너의 기대에 따라 살기 위해 이 세상에 존재하지 않는다.

그러나 나는 이 세상에 존재하여,

너를 독특한 인간 존재로 확인시켜 주고,

너로 인해 나도 확인받는다.

우리는 서로 관계를 맺을 때에만 온전한 우리 자신으로 존재할 수 있다.

나는 너와 분리되어 있다.

분열되어 있다.

나는 너를 우연히 발견하지 못한다.

나는 수동적으로 내게 어떤 일이 일어나도록 기다리기보다는,

손을 내미는 적극적인 삶을 가짐으로써 너를 만난다.

나는 의도적으로 그 일이 일어나게 할 수 있다.

나는 내 스스로 진실로 나아갈 것이다.

그러나 내 자신만으로 끝나지는 않을 것이다.

진실은 둘에 의해 시작된다(Tubbs, 1972 in Dublin, 1977: 142).

'기도문'에 숨겨진 펄스의 의도를 간략하게 말하자면, 그것은 비진실성에 대한 도전이었다. 그는 원래 에살렌으로 훈련하러 오는 전문가들에게 그것을 자주 이야기했다. 그가 생각하기에, 전문가들 중 몇몇은 환자를 돕기 위해 할 수 있는 모든 것을 하고 있다는 생각으로 그들 스스로를 속이고 있었다. 그는 그들의 자기만족을 흔들어 놓고 싶어 했고, '기만적인' 이타주의보다는 그들의 동기를 깊게 들여다보고, 그들 자

신의 성장에 집중하기를 바랐다(Miller, 1989). 다시 그는 대중을 쉽게 현혹하고 유인할 수 있는 슬로건으로 충격을 준 것이다. 그러나 그 슬로건은 관심을 얻을 순 있지만, 너무 단순하며 극단적인 것이었다. 그의 '기도문'은 양극성을 무시하는 펄스주의 이론이 개인주의를 만들어 내면서, 공동체에서 자기-타인에 대한 책임보다는 자기에 대한 책임을 우선시할 수 있음을 나타낸다(Clarkson, 1991c).

많은 게슈탈트 이론가와 상담가들은 펄스의 기도문에서 표현된, 거의 강박적인 자율성과 고립주의와, 그의 후기 작업의 다른 면면들에 당혹스러워했다. 예를 들어, 휠러(1991)는 사후 출간된 책을 보면, 펄스가 자율성과 비교해서 어떠한 상호관계도 지속적으로 폄하했다고 비판하였다.

로라 펄스는 '기도문'이 게슈탈트 치료의 반명제라는 것을 분명히 인지하고, 게슈탈트의 공동 창립자로서 그것을 이렇게 개념화했다.

그는 독립적이고 자기충족적인 이상을 갖고 있다. 그러나 그가 게슈탈트 기도문에서 '나는 내 일을 한다' 또는 '나는 나'라고 말하는 것은 청소년들이나 하는 말 같다. 청소년들은 집에 와서 더러워진 옷을 벗어던지고, 깨끗한 옷을 갈아입고, 다시 나가서는, 어머니가 모든 일을 돌보는 것을 당연하게 여긴다. 인간의 삶에 대해 총체적인 책임감을 이야기하는 것은 거만한 일이다. 인간의 삶은 항상 다른 사람의 삶과 상호 의존적이며, 그것을 무시하는 것은 접촉을 무시하는 일이다. 나는 프리츠가 그것을 상당 부분 무시했다고 생각한다(in Gaines, 1979: 12)

프리츠는 경계에서 접촉의 '직면적' 측면을 강조한 반면, 로라는 지지적 측면을 강조했다. 예를 들어, 그녀는 적절한 지지가 없다면 나 보고 적극적인 시도를 하지 말라고 다독였다(Serlin, 1992).

펄스가 후기에 성숙의 지표로 상호 의존성보다 자율성을 강조한 것은 게슈탈트의 공동 창립자들과, 1950년대와 1960년대의 다른 중요 게슈탈트 이론가들의 관점에 반하는 것일 뿐만 아니라, 그 자신의 관점과도 모순되는 일이었다. 예를 들어, 펄스, 헤퍼라인 그리고 굿맨(1951/1973)은 여러 곳에서 성숙하고 건강한 인간 본연의 사회적 상호 연결성을 인정하고 있다.

유기체의 기본적인 사회적 성질과 형성되어 가는 성격, 즉 양육과 의존, 의사소통, 모방과 학습, 사랑의 선택과 우정, 열정적인 동정과 무정함, 호혜적인 관계와 경쟁적인 관계, 이 모든 것은 지극히 보수적이고 억압적이지만 없앨 수는 없는 것이다. 따라서 이런 의미에서 유기체가 자신의 사회적 성질

에 반대되는 '반사회적'인 추동을 처리할 수 있다고 생각하는
것은 무의미한데, 왜냐하면 그것은 내적인 모순으로 보존될
것이기 때문이다. 가만히 보전되지는 않는다. 결국에는 개인
의 발전과 성장, 자기실현의 장애물이 된다(Perls, Hefferline, &
Goodman, 1951/1973: 386).

25년 동안의 그의 말과 글을 각각 살펴보면, 펄스는 극단적
인 개인주의와 상호 의존적인 욕구 모두를 강조했다. 25년간
을 넘게 그는 다른 문제에서 그랬던 것처럼 이 문제에 대해
스스로 모순을 보였다. 그는 때로는 양극성 중 하나를 이야
기하고, 다른 때는 다른 것을 이야기했다. 양극성에 대한 게
슈탈트 관점의 본질은 그것들이 공존한다는 것이며, 서로를
상호 규정하고 결정지으며, 둘 다 전체성의 일부를 나타낸다
는 것이다.

그러므로 전체성은 그 자체의 어떤 부분에서도 나타난다.
그것이 우리가 시간에 따라, 다른 측면들을 경험하는 홀론
(holon), 즉 전체성의 성질이다. 이것은 현상의 본질적인 전체
성을 부정하는 것은 아니다. 또한 반대의 성질을 내포하고 있
다는 것도 배제하지 않는다. 모든 것을 충분히 완전하게 말
할 수 있다면, 그 반대 또한 진실이 되기 시작한다. 이것이 양
극성이란 개념의 성질이며 양극의 극치에서는 반대의 것으

로 변화한다. 융(1968)과 펄스 모두 이것을 '에난시오드로미아 (enantiodromia)'[7]라고 부른다. 카오스 이론에서 이 현상은 '플립오버(flipover)' 효과로 알려져 있으며 게슈탈트에서는 역설적 변화 이론으로 우리에게 친숙하다(Clarkson, 1991c: 28).

펄스는 비지지적인 치료자였나?

1960년대에 펄스의 상담에 있어서 성숙에 대한 정의(환경적 지지를 초월하고 자율성 또는 자기지지를 획득한다는 것과 같은)가 내포하는 의미는 매우 컸다. 더블린(1977)은 성숙의 의미를 '펄스주의(Perlsian)' 스타일대로 받아들이는 치료자는 '대부분 지속적으로, 심하게 비지지적이다'라고 말했다. 3장 적극적 실험을 위한 창의적인 접근-'상전/하인')에서 우리는 치료자의 중요한 역할 중 하나가, 갈망하는 환경적 지지를 치료자로부터 얻으려 하는 내담자의 시도를 좌절시키는 것이라고 믿는 펄스의 신념에 대해 설명하고 맥락을 살펴보았다. 더블린은 치료의 역할이 때로는 좌절시키는 것이긴 하지만, 펄스는 단순히 좌절만 시킨 것이 아니라, 극단적으로 좌절 기

---

7) 역주: 'enantios'는 반대(opposite), 'dromos'는 경향(running course)이란 어원이 있고 대립물을 향한 경향의 법칙이라고 말한다. 균형 회복/유지를 위해 한쪽 측면 혹은 하나의 경향에 힘이 지속되거나 많아지면 그 대립 쪽이 힘을 얻게 되는 왕복 과정을 말한다.

술을 사용하고, 어떤 식으로든 내담자의 질문에 대답을 하지 않거나 도움을 주지 않는 등, 극단적이었다고 말한다.

실제로는 이 말은 좀 과장되었다. 왜냐하면 펄스는 항상 치료자는 좌절뿐만 아니라 지지를 사용하여 작업해야 한다고 강조했기 때문이다(3장 치료와 변화 과정-'치료자의 역할'과 적극적 실험에서의 창의적인 접근--'상전/하인' 참조). 펄스의 작업 중 많은 예에서, 그는 의도적으로 도전적인 양식으로 행동한다. 때로는 의도적으로 지지를 주지 않았기 때문에 내담자가 자신의 창조적 생명력을 찾는 데 도움이 되기도 했다. 또 어떤 때에는 펄스의 비지지적인 스타일이 너무 극단적이 되어 내담자를 조롱하는 것처럼 보이며, 어떤 면에서는 상처를 주는 것 같다. 그러나 그 축어록에서는 훌륭한 환자(예: 3장에서 묘사된 메이와의 벽 작업; Perls, 1969b)와 온화하고 부드러운 지지(예: 3장에서 묘사된 진과의 작업; Perls, 1969b)를 활용하여 작업한 예도 볼 수 있다. 그의 워크숍 참석자들은 때로는 그가 얼마나 주의 깊고 부드러운지(4장 메이슨의 비판-'펄스는 다른 사람들을 파괴하고 고통을 준 정신적 스승인가?' 참조), 그리고 때로는 그의 좌절과 직면이 그들의 실존적인 문제에서 자신을 이해하고 의미를 찾는 데, 얼마나 심도 있게 지지적이었는지를 기술하였다. 폴스터(1992)는 책과 비디오에서 선택된 많은 작업들이 다채롭고, 극적인 직면이 특징이라고 말했으나, 1960년대에도 펄스와 내담자 간에 많은 상호작용이 있었고 거기에서 내담자는 지지를 느끼고 프리츠와 조율했다는 것을 시사했다.

펄스에 대한 얄롬의 관점

얄롬(스탠퍼드 의과대학 정신건강의학과 교수)은 권위 있는 세권 책의 저자로서 그 책은 『실존 심리치료(Existential Psychotherapy)』(1980), 『집단 심리치료의 이론과 실제(Theory and Practice of Group Psychotherapy)』(1985), 『나는 사랑의 처형자가 되기 싫다(Love's Executioner and Other Tales of Psychotherapy)』(1989) 등이다. 또한 집단 심리치료의 다양한 접근 방법들을 철저하고 광범위하게 연구한 논문의 공동 저자이기도 하다(Lieberman, Yalom, & Miles, 1973).

얄롬은 실존주의 치료(1980)와 집단 치료(1985)에 대한 펄스의 공헌을 전반적으로 우호적으로 기술하고, 게슈탈트 치료의 본질과 그 이론의 깊이와 복잡성에 대해 진정한 이해를 보이고 있다. 그는 게슈탈트 이론과 상담이 자주 심하게 잘못 소개되고 있다는 사실을 지적하면서, 핵심적인 질문을 하고 있다. '어떻게 그렇게 많은 사람들이 게슈탈트 접근의 본질을 실질적으로 오해할 수 있는가?' 자신의 질문에 대한 답으로 그는 이렇게 말했다. "부지불식간이지만, 오류의 근원은 게슈탈트 치료의 창립자인 프리츠 펄스이다. 그는 쇼맨

십으로 가득찬 육감과 함께, 창조적이고 기술적인 기교로 콘서트에서 연주하듯 시연을 했는데, 그 메시지를 전달하는 매개체가 사람들로 하여금 오해를 불러 일으켰다"(Yalom, 1985: 447).

지지와 책임감에 대한 얄롬과 펄스의 태도

얄롬(1980)은 내담자에게 그 자신의 본질적인 책임감에 직면시키는 펄스의 태도에 대해 논의하고, 전반적으로 긍정적인 방식으로 이 논쟁에 대한 펄스의 공헌도를 인정하며, 다른 논평가들보다 펄스의 실존적 관점을 훨씬 더 잘 이해하는 모습을 보인다.

책임감에 대한 접근 방식에 있어, 적극적인 치료자 스타일의 지지자 중에, 프리츠 펄스보다 정력적이고 창조적인 사람은 없었다. 펄스의 접근법은 책임감 회피를 인정하게 하고, 단념시켜야 된다는 기본 개념에 기초한다(p. 246).

증상에 대한 이러한 접근법—환자에게 증상을 만들어 보거나 과장해 보라고 요구하는—은 흔히 책임감 자각을 촉진시키는 데 효과적인 양식이다. 책임감을 가정하지 않았다 하더라도, 몇몇 다른 치료자들도 똑같이 같은 기법을 고안할 수 있었다. 예를 들어, 빅터 프랭클(Victor Frankl), 돈 잭슨(Don Jackson), 제이 할리(Jay Haley), 밀턴 에릭슨(Milton Erickson), 폴 와츨라윅(Paul Watzlawick)은 모두 같은 접근법에 대해 글을 쓰고 '증상 처방'이라고 이름 붙였다(pp. 247-248).

그러나 책임감과 관련된 펄스의 통찰을 칭찬한 후에, 얄롬은 펄스가 1960년대에 워크숍에서 시도한 도입부를 비판했다.

그래서 만약 당신이 미치고 싶거나, 자살을 하고 싶거나, 그리고 나아져서, 기운을 내거나, 인생을 변화시킬 만한 경험을 하는 것은 당신에게 달려 있습니다. 나는 나의 일을 할 터이니, 당신은 당신의 일을 하십시오. 이에 대해 책임을 지고 싶지 않은 사람은 이 세미나에 참석하지 마십시오. 당신은 여기에 당신의 자유의지로 왔습니다. 나는 어떻게 당신이 성장할지 알 수 없습니다. 그러나 성장한 사람의 본질은 생각, 감정 등등의 자기 자신에 대한 책임감을 가질 수 있는 사람입니다(Perls in Yalom, 1980: 250).

얄롬은 이 구절이 내담자의 개인적 책임감과 관련해서 너무 과한 태도이고, 수정이 필요하다고 말한 더블린과 비슷한 입장을 취하고 있다.

우리는 얄롬과 더블린이, 인용된 예에서처럼, 펄스가 내담자에 대한 일말의 책임감을 거부한 것에 대해 충분히 비판할 만하다고 생각하고, 치료자는 전문적인 형태의 책임감을 가져야 한다고 믿는다. 자신의 삶에 대한 책임감을 갖는 힘이 손상되지 않더라도, 현실적으로는 많은 내담자들이 혼란스럽거나 고통에 빠져서 치료를 시작하고, 그 당시에는 치료자만큼 책임감을 받아들일 수 없거나 받아들이려 하지 않는다는 것을 인식할 필요가 있다. 예를 들어, 게슈탈트의 초창기부터 지금까지, 많은 게슈탈트 임상가들은 치료적 관계에서 치료자의 특정 책임감에 대해 기술했다(Laura Perls, 1992; Yontef, 1980; Hycner, 1985; Jacobs, 1989; Clarkson, 1989/1991b 등). 특정 분야 전문가의 책임감에 대한 또 다른 예로, 게슈탈트를 포함한 모든 접근법의 몇몇 치료자들은 극도로 스트레스에 휩싸이고 자살할 수 있는 내담자에겐 '자살 금지' 계약을 맺도록 하는데(Shearman, 1993), 그 계약에서 그들은 일정 기간 동안 자신이나 타인을 해치지 않고 미치지 않기로 동의한다. 그러한 접근으로 내담자의 위험을 크게 줄일 수 있다. 더군다나, 유명한 게슈탈트 수련과정에서는 수련생들에 대한 펄스의 책임감 없는 태도와 비슷한 것을 더 이상 찾아볼 수 없다. 수련생들이 적어도 수련과정 동안 개인치료를 받는 것은 실질적인 게슈탈트 훈련에서 필수적인 선결요소로서, 수련집단에서 경험의 결과로서 부각된 주제를 탐색하는 안전한 장소를 갖게 되고, 개인적인 탐색을 완성시킬 수 있다. 이는 안전하고 책임감 있는 심리치료가 되는 데 필수적인 것이다.

펄스 그리고 게슈탈트 기법으로의 환원 현상

게슈탈트는 역할놀이, 두 의자 작업, 또는 알아차림 연습과 같은 몇 가지 기법이나 구조적인 연습으로 자주 오해받았다. 게슈탈트에 대한 이러한 환원적인 태도는 "내 꿈에 게슈탈트를 이용했어" "내 상담에 게슈탈트 좀 사용해 봤지"와 같은 말로 예시될 수 있다. 얄롬(게슈탈트의 본질에 대해 진정한 이해를 보여 주었던 사람)마저, 환자를 주말에 '강력한 게슈탈트 정서 고양 기법'(1980: 307)을 경험하라고 보낸다는 식으로 이야기하면서 게슈탈트적 접근을 몇 개의 기법으로 환원시키곤 했고, 그것으로 마치 게슈탈트 치료의 효과성을 알아볼 수 있는 것처럼 생각했다.

그러나 게슈탈트 치료는 기법이나 사람을 현혹시키는 마법장치가 아니다. 그것은 현상학적 알아차림과 실험, 창조와 대화로 하는 작업 과정이다. 레스닉에 의하면, 진정한 게슈탈트 치료자는 모든 게슈탈트 치료자가 사용했던, 이전의 모든 기법들이 다시 쓰이지 않는다 할지라도 별 영향을 받지 않는다. "게슈탈트 치료는 그 핵심에 전체론적인, 현상학적인, 실존주의적인, 인본주의적인, 대화적인 요소를 갖고 있고 그

조합으로 계기를 만들어 성장한다. 그것을 제한하는 것은 단지 치료자의 배경과 풍부한 창조성이다"(Resnick, 1984: 19).

그렇다면 펄스는 어떻게 이런 오해에 공헌을 했는가? 그는 스스로 그러한 기법을 쓰지 않았다고 주장했다(이 논쟁에 대해 더 보려면 3장 치료적 도구 참조). 그의 가장 훌륭한 작업에서 그는 새로운 실험을 생각해 내고서는, 각 개인 내담자와 자신 사이의 대화에서 대두되는 알아차림에 대한 어려움 또는 장애물을 탐색해 갔다. "때로는 비슷하거나 약간 반복적인 실험처럼 보였지만, 그 실험들은 축어록으로는 충분히 전달할 수 없는 독특한 성질을 갖고 있었다. 그는 항상 새로운 것을 추구했다"(Polster, 1992). 그는 새로운 도전거리를 발견했고, 사람들을 새롭고 멋진 방법으로 확장시키고 발전시킬 수 있는 기회를 찾았다. 펄스가 자주 창조해 낸 순간 순간(moment-to-moment)의 만남들은 자연스러운 우아함과 독창성을 보여주면서 3장에 예시되어 있다.[8] 펄스의 훌륭한 작업은 소위 '게슈탈트 기법'으로 불리는, 강제적으로 적용된 것과 대비될 수 있다. 예를 들어, 두 의자 기법을 일상적으로 사용하거나 상상력이 결여된 채 사용하면, 게슈탈트가 요구하

---

8) 욘테프(1992c)는 펄스 스스로 자신이 만들어 낸 창조적인 기법을 반복적으로 사용해서, 때로는 진부한 기법이 되었다고 지적했다. 이것은 게슈탈트 치료자는 펼쳐지는 매 순간에 새롭게 반응할 수 있다는 그 자신의 열정적인 신념과 주장에 모순되는 일이었다.

는 완결을 이룰 수 없다.

그러나 펄스가 그 순간에 창조한 실험은 효과적이었고 극적인 경우가 많았다. 많은 사람들이 현상학적인 알아차림이나 대화, 실험 등의 게슈탈트 이론들을 이해하지 못하고, 펄스의 거칠고 반복적인 작업을 그대로 하거나, 펄스가 한 것처럼 보이는 것을 했다. 펄스의 반복적인 작업과 그의 스타일 모방은 기법과 장치가 되는 경우가 많았고, 게슈탈트에서는 단순히 구조적인 훈련으로 여겨지게 되었다.

얄롬(1985)은 나중에 그의 책에서 펄스의 공헌이 몇 가지 대가의 훈련으로 환원되는 흔한 오류를 잘 이해하고 있음을 보여 주고 있다. 그는 구조적인 훈련의 중요 원천으로서, "게슈탈트 치료가 빠르고, 사전에 준비되어 있고, 극적인 효과를 지향하는 치료라고 생각했으며, 사실상 진실의 가장 깊고 쓴맛을 기반으로 한 치료적 접근법"이라고 말하였다(p. 447). 얄롬은 펄스의 이론적 에세이뿐만 아니라, 내담자 회기(Perls, 1969b/1976)를 근거로 해서 펄스가 본질적으로 "실존의 문제나 자기 자각, 책임감, 가능성, 한 개인 내의 전체성과 그 개인의 사회적·물리적 우주의 전체성에 관심"을 두었다고 강조했다(p. 447). 진정한 게슈탈트 치료자는 펄스나 다른 치료자의 기법을 기반으로 하지 않으며, 이해가 없는 기법이나 극적 효과는 멀리한다(Clarkson, 1989).

펄스의 생각과 상담 사이의 모순

펄스는 어떤 특정 측면에서는 자기가 가르친 것과 다르게 상담을 하였는데, 자기가 그러고 있다는 인식도 못했다고 자주 언급된다. 얄롬(1980)은 이 차이를 보여 주는 중요한 예에 주목하였다. 펄스는 그의 내담자에게 스스로 책임감을 가지라고 말하지만 그의 개인적 스타일은 그의 말과 모순되었다. 얄롬은 펄스의 내담자가 생생하게 하는 경험은 사실상 매우 거대하고, 강력하고, 카리스마적이고, 지시적인 현명한 노인이 '책임감을 가지라'고 언어적으로 조언함과 동시에, '네가 정확하게 어떻게, 언제, 왜 그래야 하는지 내가 말해 줄 것이다'라는 비언어적인 메시지를 받는 경험이라고 말했다. 그러므로 내담자는 동시에 두 가지 모순되는 메시지를 받는 셈이다. 즉, 하나는 외현적으로, 하나는 내현적으로 메시지를 받는다. 펄스의 축어록에는 그의 적극적이고 권위적이며 지시적인 스타일이 내담자에게 선택의 여지가 없게 만들고, 지금-여기의 상호작용에서 개인적 책임을 질 수 있는 여지를 주지 않는 예들이 많다. 다음 예에서 그런 점을 볼 수 있는데, 펄스는 상황을 통제할 수 없어서 목사를 두려워하는 꿈을 꾸게 된 일레인(Elaine)과 작업하고 있다.

프리츠: 자, 이제 이 의자에 혼란을 놓아 보세요. 당신의 혼란

에 대해 말해 보세요.

일레인: 너는, 나의 혼 …… 너는 아무런, 나는 너를 다룰 방법
　　　이 없어.

프　　: 네. 이제는 당신을 통제하는 혼란이 되세요. '일레인,
　　　나는 너의 혼란이야. 나는 너를 통제한다.'

엘　　: 내가 너를 통제하고 있어.

프　　: 다시 말해 보세요.

엘　　: 내가 너를 움직이게 하고 있어.

프　　: 다시.

엘　　: 후, 통제하고 있어.

프　　: 다시.

엘　　: 나는 너를 통제하고 있어.

프　　: 그 말을 청중에게 하세요.

엘　　: 나는 당신들을 통제하고 있어.

프　　: 그 말을 여기 몇 사람에게 하세요.

엘　　: 나는 당신을 통제하고 있어. 나는 당신을 통제하고
　　　있어. 나는 당신을 통제하고 있어.

프　　: 자, 당신은 어떻게 이것을 하고 있죠? 어떻게 사람들
　　　을 통제하지요?

엘　　: 내가 말하는 거에 사람들의 관심을 끌게 해서요.

프　　: 으음.

엘　　: 하지만 내 자신은 통제가 되죠.

프　　: 으음. 이제 집단에게 다시 말해 보세요. 우리에게 1
　　　분 가량 연설을 해 보세요. '나는 통제광입니다. 나는
　　　세상을 통제해야 하고, 나는 스스로를 통제해야 하
　　　고……'
엘　　: 나는 통제광입니다. 나는 사람들을 통제해야 합니다.
　　　나는 내 스스로를 통제해야 합니다. 나는 세상을 통
　　　제해야 합니다. 내가 세상을 통제해야 세상을 다룰
　　　수 있습니다. 그러나 내가 스스로를 통제하면 세상을
　　　다룰 수 있는 수단이 없습니다. 그래서 나는 멍해집
　　　니다. 그래서 …… (Perls, 1969b: 145).

　　[이 지문에서, 한 번만 제외하고, 펄스가 빈번하게 개입한 것은 지시
이다. 그는 일레인에게 '당신의 혼란에게 말해 보세요'라거나 '집단에게
말해 보세요'라는 말처럼, 무엇을 할지 반복적으로 말했을 뿐만 아니라
심지어는 그녀가 할 말을 만들어 주기까지 했다!]

　이것과 다른 증거들로 보아서, 우리는 펄스가 자신의 적극
적이고 지시적인 스타일과, 치료자는 환자의 책임감의 짐을
떠안아서는 안 된다는 믿음 간의 역설을 해결하지 못했다(아
마 인식하지 못했던 것 같다)는 얄롬의 말에 동의한다. 이 기록
에서 펄스는 일레인에게 힘을 재소유하고, 꿈에서 목사에게
투사시켰던 통제감을 재소유하도록 작업하고 있다. 그러나
시간이 흐른 뒤에야 드는 생각이지만, 우리는 펄스가 일레인

을 통제하고자 하는 자신의 알아차리지 못한 욕구를 투사하지 않았을까 하고 생각해 본다.

펄스를 방어해 주는 측면에서, 이 작업은 한 극단을 과장해서 현재의 것에 완전히 접촉하고, 변화의 역설적 이론에 입각하여 변화를 촉진시키는 예로 재평가될 수 있다. 실제로 이 상호작용은 일레인이 반대의 극―그녀의 멍한 느낌―을 탐색하는 것으로 마치는데, 어떤 면에서 이 멍한 느낌은 그녀에게 독특한 것이고, 펄스가 통제하려 하지 않은 것이다. 그는 이 시점에서 사실상 그녀의 개인적 공간을 충분히 존중하는 것처럼 보인다.

프리츠: 멍해질 때는 어떤 일이 일어나나요?

일레인: (이완하며) 아, 천천히 움직여요. 스스로 평온하게.

프　　: 네. / 머리가 어찔하고 …… 약간 긴장이 없고.

프　　: 좋게 느껴지나요?

엘　　: 비교적. 그렇죠.

프　　: 네 ……. 그러면 당신이 멍할 때 어떤 일이 일어나나요? 통제감이 없을 때이죠?

엘　　: 그건 …… 묘사할 수 있어요. 그건 파도가 천천히 굽이칠 때 바다의 움직임과 같아요. 나는 그 움직임과 어질함의 일부일 뿐이죠. 급격한 움직임은 아니고요. 그래서 난 천천히 원을 돌고 있는 느낌이고, 바다에서 돌고 있는 것처럼 내 신체도 천천히 돌고 있는 느

낌이에요. 느낌은 그래요. (Perls, 1969b: 145)

결론

이 장에서 우리는 펄스와 그의 작업에 가해진 주요 비판을 생각해 보았다. 이 비판 중 일부는, 펄스가 내담자와 성적인 접촉을 함으로써 비도덕적인 행동을 했고 게슈탈트와 그 자신에 대해 과대한 주장을 했다는 비판처럼 정당하다. 또 비판들 중 일부는—펄스가 고통을 주었다거나 때로는 언어적 설명을 경시했다거나, 기술이나 현혹시키는 트릭을 썼다—부분적으로 정당하다는 것을 알았다. 펄스에 대한 다른 비판들은 일방적이고, 전체로서의 펄스를 보지 못한 것이었으며, 설사 그러하더라도 맥락에서 벗어난 것이었다는 것도 보았다. 우리는 이런 범주에 해당하는 비판들에는 맥락을 연결시키려 했다. 예를 들어, 펄스의 반지성적 입장이나 성숙에 대한 관점, 지지와 책임감에 대한 태도 같은 것들이다. 마지막으로 비판들 중 몇몇은 전적으로 부당하며, 소문과 편견에서 나온 것으로, 펄스를 거의 이해하지 못한 것처럼 보인다. 펄스에 대한 부당한 비판에는 펄스가 과거를 경시했고, 펄스에게는 전이 이론이 없다는 것을 포함한다.

펄스가 게슈탈트 치료 자체가 아니라는 것을 4장에서 보여주었다면, 다음 5장에서는 게슈탈트 심리치료의 발전과 상담

과 심리치료 전 영역에 미친 펄스의 전체적인 영향을 논의함
으로써 게슈탈트 치료와 펄스가 어느 정도나 동의어가 될 수
있고, 될 수 없는지를 기술할 것이다.

5 프리츠 펄스의 전반적 영향

들어가기

이 장에서는 게슈탈트 이론과 상담 그리고 심리치료와 상담 전체 영역에 미친 프리츠 펄스의 영향을 논의한다. 이 장의 첫 번째 부분에서는 게슈탈트 이론과 상담에 미친 펄스의 영향을 평가한다. 여기에서는 게슈탈트 공동 설립자와 보급자로서의 일반적인 역할을 기술할 것이다. 그런 후에 게슈탈트 이론뿐만 아니라 게슈탈트의 명성과 상담에 미친 그의 실질적인 영향력을 조사하고, 그의 개인적인 영향력이 게슈탈트의 발전에 도움이 되기도 하고 방해가 되기도 했다는 주장을 할 것이다. 이 장의 두 번째 부분은 1970년대 펄스의 죽음 이후의 게슈탈트 발전에 관한 것이다. 여기에서는 게슈탈트 내에서 발전된 많은 새로운 이론적 · 상담적 공헌들을 기술하고 펄스가 이러한 발전에 영향이 있었는지 여부를 논의한다. 이 장의 세 번째 부분에서는 펄스의 생각이, 그의 사후의 많은 학파의 이론가를 통해 광범위한 현재의 심리치료와 상담 이론에 어느 정도 흡수되었으며 '재창조' 되었는지를 논의한다. 마지막으로, 결론에서는 이 책을 만든 의도 중 하나로서, 펄스 작업의 본질을 요약, 정리하고 거기에서 제기된 문제를 탐색할 것이다.

게슈탈트 치료의 공동 설립자와 보급자의 역할

프리츠 펄스는 여전히 게슈탈트 치료의 설립자 또는 주요 설립자로 널리 기술되고 있다(예: Nelson-Jones, 1982; Corey, 1991). 1장에서 우리는 그가 게슈탈트 치료의 유일한 설립자가 아니라 세 명의 가장 중요한 공동 설립자—프리츠 펄스, 로라 펄스, 폴 굿맨—중 한 명이며, 그들은 상호 간의 토론을 통해 초기의 사상을 발전시켜 갔다는 것을 보여 주었다. 로라나 폴 굿맨과는 달리 프리츠의 역할에 대한 정확한 비율은 계속해서 논쟁이 있었다. 그러나 맞건 틀리건 간에 그는 세 명의 공동 설립자 중 하나이며, 여전히 게슈탈트 치료의 범위를 넘어 세상에 더 널리 알려져 있다.

펄스는 게슈탈트가 독립적인 심리치료 학파로 자리를 잡

고 특히 미국과 캐나다에 널리 퍼지도록 하는 데 매우 열성적이었다. 뉴욕에 도착한 지 2~3년만에, 그는 그의 생각을 전파하기 위해 미국 전역을 여행하는 떠돌이 생활을 하게 되었다. 예를 들어, 1950년에 그는 몇 달 동안 로스앤젤레스에서 이사도어 프롬과 그의 '지금-여기' 치료 접근법을 퍼뜨리고, 많은 개인치료 내담자를 보았다. 1950년대 초기에 그와 이사도어 프롬, 로라 펄스는 클리블랜드를 정기적으로 방문하고 클리블랜드 게슈탈트 연구소의 창립 멤버가 되는 젊은 어빙 폴스터와 여러 사람들을 훈련시켰다.

이러한 떠돌이 삶은 계속되었다. 뉴욕에서 그는 플로리다로 갔다. 플로리다에서 오하이오로 갔고, 다시 플로리다로 되돌아 왔다. 그는 멘도시노 주립병원의 고문으로 초청받았을 때 다시 플로리다를 떠났다. 이는 정신건강의학과와 심리학 영역에서 그 주(州)의 시스템에 속해 있는 전문가들에게 게슈탈트 치료를 소개하는 좋은 기회가 되었다. 그리고는 샌프란시스코와 로스앤젤레스를 고속도로로 이동하면서, 여러 병원과 센터에서 열린 주 단위의 훈련 및 치료 집단을 열었다. 마침내 에살렌이 문을 열었고, 그는 5년 동안 거기에서 거주했다. 그러면서 세계 각지에서 온 에살렌의 방문자들에게뿐만 아니라, 미국과 캐나다 전역의 사람들에게 계속해서 대담과 시연을 보였다.

펄스가 공동 설립하고 열정적으로 보급한 게슈탈트 접근법은 이제 기반이 잡히고 번성하고 있다. 미국은 물론, 이스라엘, 남아메리카, 캐나다, 프랑스, 독일, 유고슬라비아, 체코슬로바키아, 스칸디나비아, 러시아, 일본 등 많은 곳에 훈련 센터가 존재한다. 이 나라들 중 많은 곳에서 게슈탈트 접근법은 의료 장면과 정신건강의학과 장면, 교육 장면, 사회복지 장면, 개인 상담소 장면 등 광범위한 심리치료와 상담 영역에서의 한 부분으로 통합되고 있다. 또한 게슈탈트 접근법은 미국과 영국에서 조직과 자문 영역에서도 활용되고 있다(예: Nevis, 1987; Clark & Fraser, 1987; Clarkson & Shaw, 1992 참조).

게슈탈트 상담에 미친 펄스의 개인적 영향

그러므로 펄스는 서구 산업화된 세계에서 널리 보급된 심리치료 학파 하나를 공동 설립한 셈이다. 그러나 게슈탈트 치료와 다른 치료법에 미친 그의 영향은 이 말 한 줄보다는 더 복잡하다. 펄스는 게슈탈트를 별개의 존중받는 심리치료 학파로 확립시키는 데 도움을 주기도 하고 방해를 하기도 했다.

펄스는 수많은 워크숍 시연을 보임으로써, 그리고 그의 작업을 기록하고 영상에 담고 인터뷰와 텔레비전과 언론을 통해 대중성을 확보함으로써 많은 사람들이 게슈탈트 치료에 관심을 갖게 했다. 펄스가 그것을 에살렌에서 했기 때문에 게슈탈트 치료는 전문가뿐만 아니라 많은 일반인들에게도 유명해지게 되었다. 또한 펄스는 그의 메시지를 단순화시키려는 노력을 지속적으로 하여 평균적인 지능을 가진 독자들이 그의 치료를 이해할 수 있게 만들려고 노력하였다(Perls, 1969b/1976; Baumgardner & Perls, 1975). 게다가, 펄스는 재치 있고 위트 있는 말을 만들어 내는 재능(1장 캘리포니아, 빅서의 에살렌 연구소, '게슈탈트 치료 축어록' 참조)이 있어서 게슈탈트 치료의 대중적인 형태가 유행하고 더 알려지는 데 공헌을 했다.

그러나 1960년대의 펄스주의(Perlsian) 게슈탈트 치료의 보급을 위한 이 모든 노력들은 문제점이 있었는데, 그러한 활동들이 진지하면서도 충분히 정교한 접근법을 통속화시키고, 그 가치를 떨어뜨린다는 점이었다. 펄스와 그의 동료들의 초기 이론적 작업을 모르는 사람들이, 그리고 펄스의 직관적인 천재성과 그 범위를 이해하지 못하거나 경험하지 못한 사람들이 게슈탈트를 정화와 직면을 과도하게 강조하는, 재기는 넘치지만 신경에 거슬리고 감각적인 접근법이라고 보았다. 4장에서 우리는 이런 형태의 게슈탈트는 게슈탈트 치료가 아니라 펄스의 유연성이나 창조성은 모른 채 그의 '기법'만 모방한 하나의 게슈탈트 스타일일 뿐이라고 주장했다. 더블린(1977)의 말을 빌려 우리는 이런 스타일의 게슈탈트를 '펄스-이즘' 또는 펄스주의 게슈탈트라 불렀다. 우리가 90년대에 가르치고 사용하는 게슈탈트는 통합적이며, 이론 적이고 방법론적인 체계를 갖고 있고 생리학, 정서, 행동, 지 적인 자양분, 사회적 연결성과 영성까지 포괄하고 있다. 그 러나 1960년대의 몇몇 상담가의 과도함은 전문가 영역에서 뿐만 아니라 대중적 영역에서까지 게슈탈트 치료에 대한 불 신이 만연하게 만드는 결과를 초래하였으며, 그 불신은 최근 에서야 점차 바뀌기 시작했다. 구식이 되어 버린 호전적이고 적대적인 스타일의 기조를 여전히 게슈탈트의 전형적인 특 징으로 보는 게슈탈트 치료자들이 존재한다. 그러나 펄스 스 스로도 이렇게 말했다. "이렇게 급변하는 세계에서 어떻게 동질성을 가질 수 있겠는가?"(1969b: 30).

1970년대의 게슈탈트 상담에 영향을 미친 펄스 개인의 유 명한 양면적인 성질은 리버만, 얄롬 그리고 마일즈(1973)에 의 해 잘 묘사되어 있다. 이들은 펄스가 사망했을 즈음에 9개의 다른 양식의 집단 또는 '집단 방법'을 대표하는 17개 집단의 스타일과 효과성을 검토하고 평가하였다.[1] 16명의 집단 지도 자 중에 2명이 자신을 게슈탈트 치료자라 하였고 다른 2명이 게슈탈트로부터 실질적인 영향을 받았다고 밝혔다.

---

1) Lieberman, Yalom 그리고 Miles의 연구는 1967년에 고안되고 1973 에 출판되었다.

게슈탈트 치료자 중 한 명(집단3의 지도자)은 반지성적이고 적극적이며 '구조적 실험'을 매우 많이 사용하였다고 기술되었다. 그는 개인사적인 자료나 추상적인 주제보다 지금-여기의 상호작용(개인 간이건 개인 내적이건)에 더 관심을 두었다. 그는 자신의 지금-여기의 감정과 개인적 가치에 관해 개방적이고 자기 노출적이었다. 그는 매우 도전적으로 보였고 직면과 정서적 표현을 하도록 집단을 유도했다. 또한 매우 지지적이고 유능하며 따뜻하게 보였다. 전체적으로 이 게슈탈트 집단 지도자는 참여자들에 의해 2등으로 평가되었고 관찰자들에게도 그 정도로 높게 평가되었다. 집단에서 심리적 부상자는 없었다.[2] 이 지도자에 대한 펄스의 상담 스타일의 영향력은 꽤 분명해 보였고 결과는 훌륭했다. 그러한 연구 결과는 잘 통합된(내사된 것이 아니라) 펄스의 게슈탈트 스타일을 포함한 게슈탈트적 접근의 효과와 이득을 지지해 준다.

그러나 두 번째 게슈탈트 치료자(집단4의 지도자)는 관심을 이끌고 싶어하고, 지배적이며, 멜로드라마를 연출하는 것 같고, 반지성적이고, 무책임했다. 그는 펄스의 경험이나 독창성, 또는 천재성은 갖추지 않은 채 펄스의 카리스마적인 스

---

2) Lieberman, Yalom 그리고 Miles(1973)는 심리적 부상자를 정의하려면, "집단 만남의 경험으로 심리적으로 상처받고 그 집단원이 심리적인 보상실패를 경험했을 뿐만 아니라 그 실패가 지속적이고 집단 경험이 매개가 되었다는 증거가 있어야 한다."라고 하였다(pp. 6, 172).

타일의 가장 나쁜 면을 모방하고 과장하려는 것처럼 보였다. 예를 들어, 펄스가 가끔 가다가 했던 것처럼, 집단원을 조롱하고 모욕했으며 규칙적으로 잠을 자고(또는 자는 척을 하거나), 심지어는 펄스의 비디오처럼 거의 똑같은 말을 사용하기도 하였다. 또한 더 극단적으로 개인적 책임감에 대해 펄스의 요구적 자세를 취하기도 하였다(4장 펄스에 대한 얄롬의 관점 참조). 그의 비난적 태도는 교착층에 빠진 내담자와 공들여 작업하는 펄스의 태도와는 대조가 된다(3장 '저항'과 교착상태 참조). 마침내 이 게슈탈트 치료자는 (펄스가 했던 것처럼) 남성과 여성 집단원 모두에게 명백히 성적인 느낌을 주는 장난을 쳤다.

이 집단은 연구에서 가장 많은 심리적 부상자를 만들었고 집단원들은 전반적으로 낮은 자존감을 보고했으며 자신에게 덜 관용적이고 환경에 대해서도 덜 관용적으로 보았다. 집단원들은 다시 이 지도자와 집단을 하고 싶어 하지 않았다. 그들은 그가 너무 강요적이라고 느끼고 집단원 중 하나는 파괴적이라고 느꼈다. 그 지도자는 나중에 연구자가 집단원들이 심리적 상처를 받았다고 하자 냉소적인 태도로 관심을 보이지 않았다.

펄스의 영향이 좋건 나쁘건 간에, 다른 게슈탈트 치료자들의 작업에 책임이 있는 것은 아니지만, 1970년대의 게슈탈트 치료에 영향을 미친 그의 스타일의 좋은 점과 나쁜 점은 이 두 가지 예로 증명될 수 있다.

욘테프(1991)는 다음과 같이 결론짓고 있다. "명백히 치료자가 어떻게 상담하느냐에 따라 결과는 매우 광범위해서, 아주 치료적일 수도 있고 정신증적 와해를 야기할 수도 있다. 따라서 그 치료자가 사용한 특정 접근법(예: 게슈탈트 치료자)이 치료의 질을 나타내는 것은 아니다"(p. 12).

1960년대와 1970년대의 게슈탈트 상담은 펄스의 영향이 많았지만, 욘테프(1991)는 그 시기에 그의 영향이 유일한 것은 아니었다고 지적했다. 예를 들어, 심킨은 매우 다른 스타일을 갖고 있었는데, 관심을 갖고, 접촉적이었으며, 적극적으로 현재에 있었고 내담자에게 압력을 주지 않은 채 책임감과 같은 실존적인 주제를 강조했다. 심킨은 에살렌과 로스앤젤레스에서 펄스와 함께 또는 혼자서 훈련 워크숍을 운영했고, 따라서 전체적인 게슈탈트 치료자들의 분위기에 상당한 영향을 미쳤다. 그의 영향을 받은 욘테프도 풍부하고도 학술적인 글을 통해 게슈탈트 발전에 많은 영향을 미쳤다. 1950년대부터 폴 굿맨과 이사도어 프롬, 로라 펄스 등의 다른 사람들도 뉴욕과 클리블랜드 등 여타의 곳에서 게슈탈트 치료자들에게 다른 스타일의 게슈탈트를 훈련시켰다.

프리츠 펄스가 그의 생애 마지막 몇 년 동안 전문가들을 대상으로 한 시연 워크숍에서 발전시킨 스타일은 널리 유명해졌다. …… 꿈과 환상의 극화는 아름다운 시연 방법이었다. …… 그러나 그것은 게슈탈트 접근법에서 무한한 가능성이 있는 방법 중 하나에 불과하다. 그것은 매우 혼란된 사람에게는 도움이 안 되고 진짜 조현병이나 피해의식을 가진 환자에게는 전혀 사용할 수 없다. 프리츠 펄스는 이를 매우 잘 알았고 조현병적 또는 피해의식적 혼란이 감지되는 워크숍 참여자는 간단하게 넘어갔다(Laura Perls, 1992: 51).

그러나 게슈탈트 초창기의 다른 공동 설립자와 수련감독자들의 영향은 그렇게 극적이거나 영향의 범위가 넓은 것이 아니어서, 프리츠 펄스의 영향력이 지배적이었다. 1970년대 후반과 1980년대에 가서야 다른 목소리를 가진 사람들이 자신들의 생각을 책으로 쓰고 임상 증례들을 출간하였으며, 결국에는 펄스가 그의 생애 동안에 했던 만큼, 많은 청중들에게 영향을 주게 되었다. "그들은 나중에야 입 밖으로 말을 꺼냈다. 프리츠의 연극적인(과장된) 시연과 그의 모방자들이 전문가들과 일반 대중에게 지울 수 없는 인상을 주고 나서야.'(Yontef, 1991: 10)

펄스가 게슈탈트 이론에 미친 영향

로라 펄스와 폴 굿맨과 함께 펄스는 새로운 획기적인 심리치료 접근법을 시작했다. 로라 펄스 덕분에 펄스는『자아, 허기 그리고 공격성』(1947/1969a)을 쓸 수 있었다. 그는 '성격 통합의 이론과 기술'(1948)과 다른 논문들도 썼다. 그리고『게슈탈트 치료』를 공동 저술했다(Perls, Hefferline, & Goodman, 1951/1973). 펄스(1947/1969a)와 그의 동료들(1951/1973)은 알아차림의 증진을 통해 배울 수 있는 것을 강조했다. 펄스(1947/1969a)는 전이와 복잡한 아동기 발달 이론[3]에 의거하여, 때로는 경험을 불가해하게 해석하는 것보다는 치료자와 내담자가 현재에 적극적으로 존재하고 치료적인 상호 교환적 접촉에 관여하고 내담자의 순간순간의 경험을 타당화시킴으로써 치료자와 내담자가 성장한다는 이론을 소개했다. 그와 굿맨은 실험과 적극적 치료와 같은 강력하고 혁신적인 생각들을 발전시켰다. 내담자들은 새로운 것을 시도해 보고, 알아차림을 증진시켜 보고, 실험적 행동에서 떠오르는 것을 통찰해 보도록 격려받았다. 시행착오로 배운 성과물(Perls, 1947/1969b)은 '행동화'로 치부되기보다는 타당화되었다. 펄스는 베르트하이머의 게슈탈트 심리학과 쿠르트 레빈의 장이론적 생각을 대중화시키는 데 일조하였는데, 이들은 현재의 심리학적 현실과 지각된 장의 모든 측면들의 상호 연결성

---

3) 물론, 아동 발달에 대한 프로이트 이론 중에 어떤 면들은 많은 주요 정신분석가들, 예를 들어 Klein과 Kohut 등에 의해 의문시되고 수정되어 왔다.

을 강조했었다. 또한 그는 내용과 인과관계보다 과정에 관심을 두도록 도왔다(펄스의 이론적 공헌에 대한 요약은 이 책의 2장 참조).

펄스의 이론적 공헌은 게슈탈트 치료의 초석과 기반으로 남아 있다. 50년의 세월로도 그 기반은 무너지거나 밀려나지 않았다. 펄스와 그의 동료들의 이론적 공헌을 알고 이해하는 것은 게슈탈트 치료를 배우는 학생이나 게슈탈트적 접근을 이해하려는 누구에게나 여전히 필수적인 일이다. 클리블랜드 연구소 초창기에는 이사도어 프롬이 펄스, 헤퍼라인 그리고 굿맨의 텍스트를 가르치기도 했지만, 처음에는 이해하기 쉽지 않은 이 책을 학생들이 스스로 해체하고 곱씹고 소화시키도록 돕기 위해 펄스, 헤퍼라인 그리고 굿맨을 기반으로 한 워크숍이 여전히 세계 여러 훈련 센터에서 제공되고 있다. 따라서 게슈탈트 이론에 대한 펄스의 과거, 현재, 그리고 아마도 미래의 영향력은 중요하게 남아 있을 것이다.

그러나 게슈탈트의 이론적 발전에 대한 펄스의 영향력이 모두 이득이 되는 것은 아니다. 앞서 논의한 바와 같이 그와 그의 동료들이 처음 게슈탈트의 이론적 기반을 잡았지만, 후기의 펄스가 반지성적 입장에 선 것 때문에, 1960년대와 1970년대의 게슈탈트 이론이 억제되는 효과를 가져왔다. 출중한 게슈탈트의 초기 설립자와 이론가들이 저술하지 않았던 것은 당혹스럽고 애석한 일이었다. 예를 들어, 로라 펄스는 친절하고 사려 깊고, 지적이었다. 그녀가 결혼한 외향적 성격의 연기자와는 심리적으로 정반대 쪽에 있었다. 그녀는 게슈탈트 심리치료에 대해 책임감 있고, 사려 깊고, 박식한 아주 훌륭한 보물창고였지만, 겨우 두세 편의 논문을 쓰고는, 평생 게슈탈트에 대한 책을 내지 않았다.

펄스와 그의 주변의 어떤 것이, 동료들과 수련생들로 하여 금 글을 쓰지 못하도록 한 것이었을까? 펄스와 그 시절의 게 슈탈트 치료자는 단순하게 구술적 전통을 좋아했던 것일까? 아니면 글을 쓰면서 힘들게 공식화하고 조직화하는 일을 싫 어했던 것일까? 아마 그들이 글을 적게 쓴 이유는 펄스가 자 주 지적인 것을 '닭똥(chickenshit), 소똥(bullshit), 코끼리똥 (elephantshit)'이라고 그만의 용어를 만들기까지 하면서 비방 했기 때문일 수도 있다(From, 1984: 9-10). 그들이 우러러보는 사람이 그만의 독설로, 지적인 노력을 부숴 버릴 수 있음을 안다면 글을 쓰는 것을 좋아하는 펄스의 수련생일지라도 글 을 쓸 만한 동기가 부여되지 않았을 것이다. 펄스가 이론적 으로 숙달된 까닭은 그보다 더 많이 알고 더 많은 독서를 한 사람들로부터, 천천히 지식을 더 조합해 내고 통합해 내는 그 의 능력 때문이다. 그의 지식과 그 자료의 출처를 밝히는 데, 펄스가 지독히도 부주의했던 탓에, 그것은 알려져 있지 않거 나 일관적이지 못하다. 그의 상담 기술은 사람에 대한 순간 적인 발견이나 관여에서 나왔다. 간단히 말해서 그의 재능은 주로 학문적인 것이 아니었으며, 게슈탈트를 실현하고 그것에 사용되는 방법들이 그 자신의 재능과 동등하면서도 상이한 가치를 지닐 수 있다는 것을 받아들이기 힘들었다.

"프리츠 펄스 자신이 누누이 주장했던 것처럼, 어떠한 경험의 단면적인 기술은 진정한 게슈탈트가 아니다. 게슈탈트는 항상 배경 속의 전경, 환경 안의 유기체, 맥락 속의 내용을 의미하기 때문이다"(Clarkson, 1991c: 29). 지성을 부인하는 게슈탈트 치료는 신체와 감정, 또는 영혼을 과소평가하는 치료와 마찬가지로 전체론적이지 못하다. 시대는 변했다. 펄스(1947/1969a)를 인용하면, "모든 것은 변한다. 즉, 같은 물체의 밀도라도 압력과 중력과 온도에 따라 다르다"(p. 22). 게슈탈트 이론 역시 변한다. 그 변화의 과정은 지속되며, 자주 한 극에서 다른 극으로 이동한다. 펄스는 정신분석을 과도하게 지적이고 완고한 것으로 경험했고, 그에 대해 극단적으로 반응했다. 1970년대에는 펄스의 극단적인 반지성적 입장에서 시계추가 천천히 되돌아오기 시작했고 최근 15년 이상이 지난 후에는 게슈탈트 이론가들이 게슈탈트 상담의 생기와 직접적인 접촉을 훼손하지 않은 상태에서, 새로운 이론을 발전시키고 저술 작업을 하고 있다.

펄스를 넘어서: 1970년대 이후의
게슈탈트 치료 이론의 발전

1970년대에는 게슈탈트 치료 문헌들이 천천히 증가하기 시작했다. 파간과 셰퍼드(1970)는 게슈탈트에 관한 논문들을 책으로 편집했다. 펄스 사후의 책 두 권(1976; Baumgardner & Perls, 1975)이 출판되었고, 폴스터 & 폴스터(1974)가 오늘날 게슈탈트에서 가장 읽을 만한 책 중의 한 권을 썼다. 심킨(1974)과 래트너(Latner, 1974)는 게슈탈트 치료에 대한 책을 썼고, 징커(Zinker, 1978)는 게슈탈트 치료의 창조적 과정에 대해 참신하고 서정적인 시선의 책을 내었는데, 이 또한 여전히 매우 인기가 있다. 조금 더 복잡한 책으로는,『게슈탈트 치료는(Gestalt Is)』(Stevens, 1975)과『게슈탈트 심리치료의 성장(The Growing Edge of Gestalt Therapy)』(Smith, 1977) 등이 있다. 한편, 1978년 뉴욕에서『게슈탈트 저널』이 출간되어 1980년대와 1990년대의 풍부한 이론적 논쟁과 발전을 자극하고 보급하였다. 클리블랜드 연구소에서는『조직 상담: 게슈탈트적 접근(Organizational Consulting: A Gestalt Approach)』(Nevis, 1987),『신체 과정: 심리치료에서 신체 작업을 위한 게슈탈트적 접근(Body Process: A Gestalt Approach to Working with the Body in Psychotherapy)』(Kepner, 1987) 그리고『게슈

탈트 상담 다시 보기(Gestalt Reconsidered)』(Wheeler, 1991)
와 같은 책들을 출판했다. 1989년에 페트루스카 클락슨은
세이지 출판사에서『게슈탈트 상담의 이론과 실제(Gestalt
Counselling in Action)』[4]를 출판하였는데, 현재 러시아어와
이탈리아어로 번역되어 있다. 최근 몇 년간 출간의 시대가
온 것처럼 다음과 같은 게슈탈트 출판물들이 나오고 있다.
『경계에 살기(Living at the Boundary)』(Laura Perls, 1991),『성
격 장애(Personality Disorders)』(Delisle, 1993),『알아차림, 대
화, 그리고 과정(Awareness, Process and Dialogue)』(Yontef,
1992c),[5]『마음 문학의 현재와 현명한 심리치료의 철학적 뿌
리(Presence of Mind-Literary and Philosophical Roots of a Wise
Psychotherapy)』(Schoen, 1993).

최근 십년간 게슈탈트 이론의 중요한 발전이 많았지만, 지
면의 제약 때문에 그 모든 것을 논할 수는 없다. 우리는 다음
과 같은 것을 선택해서 간략하게 논의해 볼 것이다.

➤ 게슈탈트 주기의 발전과 도표

➤ 집단 과정의 발달 이론

➤ 관계 개념의 확장과 현상학적 대화

➤ 정신분석 등의 다른 이론들로부터 유래한 지식과 사상의

---

4) 역주: 한글로도 번역되어 출간되어 있다.
5) 역주: 이 책도 한글로 번역되었다.

통합

➤ 장이론의 위상에 대한 재고

➤ 게슈탈트 심리치료에서 창조적 삶의 힘(Physis)의 출현

이 절에서 우리는 순서대로 앞의 예를 기술하고, 이들 이론이 얼마나 발전되었는지 알아보고, 펄스의 입장과 얼마나 다르며, 펄스가 그 이론에 얼마나 영향을 미쳤는지 검토해 볼 것이다.

게슈탈트 주기의 발달과 도표

많은 게슈탈트 이론가들이 펄스(1947/1969a)의 유기체와 환경의 상호 의존적 주기(cycle)와 펄스, 헤퍼라인 그리고 굿맨(1951/1973)의 접촉 과정을 발전시키고 다듬어 왔다. 각 이론가들은 자신만의 독특한 방법으로 그 주기를 이해하고서는, 그것을 조금 다르게 구성하고 새로운 이름을 부여하기도 했다(예: 경험 주기, 접촉과 물러남의 주기, 게슈탈트 형성 및 파괴의 주기 등). 주기 이론에서 중요한 발전 중의 하나는, 많은 이론가들이 그것을 파동 모양이나 원 같은 도표로 표시했다는 사실이다(Hall, 1977; Kepner, 1987; Zinker, 1978; Parlett & Page, 1990; Clarkson, 1989). 많은 예 중에서 [그림 5-1]과 [그림 5-2]에서 두 가지 예를 보여 주고 있다. 우리는 이러한 파동 모양

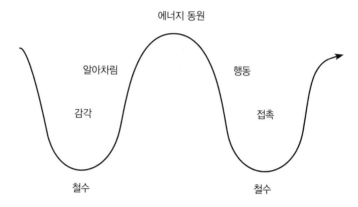

에너지 동원

알아차림　　　　　　행동

감각　　　　　　　　접촉

철수　　　　　　　　　　철수

[그림 5-1] 알아차림-흥분-접촉 주기(ZinKer, 1978)

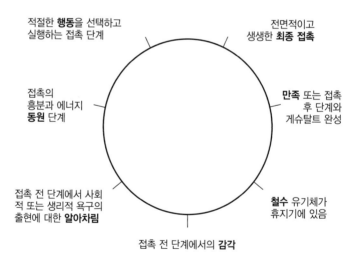

적절한 **행동**을 선택하고　　　　　　　전면적이고
실행하는 접촉 단계　　　　　　　　　생생한 **최종 접촉**

접촉의
흥분과 에너지　　　　　　　　　　　　　　**만족** 또는 접촉
동원 단계　　　　　　　　　　　　　　후 단계와
　　　　　　　　　　　　　　　　　　게슈탈트 완성

접촉 전 단계에서 사회
적 또는 생리적 욕구의　　　　　　　　**철수** 유기체가
출현에 대한 **알아차림**　　　　　　　　휴지기에 있음

접촉 전 단계에서의 **감각**

[그림 5-2] 게슈탈트의 형성과 파괴의 주기(Clarkson, 1989)

이나 도표로 표시함으로 인해, 게슈탈트 이론 중에서 게슈탈트 주기가 가장 잘 알려지고 이해되는 데 공헌했다고 믿고 있다.

펄스는 이 주기를 도표화하는 데 얼마나 공헌했을까? 그 자신은 이 주기를 도표로 예시한 적이 없지만, 징커의 단계를 펄스(1947/1969a) 판과 펄스, 헤퍼라인 그리고 굿맨(1951/1969a)의 판(2장 개념군집 3: '게슈탈트 주기' 참조)과 비교해 보면, 그가 펄스의 것을 출발점으로 삼고 있다는 것을 보여 주고 있다. 징커의 단계는 분명히 펄스의 것을 기초로 하고 있고, 특히 클락슨은 그녀가 사용한 주기가 징커와 펄스, 헤퍼라인 그리고 굿맨에 기초하고 있으며 선배의 예시를 정리한 것이라고 말하고 있다(Clarkson, 1989). 그녀는 심리치료의 과정에서 심리치료의 진전과 장애물을 공식화하고 명백하게 하는 데 주기를 사용함으로써 독창적인 공헌을 하였다.

게슈탈트에서 집단 과정의 발달 이론

『현대 게슈탈트 치료(Gestalt Therapy Now)』(Fagan & Shepherd, 1970)는 일레인 케프너, 클라우디오 나란조, 어빙 폴스터, 로라 펄스, 루스 콘(Ruth Cohn), 조엔 파간, 이르마 리셰퍼드, 제임스 심킨과 같은 당대의 지도적인 게슈탈트 상담자, 심리학자, 정신의학자의 논문을 광범위하게 모아놓은 모음집이었다. 이들 중 몇몇 작가는 펄스의 뜨거운 의자 기법과 집단 상호작용의 통합에 대해 기술했다. 다른 작가들은 가족치료와 상호작용적 집단치료에 대해 기술했는데, 이 방법에서는 참가자들이 서로를 접촉하고 직접적으로 서로의 문제를 풀도록 격려받는다. 폴스터와 폴스터(1974)는 집단과 집단 과정에 한 장을 할애하면서 뜨거운 의자 작업이 집단 작업 중에 단지 하나의 방법일 뿐이라고 지적하고 있다. 그들은 실질적으로 그리고 이론적으로, 그들이 게슈탈트 집단치료에서 하고 있는 다른 방법들을 기술하였다.

징커(1978)는 클리블랜드 게슈탈트 연구소에서 발전된 게슈탈트 집단 과정 원칙을 정리하였다. 즉, "① 지금의 집단 경험을 중시, ② 집단 알아차림을 발달시키는 과정, ③ 참여자 간의 적극적 접촉을 중시, ④ 적극적으로 관여하는 지도자에 의해 자극된 상호작용적인 실험 활용"(p. 162) 등이다. 징커는 집단을 사회의 소우주로 보고 사회적 체계를 재창조하는 능력뿐만 아니라 수정하는 능력도 지녔다고 보았다.

이는 분명히 펄스가 그의 시연에서 보인 방법과는 크게 다른 것이었다. 그러나 징커(1978)는 실제 작업에서 펄스 방법의 가치뿐만 아니라 그 영향을 인정하고 "그[펄스] 주변에서 관찰한 집단원들은 개인 작업에서 보여 주는 그의 기술과 예술적 수완에 자주 놀라워했다."라고 말하고 있다(p. 159).

『뜨거운 의자를 넘어서(Beyond the Hot seat)』(Feder &

Ronall, 1980)는 게슈탈트 집단 과정의 이론적 토론을 모아 놓은 모음집이다. 가장 영향력이 있는 것 중 하나는 일레인 케프너의 '게슈탈트 집단 과정'이다. 클리블랜드 게슈탈트 연구소 출신인 케프너는 그 연구소에서 발전된 게슈탈트 집단 과정을 강조하는 부분과 세밀한 부분에서 징커(1978)의 것과는 다르게 기술했다. 그녀는 게슈탈트 집단 상담과 체계적 관점을 통합해서 보여 주었고, 이것은 비온(Bion)과 번, 얄롬과 같은 다른 이론가들 덕분이라고 밝혔다. 그녀는 치료를 사회적 체계의 경계 내에서 일어나는 과정으로 생각하였고 그 사회적 체계의 경계 내에서 현상학적 과정이 동시에 세 가지 수준에서 일어난다고 믿었다. 그녀는 이 수준을 개인 내적 수준, 개인 간 수준, 체계적 수준으로 나누고, 이 세 수준이 무엇을 의미하는지 자신의 상담 예를 들어 설명하고 있다. 케프너는 집단 발달의 단계를 동일시와 의존, 영향과 역의존(counterdependence), 친밀감과 상호 의존, 종결에 이르기로 나누고 집단 지도자의 과제는 각 단계마다 다르다고 주장하였다. 집단 발달의 이름과 단계는 다르긴 하지만 징커도 『뜨거운 의자를 넘어서』(1980)에서 비슷한 주장을 하였다.

징커의 상담처럼 케프너의 상담도 분명히 프리츠 펄스의 것과는 매우 다르다. 케프너의 말을 빌리면 "게슈탈트 집단의 대중적 개념, 즉 프리츠 펄스와 다른 치료자들이 워크숍에서 한 것처럼 집단 상황에서 개인치료를 한 것과는 매우 다르다"(Kepner, 1980: 7). 그러나 그녀는 클리블랜드 연구소의 통합적 집단 과정 모델[6]이 생기게 된 역사적 배경을 기술하는 데 매우 큰 어려움을 겪었고, 게슈탈트 워크숍이 그 당시의 수련생들과 펄스의 목적에 부합되는 이상적인 모델이라고 지적했다.

펄스와 그 이후 사람들, 이사도어 프롬, 폴 굿맨, 폴 와이즈(Paul Weisz) 등에 의해 발전된 워크숍 방법은 극적이고 효과적인 교수 방법이며 정신건강 전문가가 수련받도록 모집하는 데에 강력한 방법으로 증명되었다. 그것은 수련생의 욕구와 학습 목표에 적합한 모델이다. 그 당시 이 워크숍의 참여자는 현역 치료자이거나 정신건강 영역의 대학원생 이상 되는 사람들이었다. 그들 중 많은 사람이 내담자로의 경험이 이미 있었다. 그들 중 대부분은 심리치료 이론과 임상적 실제에 대해 상당히 잘 알고 있었으나, 지금 현재 살아 움직이는 내담자에 대해서는 거의 알고 있지 못했다. 무엇을 하고 있고, 어떻게

---

6) 예를 들어, 케프너는 펄스가 글로 쓴 많은 부분에 대해 쿠르트 레빈의 이론과 유사한 점을 논하고, 둘의 차이점에 초점을 맞춤으로써, 펄스와 레빈의 매우 다른 실제 상담에 대해 설명하였다. 레빈은 사회심리학자였고, 그의 관심사는 사회적 환경이었다. 반면, 펄스는 의사이자 심리학자였으며 상담에서는 개인과 개인의 변화가 그의 최대 관심사였다. 한편, 그의 이론은 레빈과 마찬가지로 게슈탈트 심리학과 골드슈타인의 유기체 이론과 비슷한 계보에서 유래하였다(1장과 2장 참조).

하고 있느냐를 강조하는 게슈탈트 치료는 어느 정도 갈급한 도구를 제공한 셈이며, 워크숍 상황은 그 방법의 효과를 보고 경험하는 것을 가능하게 했다(pp. 9-10).

케프너는 또한 펄스가 "그의 다년간의 경험을 통해 개인의 변화 과정에서 집단의 힘을 발견했다."라고 관대하게 인정하고서는 게슈탈트 집단 과정 모델이 *"프리츠가 게슈탈트 이론에서 말한 것을 기반으로 만들기는 했지만,* 그대로 펄스의 상담에서 재연되지는 않았다고 말했다"(p. 7, 현재 저자가 이탤릭체를 씀).

그렇게 보면 펄스는 자신의 이론대로 상담을 하지 않았지만, 그 이론은 그의 사후에 일어난 집단 과정 이론 발전에 공헌을 한 것이다. 그 이론은 레빈의 강조점에 대한 재평가, 여러 다른 학파들의 집단 과정 이론들을 통합한 것, 그리고 브라질에서부터 브리스톨에 걸친 게슈탈트 상담자들의 발전된 경험이 종합되었다(Ribiero, 1985; Clarkson & Clayton, 1992). 클락슨, 맥쿤 그리고 쇼(Clarkson, Mackewn, & Shaw, 1992)는 게슈탈트 집단 과정에 양자 집단 역학이라 불리는 새로운 접근법인 카오스 이론을 발전시켰다.

게슈탈트 치료에서 관계 개념의 확장

현대 게슈탈트 이론가들은 치료에서 개인 대 개인 접촉의 중요성에 대한 펄스의 급진적인 혁신을 발전시켜, 게슈탈트 치료에서 개인 대 개인 관계의 개념을 펄스가 의도했던 것보다도 더 깊이 탐색해 갔다. 치료적 관계에 대해 글을 쓴 대부분의 게슈탈트 이론가들은 영감의 근원으로서 마틴 부버(1987)의 나-너 만남의 논의에 의존하였다. 이 점에서 그들은 부버를 프랑크프루트에서 직접 만나 부버의 사상에 직접적으로 영향을 받은 로라 펄스를 흉내 내려 한 것인지도 모른다. 프리츠 펄스 또한 로라를 통해 조금 더 간접적으로 부버(Perls, 1978b)에게서 영향을 받았다(1장 프랑크푸르트(1926~1927년)––'실존주의와 현상학의 영향' 참조).

욘테프(1980)와 하이스너(Hycner, 1985/1991), 제이콥스(Jacobs, 1978/1989)는 대화적 접근법으로서의 게슈탈트 치료를 논의했다. 그들은 관계는 알아차림을 증진시키고 내담자가 자신의 성장력을 회복시키는 매개체라고 강조했다. 만남 또는 관계(치료자가 아니라)가 치유적인 것인데, 왜냐하면 만남으로 자신의 내면을 함께 공유하기 때문이다. 특히 나-너 관계는 치유에 최고의 힘을 지니고 있다. 욘테프는 나-너 관계를 개인 대 개인의 접촉, 또는 개인의 핵심과 또 다른 개인의 핵심과의 접촉이라고 정의했다. "그러한 치유적 관계는 각각 개별적인 존재이며, 개인적인 욕구를 가진 두 사람이 서로 둘 간의 차이점을 인식하고 허용하면서 접촉할 때 발달된다. 이것은 두 개의 독백을 조합한 것 이상이며, 이로 인해 의미 있는 교환을 하는 두 사람이 존재한다"(1980: 15).

비록 치료적 관계에서 교환의 결과나 질이 두 사람 간에 일어나는 것에 의해 결정되며, 통제될 수 없으며, 어느 한쪽의 의지에 의해 좌우될 수 없지만, 욘테프는 대화적 관계가 무르익는 분위기를 만들기 위해 치료자가 체화해야 할 일을 구체적으로 적시했다. 치료자는 포함을 실행할 수 있어야만 하고, 현전을 보여 주며, 대화에 헌신하고, 비착취적이고, 관계에 살아 있어야 하며, 실험과 현상학, 경험의 안내자가 되어야한다. 이런 용어의 설명이 필요하면 욘테프(1980)의 책을 보면 된다.

하이스너(1985)는 간단명료하게 부버의 대화 철학의 기본 전제를 기술하고 대화적 게슈탈트 치료가 이 대화 철학을 치료적으로 응용한 것이라고 설명하였다(p. 26). 그는 나-너 관계와 나-그것 관계가 대화적 관계에서 모두 타당하고 그 두 가지 관계는 리듬감 있게 번갈아 가며 드러난다고 말했다. "나-너 관계를 강요하는 것은 현대적 '오만'이 될 수 있다. 그렇게 하려 하면, 역설적으로 나-그것 관계를 만들어 낸다!"(Hycner, 1991: 50) 하이스너에게 알아차림은 내담자가 세상에 더 나은 관계적 태도, 즉 더 건강한 개인/환경 상호작용을 하도록 돕는 수단이다. 이러한 더 나은 관계적 태도는 치료자와 내담자 간의 관계를 통해 일어나는데, 고된 작업 후에 '은혜'(Buber, 1987)로 충만한 그때가 개인들이 서로를 인간 존재로서 만나고, 감동하는 순간이다.

제이콥스(1989)는 전반적인 치료 과정에서 관계의 역할—치료의 요인으로서 관계의 중요성과 관계 그 자체가 치료의 초점이 되는 정도—을 더욱 탐색하였다. 그녀는 부버의 대화 철학이 접촉의 개념과 알아차림, 그리고 역설적 변화의 이론과 어느 정도 섞여 있는지, 임상적인 예를 들어 설명하였다. 그녀는 욘테프나 하이스너보다 치료자가 '현전'하기 위하여 어느 정도까지 자신을 보여 줘야 하는가에 관해 더 많은 관심을 쏟았다.

클락슨(1990/1991b)은 이론과 예를 통해 나-너 관계의 다섯 가지 변형을 구분해 내었다. 이는 작업 동맹, 미해결 (전이적) 관계, 복구적/발달적으로 필요한 관계, '진정한' 또는 개인 대 개인 관계 그리고 개인 초월적 관계이다. 또한 그녀는 (1988/1991b) 게슈탈트 치료는 실존적이며 현상학적인 현재 또는 퇴행적 상태와 전이적 자료 중에 어느 한쪽만 작업하는 게 아니라 실존적 만남과 퇴행적 탐색 모두를 수반해야 한다고 강조했다.

게슈탈트 치료에서 관계에 관련하여, 이러한 중요한 발전에 펄스는 얼마나 영향을 주었는가? 비록 가장 중요한 영감

의 원천은 의심할 여지없이 부버에서 찾을 수 있지만, 우리
가 생각하기에 펄스는 두 가지 모순된 방식으로 발전적인 영
향을 미쳤다. 펄스 자신은 그의 부인 로라를 통해 직간접적
으로 부버(Perls, 1978b)의 영향을 받았다. 그의 초기 혁신 중
에 가장 중요한 것 중의 하나는 치료자가 중립적이고 거울과
같은 존재가 되면 안 되고, 그 대신에 환자와 같은 수준에서
인간 존재가 될 수 있어야 한다고 주장한(1947/1969a) 것이었
다. "정신분석가가 환자를 이해함은 물론, 환자도 정신분석가
를 이해해야만 한다. 환자는 인간을 봐야 한다"(p. 239). 펄스,
헤퍼라인 그리고 굿맨(1951/1973)은 욘테프와 하이스너와 차
이가 없는 용어를 쓰면서 치료적 관계의 본질적인 핵심으로
서 진정한 인간의 접촉이란 개념을 발전시켰다. 치료는 두 인
간 존재 간의 '만남'이다. 게슈탈트 임상가는 내담자와 진정
한 대화를 통해 자신의 반응과 반응 행동을 공유해야 한다.

욘테프(1980)는 펄스가 관계에 관한 차후의 탐색에 영향
을 미쳤다는 관점을 확인시켜 주었다. 그는 게슈탈트 치료
가 그 초기부터 치료자의 적극적인 현전을 중요 도구로 활용
하는 치료였다는 사실을 강조하고, 쓰인 용어는 다르지만 초
기의 게슈탈트 문헌들이 '대화'라는 말을 적시하지 않았을 때
라도, 대화에 의한 치료 형태를 기술하였다고 한다. 예를 들
어, 펄스의 책(Perls, 1947/1969a; Perls, Hefferline, & Goodman,
1951/1973)을 인용하면서 그는 다음과 같이 결론짓는다. "상

담 실제에서 게슈탈트 치료는 치료자의 현전을 보여 주었고 그것은 대화에 의한 치료의 시작이었다"(p. 2). 하이스너(1985) 또한 그의 논의에 펄스의 영향을 인정하면서, 독자들에게 개인-환경의 기반에 게슈탈트 치료를 자리 잡게 하고 접촉 경계에 존재하는 '사이(between)'를 강조한 펄스와 그의 동료들의 말을 상기시키고 있다(3장 치료와 변화 과정-'치료적 관계: 전이에서 접촉으로' 참조).

펄스가 게슈탈트 치료에서 관계에 대한 이후의 풍부한 토론에 미친 영향 중에 두 번째 방식은 더욱 간접적인 것이다. 그의 초기 이론적 저술과는 대조적으로 펄스의 후기 작업과 상담은 '게슈탈트 기도문'(2장 개념군집 5-'자기지지와 자기충족의 개념, 4장 더블린과 게슈탈트 치료와 '펄스-이즘'의 잘못된 동일시-'자율성을 성숙으로 보는 펄스의 관점')에서 볼 수 있듯이, 관계와 상호 의존성이 때로는 망각된 것처럼 보일 정도로 개인과 자기신뢰를 자주 강조했다. 펄스가 후기에 고립적인 자기충족성을 강조한 것 때문에―그 반응으로―이 절에서 논의된 게슈탈트 치료자들이 열정과 재능을 쏟아 포함과 상호성과 대화를 주장하게 만들었다. 현대의 많은 게슈탈트 치료자들처럼 펄스, 헤퍼라인 그리고 굿맨 또한 인간 존재의 필수적인 사회적 성질을 강조했다(4장 더블린과 게슈탈트 치료와 '펄스-이즘'의 잘못된 동일시-'자율성을 성숙으로 보는 펄스의 관점' 참조). 이것이 '대립물을 향한 경향(enantiodromia)'의 법칙이다(Jung, 1968; Perls, 1969a; Clarkson, 1992b).

다른 이론들로부터 유래한 지식을 게슈탈트에 통합하기

욘테프(1988)는 게슈탈트 치료는 정신분석과 진단적 조망을 포함한, 다른 이론들로부터 유래한 지식과 사상을 통합할 필요가 있다고 주장했다. 예를 들어, 욘테프(1991)는 게슈탈트 치료자들이 전이 과정을 이해해야 하고 전이와 역전이 현상을 다루는 방법을 알고 있어야 한다고 주장하였다. 그는 게슈탈트 치료자들이 지금-여기의 개념을 확장시켜서 '지금-거기' '그때-여기' '그때-거기' 등을 포함한 '시공간 영역'이 보다 다양할 필요가 있다고 제안하였다. 어빙 폴스터(1987)는 특히 게슈탈트 치료자가 지금-여기에 완전히 몰입하는 개념을 더 유연하게 사용하면서 작업하도록 격려했다. 펄스가 '어떤 것에 관해 이야기하는 것'(talking about)을 자주 비판한 반면, 폴스터는 우리의 삶의 이야기나 우리의 과거를 기술하는 것이 간단하지만 매우 가치있는 일임을 보여 주었다. 그는 게슈탈트 심리치료자가—마치 소설가처럼—내담자로 하여금 일상이 얼마나 극적이고 이전에 당연하게 여기고 있었거나 잊고 있던 자신 또는 자신의 이야기가 얼마나 흥미로운지 깨닫도록 어떻게 도울 수 있는지를 놀라울 정도로 잘 보여 주고 있다. 치료자의 기술적인 경청과 진정한 수용을 통해 치료자는 이야기의 일치감, 방향성, 배열에 대한 내담자의 관심을 이끌어 내고 내담자가 자신의 삶의 주인의식을 갖도록 할 수 있다.

지금-여기라는 기법을 강력하게 강조함으로써 항상 게슈탈트에서 방법론적으로 중요했던 것, 즉 보편적인 인간적 개입을 한 단계 끌어올렸다. 이것은 일상적인 많은 것을 포함한다. 지지, 호기심, 친절, 대담한 언어, 웃음, 냉소, 비극의 소화, 분노, 부드러움, 강인함 ……. 이러한 더 넓은 영역에 대한 관심은 마치 소설가가 그런 것들을 표현해 내듯이 치료자가 포용할 수 있는 모든 것, 사람들이 여기에서뿐만 아니라, 거기에서는 어떻게 살고, 지금뿐만 아니라 그때는 어떻게 살았는지를 포용할 수 있도록 돕는다(Polster, 1987: 183).

욘테프(1988) 또한 게슈탈트 치료자는 성격 장애로 고통받는 내담자들, 특히 자기애적 장애와 경계선적 인격 장애인 내담자를 확인할 수 있어야 하며, 대상관계 이론의 개념과 접근법을 통합함으로써 이들 내담자들을 적절하게 다룰 수 있어야 한다고 말했다. 토빈(Tobin, 1982)은 자기를 과정으로 보는 펄스의 관점(2장 개념군집 5-'과정으로서의 자기' 참조)에 대한 약점, 특히 자기애적 장애를 보이는 내담자와 작업할 때의 제약점을 비판했다. 그는 펄스, 헤퍼라인 그리고 굿맨(1951/1973)이 자기를 조직화하는 과정으로 기술한 것은 각 개인이 똑같이 효과적이고 잘 기능하는 자기를 갖고 있다고 가정하는 것처럼 보이며, 자기의 개념에서 중요한 안정감, 존재감(groundedness), 자신감, 유연성 등의 자기 기능들의 개념을 포함하는 데 실패한 것 같다고 썼다. 코헛(1971/1977; Kohut & Wolf, 1978)의 자기에 대한 정의와 자기 발달 이론, 그리고 그 단계와 연관된 병리(Klein, 1964/1975; Winnicott, 1958/1965; Mahler, Pine, & Bergman, 1975)를 광범위하게 인용하면서, 토빈은 게슈탈트와 자기 심리학을 통합하는 접근법으로 자기개념 장애를 가진 사람들을 치료하는 몇 가지 방법을 제안했다.

그린버그(1989)는 말러, 파인 그리고 버그만(Mahler, Pine, & Bergman, 1975), 컨버그(Kernberg, 1976), 매스터슨(Masterson, 1976/1981/1983) 그리고 블랑크와 블랑크(Blanck & Blanck, 1974)의 이론을 빌려서, 게슈탈트 치료를 응용한, 경계선적 인격장애를 가진 내담자와의 작업을 기술했다. 그녀는 게슈탈트 치료는 원래 그런 심한 장애가 아닌, '과도하게 이지화된 신경증'을 가진 사람들과 작업하도록 고안되었다고 지적하면서, 경계선적 특성을 보이는 내담자들과 작업하고 그들의 욕구를 충족시키기 위하여 게슈탈트를 적용하는 데 있어, 아주 구체적이고 실제적이고 도움이 되는 제안들을 하였다. 맥러드(McLeod, 1991)는 토빈이 자기에 대한 정신분석적 관점을 수용함으로써 굿맨과 펄스가 자기개념을 접촉으로 본 관점을 희석시켰으며, 어떤 의미에서는 게슈탈트적 전체론과 관계론적 입장을 약화시켰다고 주장하였다. 딜라일(Delisle, 1988)은 개인의 접촉 또는 자기지지 과정을 진단하는 게슈탈트적 접근과 진단을 위한 관찰 가능한 준거 체계인 DSM Ⅲ R(American Psychiatric Association, 1987)을 통합하는 창의적이고 유용한 모델을 만들어 냈다.

　게슈탈트 치료가 다른 이론들, 특히 정신분석적 상담과 문헌으로부터 도입한 지식과 사상을 통합해 온 중요한 발전을 이루는 데 펄스는 어떤 영향력을 가지는가? 그린버그(1989)는 펄스를 언급하지도 않았고, 참고 문헌 목록에도 포함시키지 않았다. 따라서 펄스는, 아주 광범위한 의미를 제외하고는, 그녀가 게슈탈트 치료자가 되기까지 어떤 직접적이거나 구체적인 영향을 미치지는 않았던 것이다. 반면에, 토빈(1982)은 펄스를 인용하며, 그가 썼던 것처럼 펄스와 그의 동료들과 적극적인 대화를 통해 정의한 자기개념을 그의 시작점으로 삼고, 그것을 기반으로 하기도 하고, 그에 반하는 토론을 하기도 하였다.

　클락슨의 최근의 공헌으로는 소크라테스 이전의 헤라클레이토스부터 펄스, 헤퍼라인 그리고 굿맨, 그리고 오늘날의 양자 물리학과 카오스 이론으로 이어지는 게슈탈트 사상의 연속성을 보여 준 것이 있다. '2500년의 게슈탈트'(1992b)에서 그녀는 이러한 사상들이 서구 철학의 전통으로부터 첨단 과학에 이르기까지, 어떻게 지속적으로 전체론적, 유기체적, 주기적, 그리고 관계 지향적 알아차림을 구성해 왔는지를 보여 주었는데, 우리는 21세기에 이르는 지금에서야 그러한 것들을 알아보기 시작했다.

물론 펄스 자신도 개념들을 정신분석으로부터 빌려 오기도 하고 반응하기도 하면서, 게슈탈트와 정신분석 영역 간에 현재 통용되고 있는 사상들의 교류를 위한 본보기를 제공한 셈이다. "우리는 항상 통합적인 틀을 만드는 작업을 하였다. 그것이 내가 게슈탈트 치료를 좋아하는 점 중의 하나이다."(Yontef, 1988: 6)

장이론과 게슈탈트에 대한 재탐구

휠러(1991)는 펄스가 게슈탈트 심리학이나 쿠르트 레빈의 장이론에 대한 깊은 지식이 없었다고 말했다. 특히 휠러는 "굿맨과 펄스가 물려주고 이후의 많은 저자들이 발전시켜 온 접촉 모델이 이론적 의미에서는 전경에 한정된(figure-bound) 모델이며 배경의 조직화된 특징이나 구조를 모른다면 접촉 과정(또는 알아차림 또는 경험)의 분석은 불완전하다."라고 주장한다(p. 3). 휠러는 레빈과 골드슈타인의 연구를 재평가하면서 게슈탈트에서 그들이 평가절하되었다고 믿는다. 그는 펄스가 접촉의 전경을 과도하게 강조하였기 때문에 게슈탈트 치료가 일화적이고 극적인 접촉 작업에 경도되는 경향이 있었고, 치료 작업에서 이러한 반복적인 일화의 배경을 흡수하는 데에는 거의 주의를 기울이지 않았다고 주장한다. 휠러는 게슈탈트 치료자들이 전경뿐만 아니라 배경의 구조를 작업하는 것도 필요하다고 주장한다. 그의 책은 장이론을 깊이 있게 탐색하고 그 개념을 설명하는 사례들을 포함하고 있다.[7]

'게슈탈트에서 개성과 보편성(Individuality and Commonality in Gestalt)'(1991)에서 클락슨은 현상학자인 메를로 퐁티 (1962)의 저서를 예로 들면서 대상관계에서 주관적 대화로의 전환을 매개하는 게슈탈트의 핵심 개념 중 하나로, 레빈의 장 이론의 타당성을 재차 강조하고 있다. 팔렛(Parlett, 1992)은 레빈의 장이론을 예시하고 설명하기 위해, 최근의 예들을 제공하였다. 그는 장이론이 게슈탈트 치료의 기본이지만, 개인주의를 강조(Saner, 1989)하고 공동체에 대한 중요성을 과소

---

7) 필립슨(Philippson, 1991)은 휠러를 비판하면서 휠러가 굿맨/펄스의 입장을 너무 단순화시켰고 '창조적 해결책'이라는 점에서 펄스, 헤퍼라인 그리고 굿맨(1951/1973)은 배경의 구조를 무시하지 않았다고 주장한다. 휠러의 저작에 대한 또 다른 비판으로, 욘테프(1992b)는 펄스 (1947/1969b)가 장이론을 명백히 이해했음을 보여 주었으며 레빈의 장 이론뿐만 아니라 베르트하이머의 이론에서도 영향을 받았다고 주장하였다.

평가함으로써 이 사실이 너무 알려지지 못했다고 주장하였다. 팔렛은 장이론적 접근을 강력하게 추천하면서, 즉시성에 대한 관심만큼, 개인의 배경에 대해 주의를 기울이기를 바랐다. 그는 개인 삶의 공간을 층화, 즉 겹겹이 쌓인 이미지라고 묘사하면서 게슈탈트 치료는 영민하게 층과 층 사이를 넘나들고, 틀 혹은 입장을 바꿀 수 있도록 하는 데 적용될 수 있다고 하였다. 따라서 때에 따라 치료자와 내담자는 퇴행적인 행동이 재연되면 과거를 깊이 다룰 수도 있는 반면, 또 다른 때에는 순전하게 현재의 관계를 볼 수도 있다.

게슈탈트 치료에서 장이론을 새롭게 다시 강조하는 데에 펄스는 어떤 영향을 미쳤는가? 여러 측면에서 결정적인 역할을 하였다. 먼저 그로 말할 것 같으면, 새로운 통합적인 이론을 염두에 두고서 로라 펄스, 폴 굿맨과 함께 처음부터 게슈탈트 치료 이론에 레빈과 베르트하이머의 장이론을 비롯해 많은 다른 이론들의 사상과 방법, 은유, 조망들을 끌어왔다. 팔렛(1992)은 원래 게슈탈트 정신이 "인간의 고통과 혼란을 개인적인 정신 병리로 국한시키는 것이 아니라 사람과 상황 간의 상호작용으로 보는 것"(p. 5)이며 레빈과 마찬가지로 굿맨과 펄스는 사회비평가였음을 일깨우고 있다. 더 나아가서 말년의 펄스는 양극성 중에서 극단적인 개인주의(Saner, 1989)를 강조한 것에 부분적으로 책임이 있으며, 이로 인해 나란조(1982)와 클락슨(1989/1991b), 휠러(1991), 팔렛(1992)은 게슈탈트에서의 장이론을 더욱 깊이 그리고 더욱 포괄적으로 이해하기 위해 양극성 중 다른 측면, 즉 공동체, 배경, 상호 의존성을 다시 탐구하기를 강력하게 주장하고 있다. 클락슨은 생명력이라는 개념을 재평가함으로써 게슈탈트 치료에서 특별한 발전을 이루었다. 개성과 보편성이라는 중요한 양극 간의 창조적 성장 혹은 전체론적 진화는 헤라클레이토스가 '피지스(Physis)'[8]라 부른 일반적인 자연의 창조력인, 제3의 삶의 힘에 의해 매개된다. 펄스(1969b: 63-64)가 영향을 받았던 베르그송(Bergson, 1965)의 알랭 비탈(élan vital)[9]은 이러한 창조적인 힘 또는 피지스와 동일한 개념이며, 그것은 게슈탈트 치료의 특징이고 스무츠(1926/1987)의 유산이기도 하다. 펄스는 스무츠의 창조적 진화와 관련한 에너지 동인에 대한 이론이, 자신의 저서에 큰 영향을 미쳤다고 인정했다. 펄스, 헤퍼라인 그리고 굿맨(1951/1973)은 창조적 이행에 대해 이야기했다. 피지스는 이러한 삶의 힘이며 자기실현, 진화, 치유 그리고 창조성과 관련이 있다. 그것은 게슈탈트 치료의 생리학적 측면과 유기체적 측면을 결합시킨 것이며, 그것의 초월적인 능력과 우리의 전체론적인 진화와 영성적인

---

8) 역주: 철학에서 보통 자연이라고 번역되지만, 헤라클레이토스와 관련해서는 근원적인 것, 본질적인 것이라는 의미로 쓰인다.
9) 역주: 창조적 진화에 있어 무한한 에너지의 폭발과 비약을 말하는 베르그송의 개념

측면도 모두 포함된다.[10]

펄스의 사상이 상담과 심리치료 이론의 전반적인 영역에 미친 영향

상담과 심리치료의 정의는, 이 두 영역 간의 구별을 시도하면 할수록 다양해진다. 그것은 흥미로운 토론이 되겠지만 이 책의 범위를 넘어서게 되므로, 이 장에서는 상담과 심리치료를 구분하는 것은 성공하지 못한다는(Clarkson & Carroll, 1993) 넬슨 존스(Nelson-Jones, 1982)의 의견을 수용하여 그 용어들을 번갈아 가며 사용한 트루액스와 카커프(Truax & Carkhuff, 1967)의 예를 따르기로 하겠다.

펄스와 그 시대의 다른 혁신가들이 이룬 많은 이론적·실제적 공헌들은 오늘날의 심리치료와 상담 분야에서 스펀지처럼 받아들여졌다. 많은 학파의 심리치료자들이 펄스와 그의 동시대 이론가들이 만들어 내거나, 혹은 그때 인기가 있었던 사상들을 통합시켜 왔다. 1940년대와 1950년대 초기의 정신분석에 대해 혁신적으로 반발했던 사상들은, 이제 완전

---

10) "이제 보통의 알랭 비탈, 즉 생명력은 감지할 때, 귀 기울여 들을 때, 탐색할 때 에너지를 받는다. 이러한 기본적인 에너지는 이러한 근육을 활용함으로써 세상으로부터 무언가를 취하고, 세상을 만지고, 접촉한다"(Perls, 1969b: 63-4).

히 수용되어서, 그 당시 그 사상들이 얼마나 급진적인 것이었는지를 상상하는 것조차 쉽지 않다. 어빙 폴스터와 펄스가한 인터뷰에서 펄스의 생애 동안(오늘날의 시각과는 대조적으로)에 이루어진 공헌이 얼마나 참신한 것이었는지를 엿볼 수있다.

나는 …… 낯선 사람들과의 집단에서 누군가를 만난다는 것이 심오한 개인적인 경험을 하는 힘을 가졌음을 기억한다. 그것은 나에게 계시와 같은 것이었다. 그때는 그런 일이 많지 않았다. 지금은 당연시하는 것이지만, 그때는 누군가를 만난 다는 것이 너무 강력한 힘을 가져서 그들과 관계가 없던, 그 리고 그들의 친구도 아니었던 15명의 집단원 앞에서 사람들 이 울었던 것은 계시적인 경험이었다(in Wysong & Rosenfeld, 1982: 48).

인본주의적 심리치료의 발전에 미친 펄스의 영향

분명히 펄스는 인본주의적 심리치료의 발전에 지대한 영향을 미쳤다. 게슈탈트 사상과 상담은 이제 대부분의 인본주의적, 초개인적 그리고 실존적 치료에 널리 퍼져 있다. 로완(Rowan, 1988/1992)은 인본주의적인 치료, 실존주의적 치료 그리고 초개인적인 심리치료의 성질과 발달에 대해 매우 포괄적인 설명을 한 바 있다. 그의 책에는 펄스와 게슈탈트를 참조한 것이 빈번하게 나오면서도, 논의되는 많은 사상들이 어느 정도로 펄스의 영향을 받았는지에 대해서는 미묘하지만 유의미하게 과소평가하고 있다. 예를 들어, 그는 "통합 심리치료 패러다임으로서의 참만남집단"(1992: 118-30)이란 제목에 한 장을 할애하며, 월 슈츠(Will Schutz), 짐 엘리엇(Jim Elliott) 그리고 엘리자베스 민츠(Elizabeth Mintz)를 인본주의적 심리치료자의 중요한 공로자로 세세하게 열거하고 있다. 비록 로완이 "참만남집단은 신체 치료와 게슈탈트에 동의한다."(p. 124)라고 인정하긴 했지만, 슈츠(그리고 조금 덜하지만 민츠도)가 그의 사상의 발전에 프리츠 펄스와 게슈탈트로부터 깊게 그리고 직접적으로 영향을 받았다는 점을 설명하지는 못했다. 프리츠 펄스와 월 슈츠는 슈츠가 그의 책의 대부분을 쓰기 전에 에살렌에서 같은 시기에 거주하면서 지도자 역할을 했다. 결국에 두 사람은 헤어졌지만, 슈츠는 펄스를 안 첫 해에 펄스의 워크숍을 들으면서 그가 얼마나 펄스를 경탄하며 그의 영향을 받았는지를 기술하였다(Gaines, 1979). 또 로완은 인본주의적 접근에서 기본 신념 중의 하나인 인간 유기체에 대한 전체론적인 통합에 대한 헌신을 슈츠(1973)를 인용해 설명하면서도, 1940년대 초의 신체와 심리치료의 통합(Perls, 1947/1969a)에 프리츠 펄스가 결정적인 역할을 했음을 명시하지 않았다(1장 빈과 베를린(1927~1933년)-'빌헬름 라이히의 영향'과 5장 펄스의 사상이 상담과 심리치료 이론의 전반적인 영역에 미친 영향-'펄스의 전체론, 그리고 신체와 심리치료에 대한 그의 통합' 참조). 마지막으로 로완은 집단 참가자를 위한 자신의 가이드라인 목록을 작성하면서, 그것이 슈츠와 엘리엇 그리고 민츠의 원칙을 합한 것이라고 하였다. 그는 그 목록에 신체 알아차림, 지금-여기, 책임감 갖기, 지지와 직면, 습관적인 언어(예: 서술문보다 질문을 사용하는 것)에 대한 주의, 사람을 직접적으로 지목하기, 그리고 '그것'보다는 '나'라고 말하기 등이 있었음에도 불구하고, 이러한 원칙의 근원이 펄스임을 언급하지 않았다. 이러한 것들은 모두 이미 언급된 저자들이 채택하기 전에 펄스에 의해 대중화된 개념들이었다. 그 저자들 중 하나(Schutz)는 펄스에 의해 직접적인 영향을 받았으며 다른 사람(Mintz)은 차후에 『게슈탈트 저널』에 글을 실었다. 물론 로완은 그가 원하는 어떤 원천이든, 현재 널리 보급된 이론이라면 인용할 자유가 있다. 다만, 우리는 이러한 간략한 논의를 통해 인본주의 상담과 심리치료의 전반적인 영역에 펄스가 미친 직접적인 영향이 얼마나 자주 미묘하게 축소되고 간과되어 왔는지가 잘 드러나길 바란다.

펄스의 생각과 몇 가지
현대 정신분석적 개념 간의 유사성

  덧붙여서 펄스의 몇몇 개념들은 주류 정신역동적 심리치료
에 무의식적으로 녹아들거나, 20여 년에 걸쳐 대상관계와 자
기 심리학의 발전을 통해 새 생명을 찾은 정신분석에 의해 재
창조되었다. 이 절에서는 펄스의 몇 가지 개념과 현대 대상
관계와 정신역동 이론의 몇 가지 측면 간에 있는 유사성을 논
의한다. 인본주의적 접근법에는 펄스의 생각들이 보다 더 명
백하게 동화되었지만, 정신역동과 정신분석적 접근에서는
어떻게 간접적으로 동화되었는지를 탐색해 본다. 펄스에게
직접적으로 영향을 받았다는 것을 보여 주기 위해, 정신역동
과 정신분석 치료자들이 인용한 것을 보여 주지는 않을 것이
다. 그들은 전반적으로 그러지 않았다. 다만, 펄스는 최근 20
여 년간에 발전한 시대정신 또는 문화적 혁명의 주요 공헌자
로서, 또는 부분적인 공헌자로서 동 시대에 존재했음을 말하
고 싶다. "게슈탈트 치료는 …… 그 독특한 정체성이 지속적
으로 침식되어 동화되는 식으로 위협받고 있다. 게슈탈트 치
료가 마치 삼투압 현상처럼 부지불식간에 그 공헌을 인정받
거나 확인받지 못한 채, 주류 심리치료에 빼앗기고 있다는 단
서들이 나타나고 있다"(Miller, 1989: 23).

펄스의 전체론, 그리고 신체와
심리치료에 대한 그의 통합

펄스(1947/1969a; Perls, Hefferline, & Goodman, 1951/1973; Perls, 1969b/1976)는 인간 존재는 다른 사람들 그리고 환경과 창조적인 교환 과정을 거치면서 지속적으로 상호작용하는 전체적인 유기체라는 개념을 대중화시켰다. 그는 인간 존재는 환경의 맥락 안에서 전체로서 고려될 때 유일하게 이해될 수 있다고 믿었다. 지금은 많은 사람들이 인간에 대한 그리고 치유에 대한 전체론적인 태도를 믿고 있다. 치료와 건강에 대한 대부분의 인본주의적인 접근에서는 증상이 아니라 전체적인 사람을 다루고, 많은 의학 분야의 전문가들이 이제는 환자를 전체론적으로 치료하려 한다. 펄스의 자기에 대한 전체론적인 관점과, 자기를 창조적이고 유연하며 자기조절적인 전체로 보고, 다른 사람들과의 관계 맥락 내에서 발달해 간다고 보는 대상관계 개념 간에도 유사성을 발견할 수 있다. "한 사람은 하나의 전체적인 자기"이다(Guntrip, 1973: 181).

프로이트 학파의 정신분석은 전체적으로 환자의 언어와 지적 과정을 통해 작업한다. 라이히는 그 반동으로 환자의 물리적인 신체와 근육 긴장을 훨씬 더 강조하였다. 펄스(1947/1969a/1948)와 펄스, 헤퍼라인 그리고 굿맨(1951/ 1973)은 두 가지 접근법을 병합하면서 그 두 가지 방법의 편협함을 비판했다. 그들은 그들의 전체론적인 신념을 반영하기 위해 신체와 심리치료를 통합하는 심리치료 방법을 발전시켰다(2장 개념군집 1-'전체론' 참조). 이러한 포괄적인 태도는 그 당시에는 새롭고 신선한 것이었고, 그 이후로 지금은 심리치료 분야에서 거의 당연시되는 분위기가 되었다. 그래서 정신분석 상담자는 수련생들에게 기본적인 기술 중의 하나로 내담자의 비언어적 의사소통과 반응들을 면밀하게 관찰하고 기억하면서 경청하도록 지도하고 있다(Jacobs, 1988). 심리치료에서 전체론적인 접근법을 통합하는 것이 중요하다는 점은 이제 정신분석의 많은 분파 내에서도 인식되고 있다. "비록 라이히가 1950년대에 명성이 더럽혀졌지만, 그의 생각은 현재 긍정적으로 재평가받고 있다. 성격적인 갑옷과 성격 발달에 대한 그의 생각 중 많은 것들이 이제는 정신분석 이론에 큰 공헌을 한 것으로 보인다"(Bohart & Todd, 1988: 91). 펄스가 처음부터 라이히를 긍정적으로 평가한 사실(1930년대, 1940년대 그리고 1950년대에)은 거의 알려져 있지 않다.

코브, 고렐 그리고 반 데르 리트(Korb, Gorrell, & Van der Riet, 1989)는 게슈탈트 치료가 특히 인간 존재의 전체론적 개념에 있어서 얼마나 시대를 앞서갔는지에 대해 요약한다.

어떤 면에서는 현대 심리치료 분야의 개념들은 게슈탈트 치료를 따라온 셈이다. 처음부터 우리는 인간을 기계적인 방식보다 좀 더 함께 기능하는 부분들을 가진 전체적인 유기체로 보았다. 전체론적인 관점은 1988년에 신체/마음 이론과 연구를 통합시킴으로써 점진적으로 수용되기 시작했다. 치유는 전체적이고 역동적인 개인의 과정 중 하나로 보고 있다. 항상 환경과 상호작용하는 과정 중에 있는 존재로서 개인을 보는 개념은 새로운 접근법의 치료로 통합되고, 전통적인 접근법에게는 새로운 시각을 불어넣고 있다(p. 131).

치료적 관계: 전이로부터 접촉과 대화까지

그의 첫 책 『자아, 허기 그리고 공격성』(1947/1969a, 1942년 남아프리카에서 초판 출간)에서 펄스는 프로이트가 치료자의 중립성과 전이적 관계를 과도하게 강조했다고 비판했다. 그는 치료자가 자신을 하얀 스크린이 아닌 한 인간으로 보여야 한다고 주장하였다. 펄스, 헤퍼라인 그리고 굿맨(1951/1973)은 치료적 관계는 치료자가 동등한 교환을 하면서 내담자와 접촉하는 대화라고 제안하였다. 치료자와 내담자는 개인 대 개인으로 만난다. 이러한 대화 또는 만남에서 치료자는 살아 있는 존재로서, 때로는 내담자에게 지금의 즉각적인 반응들을 드러내 보이기도 하고, 내담자에 대한 그들의 진짜 감정과 경험들을 나누기도 해야 한다고 그들은 말한다. 동시에 치료자는 내담자의 감정이 전이적이건 그렇지 않건 간에, 그 감정을 현재의 상황에서 있는 그대로 타당한 것으로 수용하고 확인시켜 주어야 한다. 그러므로 내담자가 치료자에게 화가 나 있다면, 게슈탈트 치료자는 내담자가 '실제로'는 그녀의 어머니나 아버지, 애인에 화가 난 것이라고 추정하지 말고 내담자가 지금 자신에게 화가 나 있다는 것을 받아들이고 자신의 진정한 반응—그들 사이에 일어났던 오해에 대해 사과할 수도 있고, 화가 나서 대꾸할 수도 있다—으로 내담자의 화를 만나야 한다. 게슈탈트 치료자는 화가 난 내담자와 개인 대 개인으로 접촉한다. 비록 펄스는 때때로 전이를 매우 경멸적으로 이야기했지만, 이론 틀에서 그 존재를 부인하지 않았다. 다만, 독자가 정신분석이 그때까지는 개인 대 개인의 만남을 무시했다는 사실에 초점을 맞추기 바랐다.

1930년대 후반과 1940년대 초반까지 전통적인 정신분석가들은 가능한 한 내담자가 자신의 이야기와 과거의 관계를 투사하도록, 치료자는 중립적인 빈 거울로 남아야 한다고 믿었다. 적어도 이론적으로 정신분석가는 그들의 진짜 감정을 그들의 환자와 나누지 않았고 실제로 가능한 한 그들 자신을 노출시키지 않으려 했다. 흔히 내담자가 치료자의 개인적인 정보를 알면 전체 정신분석이 위협받는다고 생각했다.[11]

---

11) 자주 지적되는 것이지만, 프로이트가 내담자와 치료자 간의 진정한 관계의 중요성을 명백하게 과소평가한 것과 그 자신이 실제 치료에서 보여 준 것 간에는 상당한 차이가 있다. 그의 사례 연구를 보면 실제

펄스는 치료에서 두 사람의 진정한 그리고 동등한 인간 존재 간의 개인 대 개인의 관계가 전이적 관계만큼이나 치유에 중요하며, 치료자와 내담자 간의 협력적 대화가 필요하다는 개념을 대중화시켰다(이전에는 호나이, 설리번, 페렌치, 부버 등이 이런 논의를 했다). 관계와 대화에 관한 주제에 대해 펄스와 앞선 이론가들이 한 생각은 분명하게 차후 심리치료의 발전과 다른 학파의 치료를 독립적으로 재창조하는 데 모두 큰 영향을 주었다.

그 이후로 많은 인본주의적, 실존적, 정신역동적, 그리고 정신분석적 치료자/상담자들은 진정한 또는 성숙한 관계를 강조하는 한편, 다른 사람들은 전반적인 치료적 관계에 있어 어느 정도는 중첩된 몇 가지 다른 관계 종류를 기술해 왔다 (Rowan, 1988; Yalom, 1980; Greenson, 1967/1971; Greenson & Wexler, 1969; Jacobs, 1988; Clarkson, 1990). 자기 심리학과 대상관계적 접근을 하는 저자들은 치료자의 선택적인 자기 노출의 사용을 옹호하는데, 다음 예에서 설명되는 것처럼 이는 펄스의 생각과 유사성을 보인다.[12] 코훗(1984)은 정신분석

로 그는 자주 자기 노출을 하고 놀라울 정도로 내담자와 개인적인 관계를 맺었다(예: Yalom, 1980).

12) 앞에서 지적했듯이 우리는 펄스가 이들 저자들에게 직접적으로 영향을 주었다고 말하는 것이 아니라, 단지 그가 대중화시켰던 관계에 관한 혁신적인 사상과 저자들이 말한 차후의 업적들 간에 유사성이 있음을 지적하는 것이다.

가가 편하고, 쉽고, 공감적인 태도를 취하고 내담자들에게 정서적인 것을 줄 수 있어야 한다고 충고했다. 건트립(Guntrip, 1973)은 치료자가 치료에서 진짜 사람이 되어야 한다고 굳게 믿었다. "치료자는 전체적이고 진정한 인간 존재가 되어야 한다. 단지 전문적인 해석가가 아니라 그렇게 해야만 환자는 자기 자신을 발견하고 있는 그대로의 사람이 될 수 있다"(p. 66). 매스터슨(1981) 또한 전통적인 치료적 중립성을 버리거나 수정하면서 내담자로 하여금 자신의 행동의 파괴성을 직면시켜야 한다고 말했다. 통합적인 심리학자인 칸(Kahn, 1991)은 치료자는 진정성을 가지고 투명해야 하며 가면 뒤에 숨지 말아야 한다고 권고했다.

지금-여기를 강조한 펄스의 주장은 동화됨

펄스(1947/1969a)는 프로이트가 과거를 너무 강조하였고 '고고학적인 접근'을 했다고 비판했다. 펄스가 글을 썼을 당시에는 그런 태도는 기존의 정신분석에서 파문을 당할 일이었다. 그 이후로 몇몇 정신분석가들도 비슷한 비판을 하였다. 예를 들어, 스펜스(Spence, 1982)는 프로이트의 '고고학적'인 치료 모델이 부적절하다고 말했다.

펄스는 아마도 그의 동시대 사람들 중 누구보다도 실존적 개념인 지금-여기에 대한 관심을 전문가와 일반인으로 확대

시킨 사람이며, "초점을 맞추어야 할 가장 중요한 것은 내담자의 내면이건, 참여자 간의 관계이건, 현재 흐르고 있는 바로 지금"이라는 점을 강조했다(Rowan, 1992: 119). 오늘날에는 내담자와 치료자의 지금-여기 상호작용의 중요성은 지금-여기 과정의 알아차림과 함께, 많은 다른 인본주의적, 정신분석적 그리고 정신역동적 학파들에 흡수되고 있다. 대부분의 인본주의적이고 실존적인 치료들은 지금-여기의 개념을 강조한다. 로완(1992)은 "이러한 측면에 특화된 접근으로는 게슈탈트와 참만남집단뿐만 아니라 집단분석, 개인 구성치료, 인지행동적 치료, 신경 언어 프로그래밍, 실존분석, 개인 중심적 치료 등이 포함된다."라고 하였다(p. 119). 대상관계적 접근 또한 지금의 관계와 지금의 알아차림을 상당히 강조한다.

동시에 내담자와 치료자 간의 '지금-여기' 상호작용에 대한 초점은, 가장 편협한 입장을 제외하고는 전통적인, '신 프로이트학파' 치료의 현재 추세이다. 이는 의심할 여지없이 부분적으로는 게슈탈트와 다른 '현재 중심적 치료'의 영향과 경쟁으로 인한 효과 때문이지만, 현대 대상관계 이론의 발전 때문이기도 하다. 대상관계에서는 어느 정도 과거에 대해서 더욱 직접적인 인과 관계에 비중을 두지만, 동시에 그만큼 치료에서 현재 상호작용을 활용하도록 하고 있다(예: Winnicott, 1986 참

조). (Wheeler, 1991: 95-6)

　현대의 정신역동적 상담 이론에서는 상담 상황에서 '거기에서의 과거'만큼 '여기에서의 현재'와 '거기에서의 현재'도 똑같이 중시한다(Jacobs, 1988). 연구(Nicholson & Berman, 1983)에 의하면 초기 아동기 자료를 광범위하게 탐색하지 않은 치료도 그렇게 한 치료만큼 효과적임을 시사한다. 우리가 지적한 대로(2장 개념군집 2-'현재 '알아차림'의 개념'과 3장 방법: '게슈탈트에서 과거의 역할' 참조) 펄스와 다른 게슈탈트 치료자가 과거를 무시하지는 않았지만, 이러한 연구는 펄스가 현재의 알아차림을 강조한 것을 지지하는 것 같다. 펄스와 게슈탈트 치료자들은 과거의 미해결과제를 현재 상황으로 끌어옴으로써 적극적이고 자발적인 방법으로 작업한다.

　펄스가 많은 인본주의적, 실존적 그리고 초개인적인 심리치료자들과 저자(예: 가브리엘 로스, 윌 슈츠, 롤로 메이, 샘 킨)들에게 의심할 여지없이 직접적인 영향을 주었지만, 펄스가 대상관계 이론가나 정신역동적 이론가들에게 얼마나 직접적인 영향을 주었는지는 볼 수 없다. 펄스의 공헌은 그 당시, 어느 누구보다도 치료적 접근으로서 현재의 알아차림과 현재의 장에 대한 현상학적인 탐색을 관심의 초점이 되게 만든 것이다. 그럼으로써 그는 광범위한 미래의 이론가들이 필히 지금-여기 과정의 중요성을 통합하게 만드는 분위기를 조성했다.

실존적 개념인 선택과 책임감에 대한
펄스의 강조

인간성에 대한 프로이트의 관점은 본질적으로 결정적이
다. 되돌릴 수 없는 중요 추동이 모든 인간 행동을 결정한다.
인간의 반응은 본능적 추동에 좌우되며 생물학적 유산에 기
초한다. 후에 인간 경험과 행동의 유일한 결정인자로서 추동
과정을 배타적으로 강조하지 않는 수정 이론들이 소개되었
지만, 그의 추동 이론에 대한 기본 전제는 프로이트의 이론적
관점에 늘 따라다녔다. 프로이트는 억압은 전반적인 것이며,
기본적으로 인간의 강력한 반사회적 성질 때문에 필수불가
결하다고 믿었다. 그러므로 우리 모두는 억압된 소망을 지닌
다. 우리가 혼란되거나 증상이 없게 되는 것은 우리의 성격
이 이 억압된 소망을 얼마만큼 조절하느냐에 달려 있다. 프
로이트 학파에게 그것은 초기 아동기에 우리의 가족과 함께
형성하는 결정적 경험에 달려 있다. "정신분석가는 인생에서
진정으로 중요한 순간에는 부지불식간에 과거의 노예가 된
다고 주장한다"(Adelson & Doehrman, 1980: 100).

펄스는 자유 의지와 실존적인 선택이란 개념을 대중화시켰
다. 그는 인간은 순간순간 자신이 누구이며 어떤 존재인가를
선택하고, 그럼으로써 신경증을 포함한 삶의 많은 측면에 대
해 책임이 있다고 주장한다. 그 신경증은 인간 스스로가 만

들어 내거나, 참아 낸 경험과 관습 때문에 생긴다. 오늘날에도 펄스의 이러한 생각은 근본적으로 도전적인 생각으로 남아 있다. 펄스가 처음 글을 쓴 그 시기에는 매우 급진적인 것이었다.

얄롬(1980)은 펄스가 때때로 과도하게 책임감을 고집한 것에 비판적이긴 했지만, 펄스가 치료적인 주요 주제로 책임감이란 개념에 공헌한 정도와 질을 온전하게 인정했다. '책임감에 대한 접근법에서 적극적인 치료 스타일의 지지자 중에 어느 누구도 프리츠 펄스만큼 정력적이고 창조적인 사람은 없었다.'(Yalom, 1980: 246) 얄롬은 심리치료 분야에서뿐만 아니라 대중적인 미국의 사상과 서적, 에스트(est)[13]와 같은 운동에 미친 펄스의 영향을 광범위하고도 철저하게 탐색하였다. 그는 책임감의 개념이 대중의 관심을 받고 심리치료 워크숍(그는 롤로 메이와 알버트 엘리스를 인용했다)의 주제와 촉진자들에게 영향을 주었으며 다이어(Dyer, 1978)와 와인버그(Weinberg, 1978) 같은 대중적인 심리학 책의 저자들에게도 영향을 주었다고 말한다. 얄롬은 또한 치료의 결과로서 책임감의 알아차림이 증가하는가의 여부와 책임감의 가정이 실질적으로 중요하거나 이익이 되는가와 관련해서 연구 증거

---

13) 역주: 심신 통일 훈련을 하는 에어하르트(Erhard)식 세미나. 자기실현과 자기발견을 하는 체계적인 방법.

들을 검토하였다. 그는 다음과 같이 결론짓는다. "이 자료는 모두 성공적인 심리치료 환자가 삶에 대한 개인적 책임감을 더 알아차리게 된다는 점을 시사한다"(Yalom, 1980: 266). 그리고 이 결론은 펄스가 개인적 책임감 개념을 대중화함으로써 전체 심리치료 분야에 중요한 영향을 미쳤다는 것을 가리킨다.

조사와 같은 현상학적 방법을 펄스가 대중화시킴

펄스(1947/1969a)는 '사물 그 자체'의 진정한 감각을 얻기 위해 심리치료와 상담 분야에서 현상학적인 조사란 개념을 통합시켰다. 그는 치료자가 자신의 모든 기존 가정을 제쳐두고 경험의 본질에 다다르는 방법으로, 설명이나 해석 없이 파악하는 것을 기술하라고 하였다.

이것은 자유연상이나 해석과 같이 잘 확립된 정신분석적인 방법과는 정반대였다. 대부분의 분석가는 펄스가 비판했던 바와 같이, 내담자의 반응을 진단하고 분석하느라 시간을 보낸다. 이전의 편견 없이 내담자와 만나는 것과는 달리, 그들은 프로이트의 복잡한 아동 발달을 철저하게 안 다음 내담자에게 이것을 적용하여 과거를 기준으로 내담자의 현재 행동을 설명하는 것이 그들의 고유한 일이라고 믿었다.

그러므로 펄스가 "기술하는 기법을 적용하는 것은 정신분석을 의미하는 것이 아니다."(1947/1969a)라고 말했을 때 그는 그의 전문 영역에서 가장 가치있게 여겨지는 방법에 도전하는 셈이었다. 펄스(1947/1969a)와 펄스, 헤퍼라인 그리고 굿맨(1951/1973)은 이전에는 견고했던 것처럼 보였던 기법에 여러 의문과 토론거리를 제공했다. 그럼으로써 1950년대와 1960년대에 발달했던 많은 다른 이론적 접근들을 위해 길을 터놓았다. 욘테프(1991)는 정신분석 중 어떤 분파는 이제 내담자와 치료자의 현재 경험에 많이 가까워졌고, 그렇게 함으로써 현상학적 접근에 더욱 가까워졌다고 지적했다. 그러나 그는 현상학에 대한 최고의 정신분석적 이해조차도 한계가 있다고 생각한다.

그러나 심지어 가장 현대적인 정신분석 치료자들조차도 현상학에 초점을 두는 것에 제한점이 있다. 그들은 여전히 자유연상과 해석의 유산에서 출발했고 현상학적 초점화 훈련이나 실험을 포함하는 현상학 중심의 치료로 확장되지는 않는다. 실험적 현상학은 아직도 확장된 정신분석 치료 안에는 포함되지 않는다(p. 18).

심리치료에 있어 전체론과 장이론의 영향

스무츠(1987)와 레빈(1935)에 영감을 받아, 펄스(1947/1969a)

는 심리치료 전체 영역에 장이론적 조망을 적용하였고 레빈보다도 더 많은 청중들에게 이 이론을 알렸다. 그 시대의 정신분석은 개인의 현재 사회적 영역을 때로는 무시하면서, 개인의 성격구조와 꿈, 어린 시절의 기억 등에 깊게 매몰된 것으로 보인다. 정신분석은 증상을 조사하고 개인 내에서 원인과 해결책을 찾으며, 내담자에게 그들의 무의식적 감정이 현재의 지각을 얼마나 왜곡시키는지 보도록 하기 위해 현재의 삶을 재탐색하도록 한다. 실제로 보하르트와 토드(Bohart & Todd, 1988)는 20세기 전반부에 심리학과 정신분석이 인기를 끈 이유가 이것들이 본질적으로는 보수적이라는 사실을 들었다. 문제들은 개인 안에 있다. 그러므로 해결책은 다른 누구—넓은 의미의 공동체, 사회, 정치 또는 교육 시스템—의 변화를 요구하지 않는다.

펄스는 전체성 그리고 개인과 환경의 상호 의존성을 강조하기 때문에 정치적 현 상태에 도전한다. 그와 굿맨은 사회적 관습과 당시의 제도와 교육 방법이 현대인을 해리되게 만든다고 믿으며 맹렬하게 비판했다. 제도가 현대인을 불안하게 만든다면 그 제도는 바뀌어야 한다. "그리고 불행하게도, 진정한 환경 변화가 새로운 가능성을 열어 주지 않는다면 어떠한 긴장과 장애물도 없어지지 않을 것이라는 사실은 명명백백하다. 만약 제도와 관습이 바뀐다면 많은 까다로운 증상들이 한순간에 없어질 수 있다"(Perls, Hefferline, & Goodman,

1951/1973: 281).

많은 심리치료 접근들이 이제는 당연하게 배경 속에서 개인을 생각하게 되고, 일부 가족 치료자들은 전체 가족 체계와 작업하기를 선호한다. 그러나 펄스가『자아, 허기 그리고 공격성』를 쓴 1940년대 초 당시에는 더 넓은 장을 고려하는 것은 급진적인 혁신이었다. 전체론과 같은 개념은 이제 카오스 이론을 점차 이해하면서 유용한 것이 되고 있다(Clarkson, 1992b).

펄스가 건강과 자기실현을 강조함으로써 미친 영향

펄스와 그의 동료들은 인간 존재가 건강하고 창조적으로 진화할 수 있는 자연적인 능력을 가졌다고 믿었다. 왜 이것이 그렇게 중요한 혁신인가? 1930년대 후반까지의 정신분석은 인간 추동이 반사회적이고 어두우며, 비인간적인 힘이라는 것을 강조하면서, 대체로 회의론적이었다. 사회 속으로 통합되기 위해서는 이들 추동의 통제나 억압이 필요하며, 인간 존재는 서로 경쟁적인 에너지들로 구성되어 있다고 간주되었다. 그 에너지들은 인간 내에서 항상 갈등 관계에 있다. 그러므로 인간의 건강은 가장 사회화될 만한 가치가 있는 부분에 의해 자기를 통제하는 것이라고 여겨졌다. 따라서 펄스

(1947/1969)가 인간 존재는 자신을 조절하고 실현할 수 있는 본연의 능력을 갖고 있다고 말했을 때, 그는 그 당시 심리학적 믿음을 파괴하는 급진적이고 극적인 주장을 하는 셈이었다. 펄스, 헤퍼라인 그리고 굿맨(1951/1973)은 인간의 자기조절 욕구와 자기실현 욕구의 구조와 역동에 대해 연구하고 기술했다. 일단 이 복잡한 이론은 1950년대와 1960년대에 발전한 인간 잠재력 운동과 인본주의적 심리치료에 지대한 영향을 미쳤다.

펄스와 그의 동료들은 인간 발달에 대한 그들의 원리들을 일반 사람들에게 적용시키는 데에도 혁신적이었고 영향력이 있었다. 그들은 일반 사람들의 통상적인 건강 과정을 상세하게 논의하였고, 그들의 저서에는 일반적인 환경에서 건강한 사람들의 예가 많다. 그때까지의 심리학과 정신의학은 대체로 심각하게 혼란된 사람들을 받아들이고 설명하거나, 전쟁과 외상을 겪은 군인과 희생자들을 지지하는 데에 몰두했다. 정신분석적 저술들은 일반적으로 병리적 과정의 연구와 기술을 강조했다. 정신분석을 실제 경험하려면 돈과 시간이 많이 들고 지적인 수준이 있어야 했다. 그래서 대부분의 경우에 그것은 지적이고 부자인 소수에게만 이용 가능한 것이었다.

이 맥락에서 『게슈탈트 치료』(Perls, Hefferline, & Goodman, 1951/1973)뿐만 아니라 『자아, 허기 그리고 공격성』(Perls, 1947/1969a)의 많은 부분이 일반인들의 자조 메뉴얼로 할당

된 것은 혁명적인 것이었다. 그 '매뉴얼'은 일반인들이 자신의 현재 기능을 연구하고 그 자신의 심리에 대해서 전문가가 될 수 있도록 하는 연습 방법을 제공한다. 어떤 것을 직접 하는 안내서를 쉽게 구할 수 있는 현대의 독자들에게는 이 단계를 가능하게 하는 것이 얼마나 어려웠는지를 상상하기 힘들 것이다. 두 책의 이론적 부분은 어려웠지만, 자조 부분은 비교적 '사용자 친화적'이었다.

펄스의 첫 번째 책은 심리치료 부분에서 역사적인 전환점을 기록하였다. 동시에 그것은 부분적으로 정신의학 전문가의 족쇄에 도전하는 전반적인 운동에 공헌하였고 자기 스스로 돕고 자기실현을 하는 개인의 역량을 증진시키는 데에 기여하였다. 예를 들어, 1942년 남아프리카에서 『자아, 허기, 그리고 공격성』의 출판 시기는 로저스의 첫 번째 책의 출판과 우연히 일치한다. 한편, 그 책이 1947년에 영국에서 출판되었을 때는 미국의 메인 주 베텔에서 열린 전국 수련 연구회(National Training Laboratory) 주최의 첫 번째 'T-그룹', 즉 민감성 훈련 집단의 시기와 일치한다. 이곳에서 여름 워크숍 치료와 같은 서비스가 처음으로 심리적 장애가 없는 사람들에게 문호가 열렸다.

그 이후 펄스가 걸은 길은 지속적으로 인간 발달의 심리학적 원리를 일반인에게 적용시키는 대중적인 운동의 씨앗이 되었다. 『게슈탈트 치료』 이후에 출판된 저서는 점점 더 인기

가 높아졌다. 비록 이 시기의 펄스주의 게슈탈트 치료의 반
지성적인 성질 때문에 게슈탈트의 즉각적인 이론 발전(4장 더
블린과 게슈탈트 치료와 '펄스-이즘'의 잘못된 동일시와 5장 펄스
가 게슈탈트 이론에 미친 영향 참조)에는 해악을 끼쳤지만, 펄스
는 개인적 발달과 심리적 성장 개념을 미국의 전문가뿐만 아
니라 일반인들에게 다가갈 수 있도록 만들었다. 그는 자리를
꽉 채운 수많은 청중들에게 그의 기법을 보여주면서 미국 전
역을 여행했다. 한편, 에살렌에서는 휴가를 개인적 탐색으로
보내기로 마음먹은 명석하고 훌륭한 미국인에게 심리적 탐
험을 할 기회를 제공하였다. 1947년과 1970년 사이에는 서방
세계에서 심리학의 인상이 모두의 상상을 넘어 확장되고 변
화되었는데, 펄스는—다른 사람들과 함께—이러한 확장에
중요한 역할을 하였다.

일반적인 심리치료 이론에 펄스의 생각이 동화된 것과 관
련한 이 절을 요약하자면, 우리는 펄스와 그의 동료들이 매우
혁신적이었고 전반적인 심리치료 분야에 동화된 수많은 심
리치료적 원칙과 실제를 기술했다고 말할 수 있다. 모든 학
파의 다른 치료자들이 이제는 다른 펄스 이외의 이론가들을
재발견하고 있다. 밀러(Miller, 1989)는 이 과정을 구체적으로
잘 보여 준다.

마이클 로빈스(Michael Robbins, 1991) 박사는 '원시적 성

격', 즉 경계선적, 자기애적, 분열성 성격 유형의 치료로 유명한 분석가인데, 나는 일전에 그의 출판 전 원고를 본 적이 있다. 그 논문에서 저자는 내적 갈등과 방어기제, 즉 무의식을 밝히려는 의도를 가진 정통 정신분석적 접근이 그러한 성격 문제에는 효과적이지 못하다고 주장한다. 그는 전통적인 정신분석적 모델을 수정해서, 한 개인의 내적 세계로 그 모델을 한정시키는 대신, 자기와 다른 사람 간의 상호작용을 설명하기 바랐다. 그는 내사와 투사를 초기 아동기 성격에 남겨진 잔여물로 보기보다는 개인의 현재 관계에서 끊임없이 다시 만들어지는 정신구조로 규정했다. 자기 자신의 진실을 수용하지 않고 다른 사람의 기대를 충족시키기 위해 자신을 적극적으로 왜곡시킨다면 비진정성이 생긴다고 그가 말했을 때, 그는 실존주의자들과 마찬가지의 결론에 다다른 것이었다. 그는 증상 형성으로 잃어버린 창조성을 존중하자고 했다. 즉, 그는 고통스러운 왜곡이란 어린 시절 생존에 필요했던 매우 불행한 자신의 가족 상황에 연결되기 위한 아동의 창조성에서 나오는 것이라고 보았다. 그는 치료자의 해석보다도 환자의 경험을 우선했다. 그리고 치료자와 내담자의 관계를 단순한 전이의 예로 환원시키는 것을 거부했다. 이 논문은 사실상 정신분석적인 대상관계 이론의 언어로 40년 전에 프레드릭과 로라 펄스 그리고 폴 굿맨이 말한 게슈탈트 치료의 기본 이론을 적어 놓은 것이었다. 아마도 펄스가 자신은 단지 그 이론들을 재발견했다고 한 것은 맞는 말일 것이다. 왜냐하면 그것들은 다른 사람들에 의해 지금도 재발견되고 있기 때문이다 (p. 23).

결론: 생각은 사람보다 위대할 때가 많다

프리츠 펄스는 이 나라에서 발전한 가장 창조적인 심리치료 접근법 중의 하나를 공동으로 창조해 내고 전파시켰다. 그는 비범한 눈을 가졌으며 직관적인 교사이자 치료자였다. 그러나 이 사람의 많은 면들은 개인적인 불쾌감을 만들어 냈다. 다행스럽게도 흔히 그렇듯이, 사상은 사람보다 더 위대하다. 미학에서는 예술가의 작품이 예술가의 삶과 분리돼서 평가받을 수 있는가에 대한 논란이 일어난다(Orwell, 1980). 과학자와 일반인들은 나가사키에 대한 오펜하임의 개인적 책임감에 대해 생각해 본다. 비슷하게 우리도 각자 하나의 심리치료 체계가 그것의 창조자의 삶과 도덕에 의해 평가될 수 있는지를 생각해 보아야 한다.

프리츠 펄스는 많은 사람들에 의해 "치료의 가능성을 확장시키고"(Polster, 1992), "이론과 상담 실제, 모두에 영리했던"(Yontef, 1992a) 영감에 충만한 천재로 여겨졌다. 이러한 긍정적인 평가 때문에 그의 두드러진 성과물과 그의 실패—잘못된 이론을 발전시킨 것과 때로는 수치심을 유발하는 내담자와의 접촉 또는 집단 참여자에 대한 비윤리적인 착취—
가 극명하게 대조된다.

물론 이러한 양극적인 평가는 프리츠 펄스만 그런 것
이 아니라 많은 위대한 인물의 연구에서도 볼 수 있는 것이
다.[14] 그들의 개인적인 결함은 흔히 그들의 재능과 고통스럽
게 함께한다. 예를 들어, 프로이트가 성에 대한 이해에 기여
한 바는 반드시 수정되어야 하는데, 왜냐하면 자신이 치료했
던 여성들의 많은 수가 광범위한 아동기 성적 학대를 겪었다
는 현실을 명백하게 부정했기 때문이다(Masson, 1989: 89-
92). 번(Berne)은 교류분석의 목표를 친근감으로 보았지만,
그 자신은 결코 만족스럽고 지속적으로 사랑하는 관계를 갖
지 못했다(Jorgensen & Jorgensen, 1984: 129). 개신교의 위대
한 실존적 신학자인 틸리히(1973)는 그의 영감에 찬, 그리고
영감을 주는 설교와는 심하게 대조적으로, 그 밑에는 가학-
피학적인 성적 취향을 갖고 있었다. 융은 그의 저서에서 인

---

14) 밀러(1989: 11-12)는 프리츠 펄스의 유산을 논의하는 데에도 비슷한 질
문을 했다. "심리치료에서 프로이트 이후의 많은 유명한 임상가와 혁
신가들—몇몇 유명한 사람을 들면, 라이히, 융, 밀턴 에릭슨, 레잉(R.
D. Laing)—은 자신의 추종자들의 입지에 이중적인 그림자를 드리웠
다. 그들은 우리에게 투명하지 않은 역할을 하였다. 그들은 인간의 본
성에 대한 비밀을 꿰뚫어 본 과학자인가, 아니면 종교적 치유자인가?
최면술사인가, 속임수의 대가인가, 돌팔이인가, 오해받은 천재인가,
괴짜인가, 아니면 미친 사람인가? …… 말년의 펄스는 축복과 저주가
뒤섞인 유산을 남겼다."

종차별을 보였다.[15] 프리츠 펄스처럼 융 또한 그의 환자와 혼외 성관계를 가졌으며, 그들의 치료와 그 자신의 꿈 분석을 뒤섞어 놓았다. 유아 심리학과 심리치료의 전문가인 멜라니 클라인(Melanie Klein)은 자신의 아이들을 분석했고(오늘날 이것은 매우 비윤리적으로 취급된다), 명백하게 아이들과 끔직한 관계를 맺었다(Grosskurth, 1985). 위대한 결점 없이는 위대한 재능도 없는 것 같다. 우리는 펄스의 결점을 변명하려는 것이 아니라 그 결점들에 맥락을 부여하고, 그의 결점이야 어떠했든 심리치료 분야에 큰 공헌을 했다는 점을 말하고 싶다.

동시에 평범한 몫 이상의 성취를 한 사람들의 명예를 더럽히고, 비난하고 흠을 내려는 집단 욕구가 공통적으로 있는 것 같다. 흔히 성취가 크면 클수록, 초기의 과찬 뒤에는 더 큰 비방이 뒤따른다. 가장 훌륭하고 모범적인 심리치료자 중 하나인 로저스(1951/1959)조차 최근에는 그의 '자비심' 때문에 악의적으로 비판받았다(Masson, 1989: 243)! 성취에는 다른 사람의 시기가 피할 수 없는 대가인 것처럼 보인다(Berke, 1989).

---

15) 예를 들어, '아리안(Aryan)'의 무의식은 유대인의 그것보다 더 고차적인 잠재력을 가지고 있다. 즉, 아직 야만의 젖을 떼지 못한 젊음의 유리한 점과 불리한 점 모두를 갖고 있다(in Masson, 1989: 140-141). 그는 유대인이 추방되었을 당시의 『첸트라블랏(Zentralblatt)』(나치의 이데올로기에 동조함) 편집장을 역임했으며 그의 반유대주의 언사를 직면했음에도 편집장 자리를 유지했다. 그는 반유대주의 모임(anti-Semitic society)의 의장이 되었다.

롤로 메이가 '창조의 용기(the courage to create)'(1975)에 대해서 쓰고, 이런 제목의 책이 그의 가장 훌륭한 책이 된 것도 놀라운 일이 아니다. 프리츠 펄스는 분명히 창조적이고 두드러졌다. 그는 부러워하기보다는 부러움을 받는 것을 선택하였고, 아마도 그의 저서와 삶에서 많은 측면들이 대중에게 너무 많이 노출되었기 때문에 그가 받을 비판보다도 더 많은 비판을 받았다. 필립슨(1992)은 아이러니하게도 펄스는 그 자신의 틀 내에서 통합성을 잘 유지하고 있었는데, 예를 들면 그의 행동은 개방적이었으며, 성적인 것을 포함해서 그의 가치와 일치하였다고 말했다. 우리는 다른 가치를 가진 것이다! 오늘날 분노할 만한 것이 내일은 좋은 것일 수 있다. 그리고 오늘날 좋아보였던 것도 미래에는 제한적이고, 심지어 해로운 것일 수도 있다.[16] 한 시대에서 의심할 바 없는 진실은 역사나 과학과 예술의 발전에 비추어 보면 오류투성이일 수 있다. 프리츠 펄스의 개인과 인생 그리고 업적은 이미 그러한 부침의 주체가 되었다.

프리츠 펄스가 로라 펄스, 폴 굿맨과 함께 공동 창조해 낸 혁신적인 사상들은, 몇몇 그들의 잠재력을 알아본 사람이나,

---

16) 『영국 심리치료 저널(British Journal of Psychotherapy)』에 실린 우드맨시(Woodmansey, 1988)의 최근 논문을 보시오. 그는 내담자들이 많은 심리치료에서 신체적 접촉을 하지 않는 것에 의해 실제로 상처받지 않는다는 점을 의심한다.

굿맨의 시적이고 난해한 산문을 이해할 수 있는 사람들을 제외하고는, 그의 생애 대부분의 시간 동안에는 실질적으로 무시당했다. 펄스가 죽기 전 10년 안쪽이 돼서야 그는 국제적인 명성을 얻었다. 그는 많은 사람들에게 과찬을 받았다. 그가 죽고 나서 어떤 게슈탈트 이론가들은 그에게 진 빚을 인정하기도 했고, 반면에 많은 사람들은 안 좋은 평판을 재빨리 바로잡고자 했으며, 동시에 게슈탈트의 탄생에 있어 로라 펄스와 폴 굿맨의 역할이 실제로는 과소평가되었다고 강조하였다. 불행하게도 로라 펄스와 폴 굿맨, 그리고 다른 사람들의 가치를 높게 평가하려 하는 과정에서, 이번에는 이러한 사람들이 불필요하게 프리츠 펄스의 공헌을 과소평가했다. 아마도 이제는 다른 사람들의 이름을 더럽히지 않고 게슈탈트 치료의 설립자들 각각의 독특하고도 서로 다른 공헌을 제대로 평가하는 것이 가능할 것이다.

프리츠 펄스에 대한 하나의 요약문을 만들고, 그의 작업과 삶의 많은 역설들을 해결하고자 하는 건 우리에게도 솔깃한 일이다. 그러나 게슈탈트가 그러하듯이, 프리츠 펄스의 삶과 공헌에는 많은 다른 전체성들이 숨겨져 있고, 많은 양극성들이 공존하는 하나의 전체이다. 프리츠나 그의 작업 중 어느 일면이 전경에 떠오를 때마다 다른 측면들은 불가피하게 전체 장에서 배경이 된다. 그것이 우리가 서로 다른 시간에 서로 다른 측면들을 경험하는 전체성의 본성이다. 그러므로 어떤 한 시점의 어떤 학생에게는 서로 다른 많은 이론과 파편들을 깜짝 놀랄 정도로 통합하고 하나의 일관된 새로운 전체로 만들어 내는 펄스의 능력이 경이로운 것이 될 수 있다. 또 어떤 순간에는 그랬던 그 학생이 그의 무례함과 단정치 못한 습관에 역겨워할 수도 있다. 그리고 그는 펄스의 직면적이거나 비윤리적인 행동에 깊게 상처받을 수도 있다. 나중에 그는 그의 직관과 예리한 관찰력에 경탄할 수도 있고 갑자기 그의 부드러운 인내심에 놀랄 수도 있다. 우리는 우리에게 가장 중요한 것으로 여겨지는 펄스의 그러한 측면들과 업적을 기술하고 독자들과 함께 우리의 반응을 공유했다. 그러나 마지막으로 우리는 펄스를 전체론적으로 그리고 장이론적 조망으로 보려 한다.

펄스 그 자체를 다시 말하기 위해 그 사람의 개별적인 부분들을 세밀하게 조사한다 해도 얻는 것은 그러한 개별적인 부분들의 이해에 불과하다. 전체적인 펄스의 본질은 부분들의 분석에 의해 파악될 수 없다. 사람의 전체성이 존중되어야만 한다. 사람과 그 삶의 인생, 업적을 낱낱이 분석하려고 해 봤자, 탐구하고자 했던 전체적인 그 사람과 업적의 본질을 얻을 수 없다. 이 책은 법정과 같이 판단을 하려 한 것이 아니라, 대체로 프리츠 펄스주의의 유산을 이 시대에 이 장에 있는 저자들의 경험을 통해 현상학적인 설명을 하려고 하였다. 펄스의 말을 빌려 표현하면, 이 책은 다른 사람들의 기억과 신념, 그리고 경험, 우리의 주관적인 이해와 불가피한 단편성에 기반을 두고 있다. 이것은 최종 진술이 될 수 없다. 사람들이 다르게 생긴 것처럼 어떤 한 사람을 보는 방법도 매우 다르다. 쿠로사와(Kurosawa)가 〈라쇼몽(Rashomon)〉(1969)에서 말했듯이, 궁극적인 진리는 없다. 우리는 우리가 만들어 낸 인상으로부터, 각각의 독자가 자신의 독특한 실존적인 의미를 구축하기를 바란다.

| 참고문헌 |

Adelson, J., & Doehrman, M. J. (1980). 'The Psychodynamic Approach to Adolescence', in J. Adelson (ed.), *Handbook of Adolescent Psychology*. New York: Wiley.

Albery, N. (ed.) (1992). *The Book of Visions: An Encylopaedia of Social Innovations*. London: Virgin.

American Psychiatric Association (1987). *Diagnostic and Statistical Manual of Mental Disorder: DSM III R*. Washington: American Psychiatric Association.

Baumgardner, P., & Perls, F. S. (1975). *Legacy from Fritz*. California: Science and Behavior Books.

Beisser, A. R. (1970). 'The Paradoxical Theory of Change', in J. Fagan and I. Shepherd (eds), *Gestalt Therapy* Now. Palo Alto, CA: Science and Behavior Books.

Bergin, A. E. (1971). 'The Evaluation of Therapeutic Outcomes', pp. 217-70 in S. L. Garfield and A. E. Bergin (eds), *Handbook of Psychotherapy and Behaviour Change*. New York: Wiley.

421

Bergson, H. (1965). *Creative Evolution*. London: Macmillan.

Berke, J. H. (1989). *The Tyranny of Malice*. London: Simon and Schuster.

Berne, E. (1970). 'Book Review', *American Journal of Psychiatry*, 126(10): 163–4.

Blanck, G., & Black, R. (1974). *Ego Psychology*. New York: Columbia University Press.

Bohart, A., & Todd, J. (1988). *Foundations of Clinical and Counselling Psychology*. New York: Harper Coliins.

Breshgold, E. (1989). 'Resistance in Gestalt Therapy: An Historical/ Theoretical Perspective', *Gestalt Journal*, 12(2): 73–102.

Brown, D., & Pedder, J. (1991). *Introduction to Psychotherapy: An Outline of Psychodynamic Principles and Practice* (2nd edn). London and New York: Tavistock/Routledge.

Buber, M. (1965). *Between Man and Man* (R. Gregor Smith, trans.). New York: Macmillan.

Buber, M. (1987). *I and Thou* (R. Gregor Smith, trans.). Edinburgh: T. and T. Clark (first published 1937).

Cavaleri, P. (1992). 'Karen Horney and Frederick Perls', *Quaderni di Gestalt*, 1: 53–9.

Clark, N., & Fraser, S. T. (1987). *The Gestalt Approach* (2nd edn). Horsham: Roffey Park Management College.

Clarkson, P. (1988). 'Gestalt Therapy: An Update', *Self and Society*, 16(2): 74–9.

Clarkson, P. (1989). *Gestalt Counselling in Action* (2nd edn). London: Sage.

Clarkson, P. (1990). 'A Multiplicity of Psychotherapeutic Relationships', *British Journal of Psychotherapy*,

7(2): 148–63.

Clarkson, P. (1991a). 'Laura Perls Memorial', *British Gestlat Journal*, 1(1): 3.

Clarkson, P. (1991b). Keynote address at British Gestalt Conference, London.

Clarkson, P. (1991c). 'Individuality and Commonality in Gestalt', *British Gestalt Journal*, 1(1): 28–37.

Clarkson, P. (1992a). 'Physis in Transactional Analysis', *ITA News*, 3: 14–19. Also published 1992 in *Transactional Analysis Journal*, 22(4): 202–9.

Clarkson, P. (1992b). '2500 Years of Gestalt (from Heraclitus to the Big Bang)', *British Gestalt Journal*, 2.

Clarkson, P., & Carroll, M. (1993). 'Counselling, Psychotherapy, Psychology and Psychiatry: The Same and Different', chapter in P. Clarkson (ed.), *On Psychotherapy*. London: Sage.

Clarkson, P., & Clayton, S. (1992). *Professional Development, Personal Development and Counselling or Psychotherapy: How to Differentiate and Negotiate Boundaries in Organisational Work*. Unpublished manuscript.

Clarkson, P., Mackewn, J., & Shaw, P. (1992). *Quantum Group Process*. Training workshop at *metanoia*, London.

Clarkson, P., and Shaw, P. (1992). 'Human Relationship at Work – The Place of Counselling Skills and Counsulting Skills and Services in Organisations', *MEAD: The Journal of the Association of Management Education and Development*, 23(1): 18–29.

Corey, G. (1991). *Theory and Practice of Counselling and Psychotherapy*. Pacific

Grove, California: Brooks/ Cole.

Davidove, D. (1991). 'Loss of Ego Function, Conflict and Resistance', *Gestalt Journal*, 14(2): 27–43.

Delisle, G. (1988). *Balises II: A Gestalt Perspective of Personality Disorders*. Montreal: Le Centre d'Intervention Gestaltiste, Le Reflet.

Delisle, G. (1993). *Personality Disorders: A Gestalt Perspective*. Highland, NY: Gestalt Journal.

Dublin, J. E. (1977). 'Gestalt Therapy, Existential–Gestalt Therapy and/versus "Perls-ism"', pp. 124–50 in E. W. L. Smith (ed.), *The Growing Edge of Gestalt Therapy*. Secaucus, NJ: Citadel Press.

Dyer, W. (1978). *Pulling Your Own Strings*. New York: Funk and Wagnalls.

Fagan, J., & Shepherd, I. L. (eds) (1970). *Gestalt Therapy Now: Theory, Techniques, Applications*. New York: Harper Colophon.

Feder, B., & Ronall, R. (eds) (1980). *Beyond the Hot Seat: Gestalt Approaches to Group*. New York: Brunner/ Mazel.

Fiedler, F. E. (1950). 'A Comparison of Therapeutic Relationships in Psychoanalytic, Nondirective and Adlerian Therapy', *Journal of Consulting Psychology*, 14: 436–45.

Frank, J. D. (1979). 'The Present Status of Outcome Studies', *Journal of Consulting and Clinical Psychology*, 47: 310–16.

Frankl, V. E. (1973). *Man's Search For Meaning*. London: Hodder and Stoughton.

Frew, J. E. (1983). 'Encouraging What is Not Figural in the Gestalt Group', *Journal for Specialists in Group Work*, 8(4): 175–81.

Friedländer, S. (1918). *Schöpferische Indifferenz*. Munich: Georg Muller.

From, I. (1981). Personal communication.

From, I. (1984). 'Reflections on Gestalt Therapy after Thirty-Two Years of Practice: A Requiem for Gestalt', *Gestalt Journal*, 7(1): 4-12.

From, I. (1991). Personal communication.

Gaines, J. (1979). *Fritz Perls Here and Now*. California: Celestrial Arts.

Goldstein, K. (1939). *The Organism*. New York: American Book Company.

Goodman, P. (1947). *Communitas*. New York: Random House.

Goodman, P. (1960). *Growing Up Absurd*. New York: Random House.

Goodman, P. (1962). *Utopian Essays and Practical Proposals*. New York: Random House.

Goodman, P. (1990). 'The Drama of Awareness'. in programme notes for *Stop-Light: Five Noh Plays*, performed at CHARAS Theater, New York, on 16 December 1990.

Goodman, P. (1991). *Nature Heals: Psychological Essays*. New York: Gestalt Journal (first published 1977).

Greenberg, E. (1989). 'Healing the Borderline', *Gestalt Journal*, 12(2): 11-55.

Greenberg, J. R., & Mitchell, S. A. (1983). *Object Relations in Psychoanalytic Theory*. Cambridge, MA and London: Harvard University Press.

Greenberg, L. S. (1975). 'A Task Analytic Approach to the Study of Psychotherapeutic Events', *Dissertation Abstracts International*, 37: 4647B.

Greenberg, L. S. (1979). 'Resolving Splits: The Two-Chair Technique', *Psychotherapy: Theory, Research and Practice*, 16:

310–18.

Greenberg, L. S., & Clarke, K. M. (1986). 'Differential Effects of the Gestalt Two-Chair Intervention and Problem Solving in Resolving Decisional Conflict', *Journal of Counselling Psychology*, 33(1): 11–15.

Greenberg, L. S., & Rice, L. N. (1984). *Patterns of Change: Intensive Analysis of Psychotherapy Process*. New York: Guilford Press.

Greenson, R. R. (1967). *The Technique and Practice of Psychoanalysis*, Vol. 1. New York: International Universities Press.

Greenson, R. R. (1971). 'The "Real" Relationship between the Patient and the Psychoanalyst', pp. 425–40 in R. R. Greenson (ed.), *Explorations in Psychoanalysis* (1978). New York: International Universities Press.

Greenson, R. R., & Wexler, M. (1969). 'The Nontransference Relationship in the Psychoanalytic Situation', pp. 359–86 in R. R. Greenson (ed.), *Explorations in Psychoanalysis* (1978). New York: International Universities Press.

Grosskurth, P. (1985). *Melanie Klein: Her World and Her Work*. London: Maresfield Library.

Guerriere, D. (1980). 'Physis, Sophia, Psyche', pp. 86–134 in J. Sallis and K. Maly (eds), *Heraclitean Fragments: A companion Volume to the Heidegger/Fink Seminar on Heraclitus*. Alabama: University of Alabama Press.

Guntrip, H. (1973). *Psychoanalytic Theory, Therapy and the Self*. New York: Basic Books.

Hall, R. (1977). 'A Schema of the Gestalt Concept of the

Organismic Flow and its Disturbance', pp. 53-7 in E. W. L. Smith (ed.), *The Growing Edge of Gestalt Therapy*. Secaucus, NJ: Citadel Press.

Harman, R. (1984). 'Recent Developments in Gestalt Group Therapy', *International Journal of Group Psychotherapy*, 34(3): 473-83.

Heidegger, M. (1962). *Being and Time* (J. Macquarrie and E. Robinson, trans.). New York: Harper and Row.

Henle, M. (1978). 'Gestalt Psychology and Gestalt Therapy', *Journal of History of the Behavioral Sciences*, 14: 23-32.

Hill, C. E., Carter, J. A., & O'Farrell, M. K. (1983). 'A Case Study of the Process and Outcome of Time-Limited Counselling', *Journal of Counselling Psychology*, 30(1): 3-18.

Horney, K. (1937). *The Neurotic Personality of Our Times*. New York: Norton.

Horney, K. (1939). *New Ways in Psychoanalysis*. New York: Norton.

Humphrey, K. (1986). 'Laura Perls: A Biographical Sketch', *Gestalt Journal*, 9(1): 5-11.

Husserl, E. (1931). *Idas: General Introduction to Pure Phenomenology*, vol. 1. New York: Macmillan.

Husserl, E. (1968). *The Idea of Phenomenology*. The Hague: Nijhoff.

Hycner, R. H. (1985). 'Dialogical Gestalt Therapy: An Initial Proposal', *Gestalt Journal*, 8(1): 23-49.

Hycner, R. H. (1991). 'The I-Thou Relationship and Gestalt Therapy', *Gestalt Journal*, 13(1): 42-54.

Jacobs, L. (1978). *I-Thou Relation in Gestalt Therapy*. Doctoral dissertation, California School of Professional Psychology,

Los Angeles.

Jacobs, L. (1989). 'Dialogue in Gestalt Theory and Therapy', *Gestalt Journal*, 12(1): 25–68.

Jacobs, M. (1988). *Psychodynamic Counselling in Action*. London: Sage Publications.

Jorgensen, E. W., & Jorgensen, H. I. (1984). *Eric Berne, Master Gamesman: A Transactional Biography*. New York: Grove Press.

Jung, C. G. (1968). 'Archetypes of the Collective Unconscious', pp. 3–41 in Sir H. Read, M. Fordham, G. Alder and W. Mcguire (eds), *The Collected Works of C. G. Jung*, vol. 9, part I (2nd edn) (R.F.C. Hull, trans.). London: Routledge and Kegan Paul (first published 1954).

Kahn, M. (1991). *Between Therapist and Client: The New Relationship*. New York: W. H. Freeman.

Kempler, W. (1973). *Principles of Gestalt Family Therapy: A Gestalt Experiential Book*. Norway: Nordahls.

Kepner, E. (1980). 'Gestalt Group Process', pp. 5–24 in B. Feder and R. Ronall (eds), *Beyond the Hot Seat*. New York: Brunner/Mazel.

Kepner, J. I. (1987). *Body Process: A gestalt Approach to Working with the Body in Psychotherapy*. New York: Gardner.

Kernberg, O. (1976). *Object Relations Theory and Clinical Psychoanalysis*. New York: Jason Aronson.

Kierkegaard, S. (1939). *The Point of View for My Work as An Author* (W. Lowrie, trans.). New York: Oxford University Press (first published 1845).

Kierkeggard, S. (1941). *Concluding Scientific Postscript* (W. Lowrie and D. F. Swenson, trans.). Princeton, NJ: Princeton

University Press (first published 1846).

Kierkeggard, S. (1944). *The Concept of Dread* (W. Lowrie, trans.). Princeton, NJ: Princeton University Press (first published 1844).

Klein, M. (1964). *Contributions to Psychoanalysis, 1921–1945*. New York: McGraw-Hill.

Klein, M. (1975). *Envy and Gratitude and other works, 1946-1963*. New York: Delaccotte Press.

Koffka, K. (1935). *Principles of Gestalt Psychology*. New York: Harcourt, Brace and World.

Köhler, W. (1969). *The Task of Gestalt Psychology*. Princeton, NJ: Prinseton University Press.

Köhler, W. (1970). *Gestalt Psychology: An Introduction to New Concepts in Modern Psychology*. New York: Liveright (first published 1947).

Kohut, H. (1971). *The Analysis of the Self*. New Work: International Universities Press.

Kohut, H. (1977). *The Restoration of the Self*. New Work: International Universities Press.

Kohut, H. (1984). *How Does Psychoanalysis Cure?* Chicago: University of Chicago Press.

Kohut, H., & Wolf, S. (1978). 'The Disorders of the Self and Thier Treatment: An Outline', *International Journal of Psycho-Analysis*, 59: 413-24.

Korb, M. P., Gorrell, J., & Van der Riet, V. (1989). *Gestalt Therapy: Practice and Theory* (2nd edn). New York: Pergamon Press.

Kovel, J. (1976). *A Complete Guide to Therapy*. London: Penguin (reprinted 1991).

Kurosawa, A. (1969). *Rashomon: A Film by Arika Kurosawa from the Film*

Script by Akiro Kurosawa
and Shinobu Hashimoto.
New York: Grove Press.

Landman, J. T., & Dawes, R.
M. (1982). 'Smith and Glass'
Conclusions Stand Up Under
Scrutiny', *The American
Psychologist*, 37: 504–16.

Latner, J. (1974). *The Gestalt
Therapy Book*. New York:
Bantam Books.

Lewin, K. (1926). 'Vorsatz,
Wille and Bedürfnis
(Intention, Will and Need)',
Psychologische Forchung, 7:
440–7.

Lewin, K. (1935). *A Dynamic
Theory of Personality*. New
York: McGraw–Hill.

Lewin, K. (1952). *Field Theory
in Social Science: Selected
Theoretical Papers*. London:
Tavistock (first published
1951).

Lieberman, M. A., Yalom, I.
D., & Miles, M. B. (1973).
*Encounter Groups: First
Facts*. New York: Basic
Books.

Lowen, A. (1975).
Bioenergetics. New York:
Coward, McCann and
Geoghegan.

Luborsky, L., Singer, B.,
& Luborsky, L. (1975).
'Comparative Studies of
Psychotherapies: Is It
True that "Everybody has
Won and All Must Have
Prize"?', *Archives of General
Psychiatry*, 32: 995–1008/

Mackewn, J. (1991).
'Transference and
Countertransference:
A Gestalt Perspective'.
Unpublished paper
delivered at *metanoia*, 1991.

McLeod, L. T. (1991). *The Self
in Gestalt Therapy Theory*.
Unpublished master's thesis,
Antioch University, London.

Mahler, J. S., Pine, F., &
Bergman, A. (1975). *The
Psychological Birth of the
Human Infant*. New York:
Basic Books.

Marcel, G. (1952). *The
Metaphysical Journal* (B.

Wall, trans.). London: Rockliff Publishing Corporation (first published 1927).

Maslow, A. (1954). *Maturation and Personality*. New York: Harper and Row.

Maslow, A. (1968). *Toward a Psychology of Being*. New York: Van Nostrand.

Masson, J. (1989). *Against Therapy*. London: Collins.

Masterson, J. F. (1976). *Psychotherapy of the Borderline Adult: A Developmental Apporoach*. New York: Brunner/Mazel.

Masterson, J. F. (1981). *The Narcissistic and Borderline Disorders: An Intergrated Developmental Approach*. New York: Brunner/Mazel.

Masterson, J. F. (1983). *Countertransterence and Psychotherapeutic Technique*. New York: Brunner/Mazel.

May, R. (1950). *The Meaning of Anxiety*. New York: Norton.

May, R. (1975). *The Courage to Create*. New York: Bantam Books.

Merleau-Ponty, M. (1962). *Phonomenology of Perception* (C, Smith, trans.). London: Routledge and Kegan Paul.

Miller, M. V. (1989). 'Introduction to *Gestalt Therapy Verbatim*', *Gestalt Journal*, 12(1): 5-24.

Moreno, J. L. (1934). *Who Shall Survive?* New York: Nervous and Mental Disease Publishing.

Moreno, J. L. (1964). *Psychodrama*, vol. 1 (rev. edn). New York: Beacon House (first published 1946).

Naranjo, C. (1982). 'Gestalt Conference Talk 1981', *Gestalt Journal*, 5(1): 3-19.

Nelson-Jones, R. (1982). *The Theory and Practice of Counselling*. London: Holt, Rinehart and Winston.

Nevis, E. (1987). *Organizational Consulting: A Gestalt Approach*. New York: Gardner Press.

Nevis, E. (1992). Personal communication.

Nicholson, R. A., & Berman, J. S. (1983). 'Is Follow-Up Necessary in Evaluating Psychotherapy?', *Psychological Bulletin*, 93: 261-78.

Ornstein, R. E. (1972). *The Psychology of Consciousness*. San Francisco: W.H. Freeman.

Orwell, G. (1980). 'Benefit of Clergy: Some Notes on Salvador Dali', pp. 640-6 in Collected Essays, *Journalism and Letters of George Orwell 1944-1945*. London: Secker and Warburg.

Ovsiankina, M. (1928). 'Die Wiederaufnahme von Interbrochenen Handlungen', *Psychologische Forchung*, 2: 302-89.

Parlett, M. (1992). 'Field Theory', Plenary lecture at European Gestalt Conference, Paris.

Parlett, M., & Page, F. (1990). 'Gestalt Therapy', pp. 175-98 in W. Dryden (ed.), *Individual Therapy in Britain*. Milton Keynes: Open University Press.

Perls, F. S. (1947/1969a). *Ego, Hunger and Aggression*. New York: Vintage Books (first published in South Africa in 1942).

Perls, F. S. (1948). 'Theory and Technique of Personality Integration', *American Journal of Psychotherapy*, 2: 565-86.

Perls, F.S. (1969b). *Gestalt Therapy Verbatim*. Moab, UT: Real People Press.

Perls, F. S. (1969c). *In and Out the Garbage Pail*. New York: Bantam Books.

Perls, F. S. (1970). 'Four Lectures', pp. 14-38 in J. Fagan and I. L. Shepherd (eds), *Gestalt Therapy Now: Theory, Techniques, Applications*. New York: Harper Colophon.

Perls, F. S. (1976). *The Gestalt Approach, and Eye Witness to Therapy*. New York: Bantam (first published 1973).

Perls, F. S. (1978a). 'Psychiatry in a New Key', *Gestalt Journal*, 1(1): 32–53.

Perls, F. S. (1978b). 'Finding Self through Gestalt Therapy', *Gestalt Journal*, 1(1): 54–73.

Perls, F. S. (1979). 'Planned Psychotherapy', *Gestalt Journal*, 2(2): 5–23 (originally delivered at the William Alanson White Institute, New York, 1946–7).

Perls, F. S., Hefferline, R. F., & Goodman, P. (1973). *Gestalt Therapy: Excitement and Growth in the Human Personality*. London: Penguin Books. (Originally published in New York by Julian Press in 1951; reprinted by them with new Authors' Note 1969).

Perls, F. S., Hefferline, R.F., & Goodman, P. (1993). *Gestalt Therapy: Excitement and Growth in the Human Personality*. Highland, NY: Gestalt Journal (first published 1951).

Perls, L. (1991). *Living at the Boundary*. Highland, NY: Gestalt Journal Publications.

Perls, L. (1992). 'Concepts and Misconceptions of Gestalt Therapy', *Journal of Humanistic Psychology*, 32(3): 50–6 (first published 1978).

Perls, R. (1992). Personal communication.

Philippson, P. (1991). 'Book Review: *Gestalt Reconsidered* by Gordon Wheeler', *British Gestalt Journal*, 1(2): 103–6.

Philippson, P. (1992). Personal communication in response

to authors' questionnaire.

Polster, E. (1985). 'Imprisoned in the Present', *Gestalt Journal*, 8(1): 5–22.

Polster, E. (1987). *Every Person's Life if Worth a Novel*. New York: W.W. Norton.

Polster, E. (1989). Personal communication.

Polster, E. (1991). 'Response to "Loss of Ego Functions, Conflict and Resistance"', *Gestalt Journal*, 14(2): 45–65.

Polster, E. (1992). Personal communication.

Polster, E., & Polster, M. (1974). *Gestalt Therapy Integrated: Contours of Theory and Practice*. New York: Vintage Books.

Posner, R. (1991). Personal communication in response to authors' questionnaire.

Reich, W. (1945). *Character Analysis*. New York: Orgone Institute Press (first published 1933).

Reich, W. (1952). *The Sexual Revolution*. London: Vision Press (first published 1936).

Reich, W. (1968). *The Function of the Orgasm*. London: Panther Books (first published 1942).

Resnick, R. W. (1984). 'Gestalt Therapy East and West: Bi-Coastal Dialogue, Debate or Debacle?', *Gestalt Journal*, 7(1): 13–32.

Ribiero, J. P. (1985). *Gestalt-Terapie: Refazendo Um Caminho*. Sao Paulo: Summus.

Robbins, M. (1991). 'The Therapy of Primitive Personalities'. Unpublished manuscript.

Rogers, C. R. (1951). *Client-Centred Theapy: Its Current Practice, Implications and Theory*. Boston: Houghton Mifflin.

Rogers, C. R. (1959). 'A Theory of Therapy, Personality and Interpersonal Relationship, as Developed in the Client-

Centered Framework', pp. 184–256 in S. Koch (ed.), *Psychology: A Study of a Science*, vol. 3. New York: McGraw–Hill.

Rolf, I. (1977). *Structrural Integration: The Re-Creation of the Balanced Human Body*. New York: Viking Press.

Rooth, G. (1987). 'Gestalt Therapy', pp. 291–3 in R. Gregory (ed.), *The Oxford Companion to the Mind*. Oxford: Oxford University Press.

Rosenblatt, D. (1991). 'An Intervie with Laura Perls', *Gestalt Journal*, 14(1): 7–26 (interview 1982).

Rowan, J. (1988). *Ordinary Ecstasy*. London: Routledge (first published 1976).

Rowan, J. (1992). *Breakthoughs and Integration in Psychotherapy*. London: Whurr.

Rutter, P. (1990). *Sex in the Forbidden Zone: When Men in Power—Therapists, Doctors, Clergy, Teachers and Others—Betray Women's Trust*. London: Unwin (first published 1989).

Saner, R. (1989). 'Culture Bias of Gestalt Therapy: Made in the USA', *Gestalt Journal*, 12(2): 57–73.

Sartre, J. P. (1938). *Nausea*. Harmondsworth, Middlesex: Penguin.

Sartre, J. P. (1958). *Being and Northingness* (H.E. BArnes, trans.). London: Methuen (first published 1943).

Schoen, S. (1993). *Presence of Mind: Literary and Philosophical Roots of a Wise Psychotherapy*. Highland, NY: Gestalt Journal.

Schutz, W. (1967). *Joy: Expanding Human Awareness*. London: Souvenir Press.

Schutz, W. (1973). *Elements*

Baltimore, MD: Jones Hopkins University Press.

Smuts, J. C. (1987). *Holism and Evolution*. Cape Town, SA: N & S Press (first published 1926).

Spence, D. P. (1982). *Narrative Truth and Historichal Truth: Meaning and Interpretation in Psychoanalysis*. New York: Norton.

Spinelli, E. (1989). *The Interpersonal World: An Introduction to Phenomenological Psychology*. London: Sage.

Stevens, B. (1970). *Don't Push the River (It Flows by Itself)*. LAfayette, CA: Real People Press.

Stevens, J. O. (ed.) (1975). *Gestalt Is*. Moab, UT: Real People Press.

Stevens, J. O. (1989). *Awarenesss*. London: Eden Grove (first published 1971).

Stoehr, T. (in press) *Paul Goodman's Contribution to*

of Encounter. Big Sur: Joy Press.

Serlin, I. A. (1992). 'Tribute to Laura Perls', *Journal of Humanistic Psychology*, 32(3): 57–66.

Shearman, C. (1993). 'An Integrative Approach to Working with Harmful Behaviours'. Unpublished manuscript.

Shepard, M. (1975). *Fritz*. New York: Bantam.

Sherrill, R. Jr (1974). *Figure/Ground: Gestalt Therapy/Gestalt Psychology Relationship*. Unpublished doctoral thesis, the Union Graduate School.

Simkin, J. (1974). *Gestalt Therapy Mini-Lectures*. Milbrae, CA: Celestial Arts.

Smith, E. W. L. (ed.) (1977). *The Growing Edge of Gestalt Therapy*. Secaucus, NJ: Citadel Press.

Smith, M. L., Glass, G.V., & Miller, T.I. (1980). *The Benefits of Psychotherapy*.

436 | FRITZ PERLS

Gestalt Therapy. Cleveland, OH: Institute of Cleveland Press.

Sullivan, H. S. (1953). *The Interpersonal Theory of Psychiatry*. New York: Norton.

Sullivan, H. S. (1962). *Schizophrenia as a Human Process*. New York: Norton.

Sullivan, H. S. (1964). *The Fusion of Psychiatry and Social Science*. New York: Norton.

Tillich, H. (1973). *From Time to Time*. New York: Stein and Day.

Tobin, S. A. (1982). 'Self Disorders, Gestalt Therapy and Self Psychology', *Gestalt Journal*, 5(2): 3–44.

Truax, C. R., & Carkhuff, R. R. (1967). *Toward Effective Counseling and Psychotherapy*. Chicago: Aldine.

Tubbs, W. (1972). 'Beyond Perls.' *Journal of Humanistic Psychology*, 12: 5.

van Deurzen–Smith, E. (1988). *Existential Counselling in Practice*. London: Sage.

Watts, A. W. (1951). *Psychotherapy East and West*. New York: Pantheon.

Watts, A. W. (1957). *The Way of Zen*. London: Thames and Hudson.

Weinberg, G. (1978). *Self-Creation*. New York: Avon.

Wertheimer, M. (1925). 'Gestalt Theory', pp. 1–11 in W. D. Ellis (ed.), *A Sourcebook of Gestalt Psychology* (1938). London: Routledge and Kegan Paul.

Wertheimer, M. (1938). 'The General Theoretical Situation', pp. 12–16 in W. D. Ellis (ed.), *A Sourcebook of Gestalt Psychology* (1938). London: Routledge and Kegan Paul.

Wertheimer, M. (1944). 'Gestalt Theory', *Social Research*, 11(1): 78–99.

Wertheimer, M. (1959). *Productive Thinking* (2nd

edn). New York: Harper
and Row (first published
1945).

Wheeler, G. (1991). *Gestalt
Reconsidered: A New
Approach to Contact and
Resistance*. New York:
Gardner.

Winnicott, D. W. (1958).
*Through Paediatrics to
Psycho-analysis*. London:
Hogarth Press.

Winnicott, D. W. (1965). *The
Maturational Process and the
Facilitating Environment*.
New York: International
Universities Press.

Winnicott, D. W. (1986).
Home is Where We Start
From. London: Penguin
Books.

Woodmansey, A. C. (1988).
'Are Psychotherapists Out of
Touch?', *British Journal of
Psychotherapy*, (5)1: 57–65.

Wysong, J. (1992). Personal
communication.

Wysong, J., & Rosenfeld, E.
(1982). *An Oral History of
Gestalt Therapy: Interviews
with Laura Perls, Isadore
From, Erving Polster, Miriam
Polster*. Highland, NY:
Gestalt Journal.

Yalom, I. (1980). *Existential
Psychotherapy*. New York:
Basic Books.

Yalom, I. (1985). *The Theory
and Practice of Group
Psychotherapy* (3rd edn).
New York: Basic Books (first
published 1970).

Yalom, I. (1989). *Love's
Executioner and Other Tales
of Psychotherapy*. London:
Penguin.

Yontef, G. M. (1980). 'Gestalt
Therapy: A Dialogic
Method'. Unpublished
manuscript.

Yontef, G. M (1982). 'Gestalt
Therapy: Its Inheritance
from Gestalt Psychology',
Gestalt Therapy, 4(1/2): 23–
39.

Yontef, G. M. (1987). 'Gestalt
Therapy 1986: A Polemic',
Gestalt Journal, 10(1): 41–

68.

Yountef, G. M. (1988). 'Assimilating Diagnostic and Psychoanalaytic Perspectives into Geatalt Therapy', *Gestalt Journal*, 11(1): 5-32.

Yontef, G. M. (1991). 'Recent Trends in Gestalt Therapy in the United States and What We need to Learn from Them', *British Gestalt Journal*, 1(1): 5-20.

Yontef, G. M. (1992a). Personal communication in response to author's questionnaire.

Yontef, G. M. (1992b). 'Considering *Gestalt Reconsidered*: A Review in Depth', *Gestalt Journal*, 15(1): 95-118.

Yontef, G. M. (1992c). *Awareness, Process and Dialigue: Essays on Gestalt Therapy*. Highland, NY: Gestalt Journal.

Zeigarnik, B. (1927). 'Uber das Behalten von Erledigten und Unerledigten Handlungen', *Psychologische Forschung*, 9: 1-85.

Zinker, J. (1978). *Creative Process in Gestalt Therapy*. New York: Vintage Books (first published 1997).

Zinker, J. (1980). 'The Development Process of a Gestalt Therapy Group', pp. 55-77 in B. Feder and R. Ronall (eds), *Beyond the Hot Seat*. New York: Brunner/Mazel.

| 찾아보기 |

인 명

내 용

지은이 소개

페트루스카 클락슨(Petrŭska Clarkson)

1947년 10월 31일 남아프리카 공화국에서 출생하여 2006년 5월 21일 58세의 나이로 암스테르담의 어느 호텔에서 이 세상을 떠났다. 영국 서리(Surrey) 대학교 심리상담 및 치료학 교수를 역임했으며, 영국 심리학회 이사, 영국 게슈탈트 치료연구소 협회장을 역임하고, 유럽 쪽의 게슈탈트 학회에서 강의와 저술로 활발한 활동과 공헌을 하였다. 기업과 조직 심리에 대한 자문도 많이 하였으나 그녀의 주요 접근법은 통합적 심리치료와 게슈탈트 심리치료이다. 프리츠 펄스와 로라 펄스의 영향을 받은 그녀는 심리치료의 철학적 측면에서 우리에게 많은 유산을 남긴 것으로 평가받는다. 그녀의 책 중에서 『게슈탈트 상담의 이론과 실제』는 이미 우리나라에 번역되어 있다.

제니퍼 맥퀸(Jennifer Mackewn)

심리치료자이자 치료 감독자이며, 조직 컨설턴트이자 저술가이다. 영국의 게슈탈트 치료 훈련 연구소와 메타노이아 심리치료 연구소의 감독자이고 로피 파크 매니지먼트 대학(Roffey Park Mangement College)의 부교수이다. 이 책 외에도 SAGE 출판사에서 『게슈탈트 방식으로 상담하기(Developing Gestalt Counselling)』란 책을 출간했다.

옮긴이 소개

김한규(Kim, Han Gyu)
고려대학교 심리학과와 대학원에서 임상심리학을 전공하고 성신여자대학교에서 임상심리학 박사과정을 수료했다. 1999년에 서울아산병원에서 임상심리 레지던트 3년 과정을 수료하고 성신여자대학교부설 심리건강연구소 상담실장을 역임하였으며, 현재는 다함 정신건강상담센터의 시설장으로 일하고 있다. 임상심리전문가, 정신보건임상심리사 1급, 게슈탈트 상담 지도감독자로 현장에서 개인상담과 집단상담을 꾸준히 해 왔으며 정신병리가 심한 내담자들에게도 도움이 되는 심리치료 방법을 찾고 있다. 저술 활동으로는 「대학내일」 '톡투미' 코너의 칼럼니스트였으며, 페트루스카 클락슨의 「게슈탈트 상담의 이론과 실제」를 공역하였다.

김금운(Kim, kum Woon)
아동 · 청소년과 그 가족을 위한 놀이치료사이자 상담자, 상담자 훈련자이자 게슈탈트 상담 전문가이다. 자신의 개인 상담소(샘솟는 아동청소년 상담센터)에서 심리학 박사, 상담심리전문가, 놀이치료사, 게슈탈트 상담 수련감독자, 게슈탈트 놀이치료 국제 트레이너(WCI 공인)로서 아동청소년들과 그 가족들을 상담하고, 상담자 훈련을 위한 여러 프로그램들을 실시하고 있다. 한국게슈탈트상담심리학회 전 학회장을 역임하였고, 현재는 한국게슈탈트상담심리학회와 한국놀이치료학회 이사를 맡고 있다.

상담과 심리치료 주요인물 시리즈 11

프리츠 펄스 FRITZ PERLS

2019년 3월 15일 1판 1쇄 인쇄
2019년 3월 20일 1판 1쇄 발행

지은이 • Petrūska Clarkson · Jennifer Mackewn
옮긴이 • 김한규 · 김금운
펴낸이 • 김진환
펴낸곳 • (주) **학지사**

04031 서울특별시 마포구 양화로 15길 20 마인드월드빌딩
대표전화 • 02)330-5114   팩스 • 02)324-2345
등록번호 • 제313-2006-000265호

홈페이지 • http://www.hakjisa.co.kr
페이스북 • https://www.facebook.com/hakjisabook

ISBN 978-89-997-1799-4 93180

정가 16,000원

이 도서의 국립중앙도서관 출판시도서목록(CIP)은 서지정보유통지
원시스템 홈페이지(http://seoji.nl.go.kr)와 국가자료공동목록시스템
(http://www.nl.go.kr/kolisnet)에서 이용하실 수 있습니다.
(CIP 제어번호: CIP2019008326)

교육문화출판미디어그룹 **학지사**

심리검사연구소 **인싸이트** www.inpsyt.co.kr
원격교육연수원 **카운피아** www.counpia.com
학술논문서비스 **뉴논문** www.newnonmun.com
간호보건의학출판 **학지사메디컬** www.hakjisamd.co.kr